들어가는 말

지금이 기회다!

한국교회는 이미 정체기에 접어들고 있습니다. 더 이상 성장의 조짐이 보이지 않습니다. 목회자들도 지쳐 있고, 성도들도 버티기 힘든 상황입니다. 교회들마다 패배의식에 사로잡혀 있습니다. 10개 교회를 개척하면 9개 교회가 문을 닫고, 1개 교회만 생존한다고 합니다. 작은 교회든, 큰 교회든 전도가 되지 않는 실정입니다. 지금 한국교회는 위기에 처해 있습니다.

그러나 위기가 곧 기회라는 말이 있습니다. 위기를 만날 때 어떻게 하느냐에 따라 실패가 될 수도 있고 성공이 될 수도 있으며, 저주가 될 수도 있고 축복이 될 수도 있습니다. 그래서 지금 필자는 한국교회의 위기를 재도약의 발판으로 삼을 수 있는 매뉴얼을 준비해 보았습니다. 그것은 건강한 교회, 부흥하는 교회의 모델을 보여주는 것이고, 한국교회 부흥의 재도약 10%에 진입할 수 있는 비결을 제시하는 것입니다.

한국교회 10% 부흥성장 프로젝트

건강한
교회 세우기

| 옥수영 지음 |

쿰란출판사

이 책은 신앙생활을 처음 시작하는 초신자들에게는 교회생활의 기본이 무엇이며 신앙성장을 위해 무엇을 해야 할지를 가르쳐 줍니다. 또 오랫동안 신앙생활을 한 성도들에게는 무너졌던 신앙관을 회복하고 새로운 사명감으로 교회를 아름답고 굳건하게 세우는 계기가 될 것입니다. 특별히 제직들과 평신도 사역자들에게는 힘과 용기를 불어넣어 주며, 새로운 교회 목표를 향해 전진할 수 있도록 꿈과 비전을 심어 줄 것입니다.

무엇보다도 방향을 잃어버린 목회자들에게는 실낱 같은 희망의 메시지가 될 것입니다. 또한 이 책이 제시하는 상위 10%의 부흥 노하우가 마음에 와 닿으며 새로운 도약의 기회를 제공해 줄 것입니다. 구름처럼 희미했던 교회 구조의 방향이 확실해지고, 앞으로 어떻게 목회하고 무엇을 붙잡고 가야 할지를 알게 해줄 것입니다. 모쪼록 이 책이 성도들에게는 신앙을 변화시키는 건강한 영성으로 나아가게 하고, 지치고 힘든 목회자들에게는 복음의 능력과 교회 부흥

이제 제2의 종교개혁이 필요한 때가 왔습니다. 그것은 교회개혁입니다. 다시 말해 제2의 종교개혁은 교회개혁입니다. 교회 구조를 바르게 세우고 바른 교회관을 갖는 것입니다. 교회가 건강하면 자연히 교회 성장도, 부흥도, 성숙도 따라옵니다. 그래서 현대교회의 가장 중요한 과제는 건강한 교회의 구조를 만드는 것입니다. 이것이 제2의 종교개혁의 핵심입니다.

'바쁠수록 돌아가라'는 말이 있습니다. 일이 꼬이면 처음으로 돌아가 다시 생각하라는 말입니다. 한국교회의 위기도 처음 사랑, 처음 믿음, 처음 사명으로 돌아가 풀어야 합니다. 즉 다시 교회의 본질로 돌아가 성경적인 교회관과 초대교회의 신앙 구조를 회복하고, 잃었던 영성과 야성을 되찾는 것이 필요합니다. 이제 다시 시작입니다. 이 책의 매뉴얼을 통해 한국교회의 무너진 구조를 복원하고 교회부흥의 재도약이 있기를 소망해 봅니다.

의 역동적인 비전을 제시하는 계기가 되기를 간절히 소망합니다.

끝으로 이 책은 성령이 주시는 영감과 지혜로 만들어진 것입니다. 그래서 모든 영광을 오직 하나님께만 올려 드립니다. 더불어 이 책의 원고를 수정하며 책의 완성도를 위해 아낌없는 정성을 쏟아 준 출판사에도 감사를 드립니다. 그리고 방송선교, 문서선교, 문화선교 등으로 한결같은 믿음과 지지로 늘 뒤에서 이름도 없이 빛도 없이 밀어 주는 우리 은혜로운교회 성도들에게도 깊은 감사를 드립니다. 마지막으로 이 책을 읽는 모든 성도들에게 신앙의 새로운 도전과 교회의 놀라운 부흥의 변화가 나타나기를 진심으로 기도드립니다.

2020년 1월
일산 은혜로운교회 목양실에서
옥수영 목사

차례

들어가는 말 _ 2

Chapter 1 교회 기초 세우기

01 내가 교회다 _ 10
02 바른 영성 세우기 _ 17
03 교회의 기능적 구조 세우기 _ 43

Chapter 2 제직 세우기

01 제직의 목적과 유익 _ 58
02 제직의 자격과 신앙관 _ 74
03 제직의 실제 수칙 _ 106

Chapter 3 구역(셀)과 기관 세우기

01 구역(셀) 세우기 _ 124
02 교육기관 세우기 _ 154
03 사역기관 세우기 _ 192

Chapter 4 **전도부 세우기**

01 전도는 생명이다 _ 206
02 예수님의 전도법 _ 214
03 전도현장의 실제전략 _ 251

Chapter 5 **교회 부흥의 패러다임**

01 교회 부흥의 인식 전환 _ 282
02 교회 부흥의 주요 특징들 _ 303
03 교회 부흥의 새바람 일으키기 _ 316

나가는 말 _ 334

Chapter 1
교회 기초 세우기

"또 만물을 그의 발 아래에 복종하게 하시고 그를 만물 위에 교회의 머리로 삼으셨느니라 교회는 그의 몸이니 만물 안에서 만물을 충만하게 하시는 이의 충만함이니라"(엡 1:22-23).

01
내가 교회다

> "또 내가 네게 이르노니 너는 베드로라 내가 이 반석 위에 내 교회를 세우리니 음부의 권세가 이기지 못하리라 내가 천국 열쇠를 네게 주리니 네가 땅에서 무엇이든지 매면 하늘에서도 매일 것이요 네가 땅에서 무엇이든지 풀면 하늘에서도 풀리리라"(마 16:18-19).

베드로의 고백

예수님께서 물으셨습니다. "사람들이 나를 누구라 하느냐?" 그때 제자들이 말하기를, "세례 요한, 엘리야, 예레미야나 선지자 중의 하나라 하나이다"라고 대답합니다. 그러자 예수님이 "그러면 너희는 나를 누구라 하느냐?" 물으십니다. 그때 베드로가 "주는 그리스도시요 살아 계신 하나님의 아들이시니이다"라고 대답합니다. 그 말을

들은 예수님께서 흡족해하시며 "바요나 시몬아, 네가 복이 있도다. 이를 네게 알게 한 이는 혈육이 아니요 하늘에 계신 내 아버지시니라" 말씀해 주셨습니다.

그리고 엄청난 선포를 하셨습니다. 베드로의 신앙고백 위에 교회를 세우겠다고 말씀하신 것입니다. 다시 말해, 예수를 주로 시인하는 믿음의 고백 위에 교회가 세워진다는 것입니다. 예수님께서는 실제로 그 일을 이루셨습니다. 그는 십자가에 죽으심으로 그리스도이심과 살아 계신 하나님의 아들이심을 증명하셨고, 십자가의 대속의 피 값으로 위대한 교회를 세우셨습니다. 그래서 교회는 그리스도의 몸이요(고전 12:27), 교회의 머리는 그리스도시라고 말하는 것입니다(엡 1:22).

가톨릭과는 어떻게 다른가?

가톨릭과 기독교는 교회관의 차이가 있습니다. 가톨릭은 예전을 강조합니다. 영세와 예식을 통해서 질서 있는 예배를 드립니다. 예배의 형식도 규정된 경우가 많습니다. 가톨릭 신자들은 주로 예배의 예식과 성찬을 통해 은혜를 받습니다. 그러나 기독교는 아닙니다. 기독교는 예전보다는 말씀을 강조합니다. 성경을 중심으로 예배를 드리고, 말씀을 통해서 은혜를 받습니다. 철저히 성경 중심의 예배와 성경 말씀을 최고 은혜의 방편으로 삼습니다.

또한 가톨릭은 교황과 주교, 그리고 가톨릭 공회가 교회와 성경보다 위에 있는 교권주의의 시스템을 가지고 있습니다. 교황은 베드로에서부터 시작해 지금까지 내려온 교회의 최고 권위자입니다. 이들은 성경도 자의적으로 해석해 연옥설, 교황무오설, 성모 마리아 중보설, 고해성사, 면죄부, 제사숭배 등 성경에 없는 종교예식을 만들어 기복적 차원의 종교로 변질시켰습니다. 인본주의 입장에서 성경을 난도질하고, 외경과 가경을 집어넣어 성경에 없는 종교예식을 합법화했습니다. 가톨릭은 교회와 성경 위에 있는 교권 중심의 종교입니다.

그러나 기독교는 철저히 성경 중심의 신앙공동체로 세워졌습니다. 모든 신자는 목사든, 장로든, 평신도이든지 간에 성경 아래에 속한 사람들입니다. 성경이 말하면 누구든지 거기에 순종하며 따라가는 공동체입니다. 성경이 말하는 곳까지 가고, 성경이 멈추는 곳에 멈추는 사람들입니다. 교회도 성경의 신앙고백 아래에 있습니다. 교회도 신앙고백의 기초 위에 세워졌기 때문에 교회도 성경의 말씀에 순종하는 것입니다. 거기에는 결코 인간적인 소리가 난무하지 않습니다. 그것이 바로 예수님의 뜻입니다. 이것이 가톨릭과 기독교의 차이점입니다.

기독교 내의 교단은 어떻게 생겼는가?

복음의 진리 안에 세워진 기독교가 이상하게도 교단들이 우후죽순처럼 많습니다. 한 주님을 모시고 있는데도 교회는 여러 교단들로 나뉘어 있습니다. 왜일까요? 그것은 바로 신학적 차이 때문입니다. 그로 인해 교단들이 만들어지고, 거기에 따라 예배를 드리며 신앙 공동체를 형성해 나갔던 것입니다. 그러나 한 가지 유의할 점은, 교단의 차이는 가톨릭과의 차이와는 전혀 다른 관점이라는 것입니다. 가톨릭은 성경의 정통에서 벗어난 예식과 신학사상이 난무했다고 하면, 교단의 차이는 성경의 강조점을 각각 다르게 두다 보니 거기에 맞는 색깔의 사람들이 끼리끼리 모여 교단을 형성하게 된 것입니다.

예를 들어 침례교는 장로교의 일반 세례보다 물속에 침수하는 세례가 더 좋다는 관점에서 만들어졌습니다. 장로교와 감리교의 차이는 물론 다양한 차이가 있겠지만 주로 장로교는 하나님께서 조건 없이 인간을 구원하신 절대예정론을 주장하는 반면, 감리교는 인간이 구원받을 것을 아시고 하나님이 예정하셨다고 하는 예지예정론을 주장합니다. 순복음 교단은 특별히 성령론을 강조하고 있습니다. 이렇게 각 교단들마다 예수 안의 구원받는 교리는 동일하지만 성경의 강조점을 어디에 두느냐에 따라 교단이 달라졌던 것입니다.

그러나 이제는 이러한 교단의 차이도 목회자들의 자의적 해석에 따라 우후죽순으로 새로운 교단들이 생기며, 주님의 몸 된 교회를 분열시키고 훼파하는 교권주의자들이 늘어나고 있는 실정입니다. 이것은 기독교 개신교의 단점이며, 반드시 개선하고 개혁해야 할 과제입니다. 그래서 칼빈은 교회가 끊임없이 개혁해 나가야 하고, 주님의 몸 된 교회가 하나 되도록 성경 안에서 철저히 겸손과 섬김과 순종으로 일치시켜 나가야 한다고 강력하게 주장하였습니다.

유형교회와 무형교회

교회에는 유형교회와 무형교회가 있습니다. 유형교회는 보이는 건물의 교회이고, 무형교회는 보이지 않는 신자들의 믿음을 말합니다. 유형교회와 무형교회는 서로 상호보완의 관계입니다. 유형교회를 떠난 무형교회는 무교회주의자로 전락할 수 있습니다. 또한 무형교회의 모습이 없는 유형교회는 조직화, 형식화, 종교화된 교회일 뿐입니다. 그것은 예수가 없는 교회입니다. 그러므로 교회는 그리스도인들이 모여서 참된 신앙으로 예배를 드리는 유형교회의 모습이 있어야 하는 동시에 은혜 받은 성도들이 세상으로 흩어져 믿음의 길을 걷는 무형교회의 모습도 절대적으로 필요한 것입니다.

한때 한국교회는 교회 밖에 구원이 있다 하여 신학적 논쟁에 휘말린 적이 있었습니다. 이렇게 주장하는 사람은 보통 무교회주의자이거나 다원주의 종교에 빠져 있는 사람들입니다. 불교도 유교도 힌두교도 이슬람교도 다 구원이 있다는 주장입니다. 산을 올라가는 길은 여러 갈래인데 정상에 오르면 모두가 구원을 받는다는 것입니다. 다시 말해, 불교도 유교도 기독교도 이슬람교도 인생의 산을 올라갈 때 득도하여 정상에 올라가면 모두 구원을 받는다는 것입니다. 그러니까 한마디로 말해 득도한 경건한 종교인들은 모두 다 구원을 받는다는 교리입니다. 이것을 다원주의(pluralism)라고 부릅니다.

그러나 기독교에서는 그렇게 말하지 않습니다. 성경은 온 천하에 예수 그리스도 외에는 구원받을 만한 다른 이름을 주신 일이 없다고 말합니다. 예수님께서도 "내가 곧 길이요, 진리요, 생명이니 나로 말미암지 않고는 구원을 얻을 자가 없다"고 말씀하십니다. 진리는 하나입니다. 진리가 여러 개일 수 없습니다. 종교는 상대적이지 않습니다. 사람을 사랑하는 포용주의는 맞지만 진리와 복음까지 타협하여 포용주의로 변질시키면 그것은 순수한 구원의 길을 놓치는 것입니다. 복음은 사랑입니다. 그러나 복음을 변질시키면 안 됩니다. 오직 예수 안에 길이 있습니다. 예수 안에 해답이 있습니다. 따라서 교회는 예수 안에 모이는 유형교회의 모습이 있어야 하고, 흩어져 하나님의 나라를 세우는 무형교회의 모습도 갖추고 있어야 하는 것입니다.

내가 교회다

무형교회는 한마디로 성도입니다. 성도들이 교회입니다. 예수를 믿는 내가 교회입니다. 내 마음속에 예수님이 거하시기 때문입니다. 교회는 믿음의 터 위에 세워지는 것입니다. 그곳이 어떤 곳이든지 간에 베드로의 신앙고백 위에 세워지는 것입니다. 그래서 초막이나 궁궐이나 주님 모신 곳이 교회가 됩니다. 더욱이 예수님을 모신 내 마음이 교회입니다.

내가 교회입니다. 내가 주님을 모신 거룩한 성전입니다. 택하신 족속이요, 왕 같은 제사장이요, 거룩한 나라요, 그의 소유가 된 백성입니다. 이것은 위대한 믿음의 선포입니다. 나는 교회입니다. 얼마나 놀라운 찬사입니까? 얼마나 아름다운 축복입니까? 그런데 내 마음이 술과 담배로 더럽혀지면 그것은 교회를 더럽히는 것입니다. 교만과 음란과 욕심으로 더럽혀지면 그것은 교회를 더럽히는 것입니다. 주님을 모신 내 마음이 곧 교회이기 때문입니다.

또한 성도는 가는 곳마다 교회를 세우는 전도자가 됩니다. 주님께서 우리를 어두운 데서 불러내어 그의 기이한 빛에 들어가게 하신 이의 아름다운 덕을 선포하도록 하셨습니다(벧전 2:9). 따라서 그리스도인의 무형교회의 모습은 황량하고 척박한 세상의 땅을 기경하여 젖과 꿀이 흐르는 하나님의 나라로 만드는 것입니다. 그래서 가정에서 가정천국을 만들고, 직장에 가서 직장천국을 만들고, 사업장에 가서 사업장천국을 만드는 것입니다. 이것이 무형교회의 모습입니다.

02
바른 영성 세우기

"너희는 우리로 말미암아 나타난 그리스도의 편지니 이는 먹으로 쓴 것이 아니요 오직 살아 계신 하나님의 영으로 쓴 것이며 또 돌판에 쓴 것이 아니요 오직 육의 마음판에 쓴 것이라"(고후 3:3).

영성이란 무엇인가?

영성은 사람이면 누구나 다 가지고 있는 영적인 마음을 말합니다. 즉 인간의 내면에 거하고 있는 영혼의 자리를 말합니다. 하나님께서는 인간에게 지성과 감성과 육체를 주신 것처럼 하나님을 알 수 있는 마음, 즉 영성도 주셨습니다. 칼빈은 이것을 마음 깊은 곳에 있는 종교심이라고 했습니다. 성경은 영성을 성령이 우리 마음판에 새긴 영적인 글씨라고 했습니다(고후 3:3). 또한 신자들의 마음에 소유한 신의 성품이라고도 했습니다(벧후 1:4). 더욱이 창세기에서는 인간의 영성을 하나님의 형상이라고도 표현했습니다(창 1:27). 신학적으로는 중생한 영혼의 성품을 영성이라고 합니다.

물론 타 종교에도 영성이 있습니다. 영성은 기독교에만 있는 것이 아닙니다. 영성은 영적인 마음이기 때문에 다른 종교인들도 영성을 가지고 있습니다. 다만 다른 점이 있다면 기독교의 영성은 참된 영을 소유하고 있는 반면에, 다른 종교는 거짓 영에 속한 영성을 가지고 있다는 것입니다. 좀 더 구체적으로 말해서, 기독교의 영성은 예수의 영을 소유한 영성이라고 한다면, 다른 종교의 영성은 귀신의 영이 자리 잡고 있는 영성이라고 할 수 있습니다. 따라서 참된 영성의 기준은 예수의 영이 그 마음속에 있느냐 없느냐의 차이입니다.

하나님의 계시

하나님은 이미 당신의 존재와 뜻을 여러 방법으로 이 세상에 계시해 주셨습니다. 먼저, '자연계시'입니다. 하나님은 산천초목 삼라만상을 통해 조물주 되시는 하나님을 알도록 해주셨습니다. 그래서 사람들은 이 놀라운 자연을 보고 과연 이 온 우주 만물을 창조하신 이가 누구일까 하며 하나님의 창조하심을 느끼게 되는 것입니다. 그런데 인간이 죄를 지음으로 말미암아 마음이 닫혀 자연을 볼 때도 하나님의 존재와 계시를 알지 못하게 되었습니다. 그것은 바로 영성이 가려졌기 때문입니다. 영안이 어둡게 되었기 때문입니다. 보아도

보지 못하고 들어도 듣기 못하는 무지의 사람이 되어 버렸기 때문입니다.

둘째는 예수 그리스도를 통한 '특별계시'입니다. 인간은 죄로 말미암아 부패해졌기 때문에 자연으로도, 환경으로도, 사람으로도, 그 어떤 방법으로도 하나님을 알 수 없게 되었습니다. 그래서 하나님이신 예수님이 친히 이 땅에 오셔서 나의 죄를 담당하시고 십자가에 죽으심으로 나를 구원해 주셨습니다. 이제 우리는 예수 그리스도를 믿음으로 닫혔던 영성이 열렸습니다. 하나님과 신통하는 역사가 일어났습니다. 우리의 영성에 빛이 들어왔습니다. 영성에 진리가 들어왔습니다. 영성에 성령이 들어왔습니다. 이제 우리는 영성을 통해 하나님을 보게 되었습니다. 이제 우리는 예수 그리스도의 영성을 통해 하나님의 음성을 듣게 되었습니다. 다시 말해, 우리의 양심에 주님의 영이 임함으로 주님과 연합된 영을 소유케 되었으며, 주님과 대화할 수 있는 영성인이 된 것입니다.

하나님을 아는 지식

사도 바울은 예수 그리스도를 아는 지식이 가장 고상하다고 했습니다. 그래서 그동안 자신이 자랑스럽게 여겼던 가문과 지식과 학벌과 배경 등 이 모든 것을 다 배설물로 여긴다고 했습니다. 그것은 사도 바울이 예수 그리스도를 아는 지식이야말로 이 세상에서 최고의 지식이며, 그 지식을 통해서 풍성한 하나님을 알게 되고, 영성도 성장한다는 것을 깨달았기 때문입니다. 마찬가지로 그리스도인도 우리의 진정한 중보자 되시는 예수 그리스도를 통해서 하나님을 아는 지식을 갖게 되며, 영성도 점점 자라게 되는 것입니다. 풍성한 신앙생활은 예수 안에 생명이 있고, 예수 안에 진리가 있고, 예수 안에 능력이 있으며, 예수 안에 기쁨이 있는 것입니다. "내가 곧 길이요 진리요 생명이니 나로 말미암지 않고는 아버지께로 올 자가 없느니라"(요 14:6)고 하신 말씀처럼 예수님이 아니고는 어느 누구도 하나님께로 갈 자가 없습니다.

또한 그리스도인은 성경말씀을 통해서 하나님을 아는 지식을 갖게 됩니다. 하나님은 영이기 때문에 보이지 않습니다. 대신 하나님께서는 성경말씀을 통해 하나님을 보여주셨습니다. 물론 하나님은 성경의 말씀보다도 더 크고 더 위대하신 분입니다. 그러나 하나님은 성경말씀만큼만 우리에게 하나님을 보여주셨습니다. 그것은 성경말씀만으로도 하나님을 아는 지식이 필요 충분의 조건이 되기 때문입니다. 그래서 칼빈은 말하기를, "그리스도인은 성경이 가는 곳까지 가고, 성경이 멈추는 곳에서 멈추면 된다"고 하였습니다. 따라서 그리스도인은 성경을 통해서 하나님을 아는 지식이 풍성해지는 것입니다.

요한복음 1장 1절은 이렇게 말합니다. "태초에 말씀이 계시니라 이 말씀이 하나님과 함께 계셨으니 이 말씀은 곧 하나님이시니라." 이 말씀의 뜻은 예수님이 말씀이라는 것입니다. 하나님도 말씀이라는 것입니다. 따라서 예수님이 곧 삼위일체 하나님이시라는 것입니다. 또한 말씀을 통해 하나님과 예수님을 아는 지식을 갖게 된다는 공통점을 갖고 있습니다. 그래서 그리스도인은 말씀을 통해 하나님과 예수님을 아는 고상한 지식을 갖게 되는 것입니다. 로마서 10장 17절에 "믿음은 들음에서 나며 들음은 그리스도의 말씀으로 말미암았느니라"라고 말합니다. 그리스도인의 믿음은 말씀을 통해서 자랍니다. 우리의 영성도 말씀을 통해서 자랍니다.

영성의 회복

인간은 하나님의 형상(God's image-likeness)대로 창조되었습니다. 그것은 하나님의 공유적인 성품을 갖고 창조되었다는 것입니다. 예를 들어, 진리, 거룩함, 사랑, 진실, 선하심과 인자하심, 영혼, 정의, 정직, 하나님을 아는 지식, 영성 등 인간도 하나님이 가지고 계시는 성품을 공유하고 있다는 것입니다. 그렇게 인간은 하나님의 영광스러운 존재로 창조되었습니다.

그런데 이 땅에 죄가 들어옴으로 말미암아 인간의 마음이 무뎌졌습니다. 영성이 부패하고 오염되어 하나님의 형상을 잃어버렸습니다. 육체와 영혼이 따로 노는 부패한 인간이 되었습니다. 하나님과 인간이 단절되어 영적인 소통이 사라졌습니다. 인간은 더 이상 영적인 존재로 살지 못하고 육체를 따라 살아가게 되었습니다. 이렇게 인간이 범죄한 후에는 하나님과 자의적으로 교제할 수 없게 되었습니다. 다만, 특별한 경우에 하나님이 직접 찾아오셔서 영적 교제를 나누셨습니다.

하나님은 먼저 아브라함을 선택해서 교제하셨습니다. 그리고 그 후손들이 이스라엘이 되었습니다. 하나님과 교제하는 방법은 말씀과 예배였습니다. 아브라함의 가장 중요한 신앙행위도 말씀과 예배였던 것을 알 수 있습니다. 성경을 보면 그는 가는 곳마다 말씀을 좇았고 예배를 드렸다고 말합니다. 그런데 시간이 지나면서 아브라함의 후손인 이스라엘이 예배를 제대로 드리지 않았습니다. 하나님의 말씀을 좇지도 않았습니다. 우상을 숭배하고 세상을 좇아갔습니다. 그때 다시 죄가 들어오고, 하나님과 단절된 삶이 반복되었던 것입니다.

인간의 전적인 부패 행위는 어쩔 수가 없었습니다. 이미 인간의 마음이 부패해졌기 때문에 조금만 사탄의 유혹이 있으면 세상을 향해 나아가는 돌진의 행동이 자극되었습니다. 하나님께서 말씀과 예배의 도구를 통해 영적 교제의 방법을 알려주셨지만 그들은 말씀을 거부하고 예배를 온전히 드리지 않았기 때문에 결국 멸망하고 만 것입니다.

그래서 하나님께서는 인간의 영성을 회복하기 위해 이 땅에 친히 오셨습니다. 하나님과 인간 사이가 단절된 원인은 죄 때문이었습니다. 사탄의 유혹에 넘어가 죄를 지었기 때문이었습니다. 그래서 하나님이신 예수님이 친히 이 땅에 오셔서 그 죄 값을 치르기 위해 십자가에 죽으시고 예수 안에서 참 구속을 완성해 주셨습니다. 이제 우리는 예수 그리스도 안에 있으면 하나님과 교제하는 참 기쁨을 소유할 수 있으며, 세상의 어떤 유혹도 이길 수 있는 능력을 갖게 되었습니다. 영성의 회복은 예수 안에서 가능합니다. 예수님을 환영하고 받아들이면 성령을 통해 예수님이 우리 안에 들어오십니다. 그리고 우리의 영성이 그분의 임재로 인해 살아나며 하나님과 인격적인 대화를 나누게 됩니다.

영성도 자라간다

그리스도인은 영성이 살면 행복이 폭발합니다. 그리스도인의 영성은 행복비타민입니다. 육신의 행복은 일순간이지만 영성의 행복은 영원합니다. 성도의 행복은 영성이 살아날 때이고, 성도의 불행은 영성이 침체될 때입니다. 영성이 살면 얼굴에 광채가 납니다. 생각이 달라지고 언어가 달라지며, 행동이 달라지고 습관이 달라집니다. 세상이 감당치 못하는 기쁨을 소유하게 됩니다. 인생의 가치와 보람을 느끼며 하늘을 가슴에 품고 살아갑니다. 하늘의 신령한 복과 이 땅의 기름진 복으로 채워집니다. 성도들에게 영성의 회복은 참된 행복의 근원이 되는 것입니다.

그런데 영성도 성장합니다. 그대로 머물지 않습니다. 점점 자라고 성장하며 변화되고 발전해 갑니다. 처음에는 초신자 단계의 영성을 거칩니다. 예수 그리스도를 받아들이면 하나님과 대화하며 믿음의 생명을 심는 새싹의 단계를 거치게 됩니다. 그리고 신앙의 뼈대를 만들고 기초를 세우는 어린아이 신앙의 단계를 거치게 됩니다. 그 후에는 신앙의 훈련과 연단을 받는 청년기의 성장단계를 거칩니다. 그리고 장성한 분량에 이르는 어른 신앙의 성장과 변화를 이루게 되는 것입니다. 영성도 이런 단계를 거쳐 성숙함에 도달하게 되며, 하나님과 좀 더 가까워지는 친밀감의 교제를 만들어 가게 됩니다.

그러므로 영성은 저절로 자라나지 않습니다. 신앙생활을 통해 성장과 변화를 이룹니다. 만약 신앙생활을 제대로 하지 못하면 영성이 침체되기도 합니다. 사탄의 유혹에 넘어가 쓰러지고 자빠지며 세속적인 사람이 되기도 합니다. 불신자와 다를 바 없는 사람이 되기도 합니다. 그러나 신앙생활을 잘하면 영성이 자라납니다. 영성의 행복을 느낍니다. 은사를 발견하고 능력을 받으며 영안이 열려 신령한 은혜의 기쁨을 누리는 체험을 합니다. '초막이나 궁궐이나 주님 모신 곳이 천국'이니 마음의 천국을 소유하며, '세상 사람 날 부러워 아니하여도 나도 세상 사람 부럽지 않은' 참된 영성의 기쁨을 소유하는 것입니다.

영적 성장의 4박자 훈련

영적으로 성장하는 데는 훈련이 필요합니다. 신앙생활을 잘하는 사람은 영성훈련을 잘 받은 사람입니다. 신앙생활을 잘 못하는 사람은 영성훈련을 잘 받지 못한 사람입니다. 왜 사탄이 공격하면 픽픽 쓰러집니까? 영성훈련을 잘 받지 못해서 그렇습니다. 왜 사탄이 공격해도 거뜬합니까? 영성훈련을 잘 받았기 때문입니다. 영적 성장도 마찬가지입니다. 영성훈련의 유무에 따라 영적 성장도 달라집니다.

1) 십자가 영성훈련

첫 번째로 '십자가 영성훈련'이 있습니다. 이것은 영적 성장의 기본적인 훈련입니다. 모든 신앙생활의 근본이 되는 훈련입니다. 첫 사랑, 첫 마음을 회복하는 순수한 믿음의 영성훈련입니다. 우리 한국교회가 세계에서 유례를 찾아볼 수 없는 폭발적인 부흥 성장을 이루었습니다. 그런데 지금은 정체기를 맞았습니다. 더 이상 부흥이 진전되고 있지 않습니다. 어떻게 해야 회복될 수 있을까요? 어떻게 해야 다시 부흥할 수 있을까요? 그것은 초심으로 돌아가는 것입니다. 다시 복음의 본질로 돌아가야 합니다. 다시 십자가의 영성으로 돌아가야 합니다. 다시 순수한 믿음의 열정을 회복해야 합니다. 그래야 재도약을 할 수 있습니다. 다시 부흥의 폭발을 경험할 수 있습니다.

사도 바울을 보십시오. 그도 복음 전도자로서 아골 골짝 빈 들에도 복음 들고 찾아가며 선교할 때 때로는 지치고 힘들었습니다. 영적으로 고갈되어 탈진할 때도 있었습니다. 스스로 외로움에 못 견뎌 헤맬 때도 있었습니다. 그럴 때 무엇을 했습니까? 그는 어김없이 십자가의 영성으로 돌아갔습니다. 첫 사랑, 첫 믿음으로 돌아갔습니다. 다메섹 도상에서 처음 예수님을 만날 때로 돌아갔습니다. 그때의 사명감과 감사함, '나 같은 죄인을 살리신 그 은혜'를 다시 기억했습니다. 그리고 다시 힘을 얻었고, 다시 소생함을 얻어 또다시 복음을 전하는 전도자로 우뚝 서게 되었던 것입니다. 그것이 사도 바울이 끝까지 충성하며 세계 선교의 길을 평탄하게 연 아름다운 비결이었습니다.

요한계시록에 일곱 교회 이야기가 나옵니다. 거기에 에베소 교회의 모습이 어땠습니까? 성경은 눈물과 피와 땀과 수고를 아끼지 아니한 에베소 교회의 헌신을 묘사하고 있습니다. 또 이단을 배척하고 진리를 수호한 아름다운 교회의 모습을 칭찬하고 있습니다. 그런데 어느 순간에 복음의 열정이 식고 주님을 향한 순수한 사랑의 마음은 온데간데없이 사라져 버렸습니다. 그래서 예수님은 에베소 교회를 향해 처음 사랑을 회복하라고 말씀하셨습니다. 어디서 믿음이 떨어졌는지를 생각하고 회개하여 처음 행위를 가지라고 말씀하셨습니다. 그렇지 않으면 촛대를 그 자리에서 옮길 것이라고 하셨습니다. 에베소 교회의 영성 회복도 처음 사랑, 처음 믿음, 처음 행위를 가질 때 이뤄진다고 하신 것입니다.

갈라디아서 2장 20절은 말합니다. "내가 그리스도와 함께 십자가에 못 박혔나니 그런즉 이제는 내가 사는 것이 아니요 오직 내 안에 그리스도께서 사시는 것이라 이제 내가 육체 가운데 사는 것은 나를 사랑하사 나를 위하여 자기 자신을 버리신 하나님의 아들을 믿는 믿음 안에서 사는 것이라." 이것이 십자가의 영성입니다. 매일 나는 죽고 예수가 사는 것입니다. 매일 내가 죽는 십자가의 능력을 체험하는 것입니다. 매일 주님이 사시는 부활의 능력을 체험하는 것입니다. 그리스도인은 복음의 본질이 살아 있을 때 참된 능력을 발휘할 수 있고, 그 어떤 것도 끊을 수 없는 주님의 사랑으로 불타오를 수 있습니다.

2) 내면적인 영성훈련

두 번째로 '내면적인 영성훈련'이 있습니다. 영성은 마음에 있습니다. 마음의 영성이 어떠하냐에 따라 드러나는 영성도 달라집니다. 다시 말해, 내면적인 영성을 잘 다스리지 못하면 드러나는 영성에 심각한 문제가 발생하게 됩니다. 결과적으로 사탄의 유혹에 빠지게 됩니다. 세상 살아갈 때도 픽 쓰러지게 됩니다. 유약한 믿음의 사람이 됩니다. 그러나 마음의 영성이 단단한 사람은 어떤 유혹에도 흔들리지 않습니다. 세상에서도 넉넉히 이깁니다. 믿음도 점점 자라나게 됩니다. 영적인 풍성한 삶을 살게 됩니다. 그러므로 내면적인 영성을 잘 다듬어야 신앙의 기본을 튼튼히 세울 수 있는 것입니다.

(1) 무욕훈련

내면적 영성훈련은 '무욕훈련'부터 시작해야 합니다. 영성은 욕심을 버리지 않으면 반드시 흐트러지게 됩니다. 사람이 무너지는 배경을 보면 그 뒤에는 항상 욕심이라는 것이 숨어 있습니다. 아담과 하와도 욕심 때문에 선악과를 따 먹고 죄를 범했습니다. 가룟 유다도 욕심 때문에 예수님을 은 30에 팔아 버렸습니다. 사울 왕도 욕심 때문에 멸망하였습니다. 이처럼 인간의 모든 죄의 근원을 보면 욕심 때문에 생긴 것이었습니다. 그래서 야고보서 기자는 "욕심이 잉태한즉 죄를 낳고 죄가 장성한즉 사망을 낳느니라"(약 1:15)고 하였습니다.

그러므로 내면적 영성훈련은 나를 내려놓고, 비우고, 버리는 무욕훈련부터 시작해야 합니다.

(2) 기도훈련

'기도훈련'입니다. 내면의 욕심을 비우는 훈련에는 기도가 최고입니다. 기도하면 나의 욕심을 버릴 수 있습니다. 내면을 정화시킬 수 있습니다. 낮아지고 깨어지고 부서지며 나를 성찰하는 시간을 가질 수 있습니다. 우리는 보통 기도를 축복의 도구로 생각하지만, 사실 기도는 나를 먼저 성찰하고 비우고 버리는 훈련을 하는 것입니다. 기도는 회개하고 마음을 비우는 훈련이 먼저 선행되어야 합니다. 그렇지 않으면 그 기도는 인간적인 축복만을 구하는 이기적이고 욕망이 넘치는 간구에 불과합니다. 그래서 기도훈련은 내면적인 영성을 강화하는 작업입니다. 조용히 묵상하며 나 자신을 바라보고, 교만을 꺾고 이기심을 꺾고 혈기를 꺾고 욕심을 꺾는 작업을 하는 것입니다.

(3) 말씀훈련

'말씀훈련'입니다. 사도 바울은 "그러면 무엇을 말하느냐 말씀이 네게 가까워 네 입에 있으며 네 마음에 있다 하였으니 곧 우리가 전파하는 믿음의 말씀이라"(롬 10:8)고 말합니다. 이것은 말씀을 마음판에 새기라는 의미입니다. 말씀이 마음판에 새겨져 입으로 시인하면 의에 이르고 구원에 이른다는 말입니다. 따라서 내면적인 영성훈련은 말씀을 마음판에 새기는 것입니다. 말씀을 마음에 많이 축적해 놓아야 사탄의 공격에도 흔들리지 않습니다. 어디를 뚫고 들어와도

방어할 수 있습니다. 또 말씀의 검으로 사탄을 공격할 수 있습니다. 죄와 세상을 너끈히 이길 수 있습니다. 말씀은 살아 운동력이 있어 좌우에 날선 검보다 예리하여 우리의 영과 혼과 관절과 및 골수를 찔러 쪼개기까지 하며, 우리의 마음과 생각을 감찰합니다. 그러므로 건강한 영성을 위해 그리스도인은 말씀을 듣고 읽고 연구하고 암송하는 작업을 매일 해나가야 합니다.

(4) **예배훈련**

'예배훈련'입니다. 예수님께서는 "하나님은 영이시니 예배하는 자가 영과 진리로 예배할지니라"(요 4:24)고 말씀하셨습니다. 이것은 예배가 말씀을 통해 하나님과 영으로 소통하는 것이라는 말입니다. 예배는 하나님과 영적인 교제의 시간입니다. 예배는 우리 마음의 영이 하나님과 인격적인 만남을 갖도록 하는 것입니다. 그래서 그리스도인은 예배가 살면 영이 살고, 예배가 죽으면 영이 죽습니다. 예배는 그리스도인의 영적 생활에 가장 기본적인 신앙생활입니다. 예배가 해답입니다. 예배가 능력입니다. 예배가 축복입니다. 예배가 변화입니다. 예배가 신앙의 척도입니다. 성도는 예배를 통해 내면의 영성이 살아나고 회복되는 것입니다.

3) 외면적인 영성훈련

세 번째로 '외면적인 영성훈련'이 있습니다. 믿음은 행함이 수반되어야 완성된 믿음이 됩니다. 영성도 내면적인 영성과 더불어 외면적 영성이 행동으로 나타나야 성숙한 영성이 됩니다. 다시 말해, 외면적인 영성은 내면적인 영성의 결과라고 할 수 있습니다. 행함이 없는 믿음은 죽은 믿음이듯이, 외면적인 영성이 없는 내면적 영성은 죽은 영성입니다. 그러므로 외면적인 영성은 내면적인 영성이 생활 속에 구체적으로 드러나는 실천적인 영성입니다.

(1) 얼굴의 영성

첫째, '얼굴의 영성'으로 나타납니다. 얼굴에도 영성이 있습니다. 모세는 기도한 후에 얼굴에 광채가 났습니다. 스데반은 순교할 때 얼굴이 천사와 같이 빛이 났습니다. 예수님이 변화산에서 기도할 때 얼굴이 해같이 빛났습니다. 다윗도 골리앗을 향해 나아갈 때 얼굴이 강하고 담대한 모습이었습니다. 여호수아도 여리고 성을 무너뜨릴 때 강하고 담대한 자태였습니다. 사도 바울은 "항상 기뻐하라, 쉬지 말고 기도하라, 범사에 감사하라"는 영성을 말했습니다. 외면적 영성은 기쁨의 영성입니다. 얼굴에 기쁨이 넘칩니다. 얼굴에 행복이 가득합니다. 얼굴에 웃음이 만개합니다. 얼굴에 평안이 가득합니다. 얼굴에 예수님의 온유한 얼굴이 보입니다. 예수님을 닮아가는 성품이 느껴집니다. 외면적인 영성은 얼굴에서부터 나타납니다.

(2) 언어의 영성

'언어의 영성'입니다. 말에도 영성이 스며들어 있습니다. 말은 그 사람의 인격을 나타냅니다. 어떻게 말하느냐에 따라 인격의 됨됨이가 좌우됩니다. 어떻게 말하느냐에 따라 그 사람의 영성 수준을 알 수 있습니다. 그래서 외면적 영성이 성장하면 말하는 것이 달라집니다. 은혜의 말, 믿음의 말, 축복의 말, 사랑의 말을 합니다.

특별히 언어의 영성을 가진 사람에게 3가지 말의 특징이 있습니다. 먼저 '덕을 세우는 말'을 합니다. 비판, 험담, 이간질, 말 퍼뜨리기, 중상모략하는 말 등을 버리고 사람을 살리고 세우는 긍정적인 말을 합니다. 해야 할 말과 하지 말아야 할 말을 가립니다. 하나님의 영광과 덕을 세우는 말을 합니다. 교회에 덕을 세우는 말을 합니다. 직장에서도 덕을 세우는 말을 합니다. 관계에서도 덕을 세우는 말을 합니다. 소금 치듯이 맛을 내고 화합과 일치와 연합을 이루는 말을 합니다.

또한 언어의 영성을 가진 사람은 '축복의 말'을 합니다. 남을 저주하기보다는 축복의 말을 사용합니다. 남을 비판하기보다는 칭찬하는 말을 사용합니다. 남의 약점을 험담하기보다는 남의 장점을 지지하고 응원하는 말을 합니다. 부정적인 말보다는 긍정적인 말을 사용합니다. 불평하는 말보다는 감사하는 말을 사용합니다. 그 사람의 조그만 잠재력도 마음껏 축복합니다. 앞을 바라보며 미래지향적으로 축복합니다. 단계적이고 발전적으로 축복합니다. 반복적으로 축복합니다. 될 때까지, 끝까지 축복합니다. 축복은 축복하는 사람에게도 돌아옵니다. 축복의 말은 상대도 살리고 나도 사는 언어의 영성입니다. 축복의 말은 예수 그리스도의 이름으로 축복하는 것입니다. 그 축복은 생명력이 있고 권능의 역사가 있습니다.

마지막으로, 언어의 영성을 가진 사람은 '사명적인 말'을 합니다. 하나님은 누구에게나 사명을 주셨습니다. 가정이든지, 직장이든지, 교회든지, 일에나 말에나, 어디로 가든지, 무엇을 하든지 성도는 사명에 따라 살아가야 합니다. 성도의 생활기준은 물질이 아니라 사명입니다. 주님의 뜻입니다. 주님의 말씀입니다. 따라서 우리 생활의 언어를 이야기할 때 그것이 하나님의 뜻에 맞는가를 보며 말을 해야 합니다. 하나님의 영광을 위한 말이 맞는가를 살피며 이야기해야 합니다. 하나님의 말씀에 맞는가를 보며 말을 해야 합니다. 이것이 인간적인 소리인지 하나님의 소리인지를 구분하며 말을 해야 합니다. 더욱이 사탄의 소리인지, 내 자아의 소리인지, 하나님의 말씀인지를 구분하며 말을 해야 합니다. 사명적인 말은 은혜가 있습니다. 덕을 세웁니다. 평화가 있습니다. 믿음의 승리가 있는 것입니다.

(3) 습관의 영성

외면적 영성은 '습관의 영성'입니다. 습관은 그 사람의 인격이요, 성품이라 할 수 있습니다. 좋은 습관을 가진 사람이 좋은 사람입니다. 나쁜 습관을 가진 사람은 나쁜 사람입니다. 긍정적인 습관을 가진 사람은 긍정적인 사람입니다. 부정적인 습관을 가진 사람은 부정적인 사람입니다. 습관으로 그 사람의 사람됨을 측정할 수 있기 때문입니다.

보통 습관이 형성되는 데는, 물론 사람에 따라 다를 수 있지만 대체적으로 3개월 정도가 걸린다고 합니다. 좋은 행동이든지, 나쁜 행동이든지 3개월 동안 고정된 행동을 반복했다고 하면 그것은 습관이 될 확률이 높습니다. 일부 심리상담학자들은 6개월을 말하기도 합니다. 의사들은 수술한 뼈나 떨어진 뼈가 붙는 데 6개월 정도 걸린다고 말합니다. 그래서 인간의 습관도 6개월 정도 걸려야 된다고 합니다.

　이처럼 습관은 시간이 지나면서 형성되는 것이기 때문에 어떤 습관을 가지느냐에 따라 기독교 영성에도 깊은 영향을 미치게 됩니다. 예를 들어, 기도하는 습관을 가진 사람은 기도의 영성을 가진 사람입니다. 예배의 습관을 가진 사람은 예배의 영성을 가진 사람입니다. 전도의 습관을 가진 사람은 전도의 영성을 가진 사람입니다. 구제의 습관을 가진 사람은 구제의 영성을 가진 사람입니다. 그러므로 습관의 영성은 그 사람의 외면적 영성을 진단하는 중요한 척도가 됩니다.

　⑷ **은사와 열매의 영성**
　외면적 영성은 '은사와 열매의 영성'입니다. 하나님께서는 성령을 통해 각종 은사와 열매를 주셨습니다. 그리스도인이면 남녀노소 빈부귀천을 막론하고 누구나 다 크고 작은 은사와 열매를 가지고 있습니다. 그런데 이런 은사와 열매들이 외면적 영성으로 나타나 우리가 믿음으로 살아갈 수 있도록 안내자의 역할을 하는 것입니다.

　먼저, 성도들은 물질이나 지식으로 살아가는 것이 아니라 성령이 주시는 달란트를 따라 살아가야 합니다. 사람에게는 누구나 다 1만 개 이상의 잠재력의 달란트가 있다고 합니다. 성도는 이런 달란트를 찾아 내 몸에 맞게 발전시켜 살아가야 한다는 것입니다. 특별히 외면적 영성이 건강한 사람은 자신의 달란트를 잘 찾아 그 장점을 극대화시키며 살아갑니다.

예를 들어, 찬양의 은사를 가진 사람은 찬양을 극대화시켜 봉사합니다. 공부의 은사를 가진 사람은 공부를 극대화시켜 봉사합니다. 운동의 은사를 가진 사람은 운동을 극대화시켜 봉사합니다. 구제의 은사를 가진 사람은 구제로 봉사합니다. 사업의 은사를 가진 사람은 사업을 극대화시켜 봉사합니다. 특별히 성령의 은사를 따라 살아가는 사람은 3가지 기준이 있어야 합니다. 첫째, 주신 달란트를 가지고 하나님께 영광을 돌리는 삶이 되어야 하고, 둘째, 주님의 몸 된 교회에 덕을 세우는 봉사를 하며, 셋째, 세상에서도 소금과 빛이 되는 사명을 감당하는 자가 되어야 합니다.

또한 성령의 열매를 맺는 외면적 영성의 사람은 인격의 성숙과 경건한 생활을 합니다. "성령의 열매는 사랑과 희락과 화평과 오래 참음과 자비와 양선과 충성과 온유와 절제니 이 같은 것을 금지할 법이 없느니라"(갈 5:22-23)라고 말하고 있습니다. 이러한 성령의 열매는 외면적 영성을 성숙하게 하고, 인격적 품성을 발전시킵니다. 사랑의 열매를 맺는 사람은 긍휼의 마음, 구제의 마음, 희생의 마음이 있습니다. 희락의 열매를 맺는 사람은 얼굴에 기쁨이 충만합니다. 마음의 평정심을 유지합니다. 다른 사람에게 기쁨을 전이시키는 행복지기가 됩니다. 화평의 열매를 맺는 사람은 갈등 조정자입니다. 가는 곳에 기쁨이 있습니다. 화목과 일치와 연합이 있습니다. 섬김과 사랑과 희생이 있습니다. 오래 참음의 열매를 맺는 사람은 성숙한 믿음이 있습니다. 개인도, 가정도, 교회도 고난을 극복하는 든든함이 있습니다. 흔들리지 않는 묵직한 영성이 있습니다. 이처럼 외면적 영성의 성숙을 위해 성령의 열매는 반드시 맺어야 하는 성도들의 필수적인 덕목입니다.

그러면 성령의 열매를 어떻게 맺을 수 있습니까? 첫째, 간절히 사모해야 합니다. 사랑하고 싶은 마음을 열망하는 것입니다. 기뻐하고 싶은 소원을 갖는 것입니다. 마음으로 믿어 의에 이르고, 입으로 시인하여 구원에 이르게 됩니다(롬 10:10). 마음으로 간절히 사모하면 이뤄집니다. 둘째, 기도해야 합니다. 성령의 열매는 성령이 주시는 것입니다. 그러므로 성령께 구해야 합니다. 기도하면 사랑의 열매를 허락해 주십니다. 기쁨의 열매를 맺게 해주십니다. 기도하면 성령의 열매가 주렁주렁 맺힙니다. 셋째, 순종해야 합니다. 사랑의 열매를 맺도록 기도하고, 기도했으면 믿고 순종하며 그대로 살아야 합니다. 사랑으로 사는 것입니다. 기쁨으로 사는 것입니다. 그러면 성령께서 사랑할 수 있도록 힘 주시고 능력 주시고 은혜를 베풀어 주십니다.

4) 공동체적인 영성훈련

네 번째로 '공동체적인 영성훈련'이 있습니다. 영성에는 크게 내면적 영성, 외면적 영성이 있습니다. 그러나 그 위에 공동체 영성이 세워지지 않으면 그 영성은 사상누각처럼 모래 위에 쌓은 집이 됩니다. 다시 말해, 우리 안팎의 내외면적인 영성이 가정에서, 교회에서, 사회에서 그리스도의 향기를 발하는 공동체적 영성으로 발전되어야 그것이 인정받는 영성이 되며, 장성한 분량의 영성이 됩니다. 즉 개인의 영성이 공동체적인 영성으로 이어져야 비로소 아름다운 영성으로 승화되는 것입니다.

(1) **가정 공동체의 영성**

가정 공동체의 영성은 가정에 흐르는 영성의 수준을 말합니다. 가정은 사회의 가장 기본적인 단위입니다. 가정이 건강해야 교회도 건강하고 사회도 건강한 공동체가 될 수 있습니다. 그러므로 가정 공동체는 모든 공동체의 뿌리 역할을 하기 때문에 가정이 제일 우선적으로 건강한 모습을 지녀야 합니다. 특별히 그리스도인의 가정 공동체가 어떤 영성을 가지고 있느냐에 따라 그 가정의 행복도, 축복도, 믿음도, 성숙도도 달라지는 것입니다.

먼저, 건강한 영성의 가정 공동체는 '믿음의 영성'이 깊이 내재된 가정입니다. 공부보다 믿음이 우선입니다. 학원보다 주일성수가 우선입니다. TV 시청보다 가정예배가 우선입니다. 식사 때는 맨 먼저 감사기도 하고 먹는 가정입니다. 부모가 자녀들을 기도로 축복하는 가정입니다. 매일 가족들이 성경을 읽는 가정입니다. 가족들 모두가 십일조를 드리는 가정입니다. 날마다 하나님의 은혜로 사는 가정입니다. 부부가 손 잡고 함께 교회 오는 가정입니다. 가정에 문제가 생겼을 때 함께 예배드리고 기도하는 가정입니다. 아침에 일어나면 찬송으로 시작하는 가정입니다. 저녁에 침대에 들어갈 때 기도로 마무리하는 가정입니다. 이렇게 믿음의 터가 견고히 세워진 가정이 건강한 영성을 지닌 성도의 가정이라 할 수 있습니다.

다음은 '화목한 영성'을 지닌 가정입니다. 잠언 17장 1절은 "마른 떡 한 조각만 있고도 화목하는 것이 제육이 집에 가득하고도 다투는 것보다 나으니라"고 말합니다. 또 잠언 25장 24절은 "다투는 여인과 함께 큰 집에서 사는 것보다 움막에서 혼자 사는 것이 나으니라" 고 말합니다. 이것은 가정이 화목한 것이 최고의 축복이며 행복이라는 말씀입니다. 다시 말해, "가정에 돈이 많다고 해서, 또는 지위와 명예가 있다고 해서 그 가정이 행복한가?" 아니라는 것입니다. 화목하고 사랑하고 용서하고 공감하는 가정이 행복한 가정입니다. 그래서 건강한 믿음의 가정은 화목을 최우선적으로 만들어가는 공동체인 것입니다.

마지막은 '봉사의 영성'을 지닌 가정입니다. 봉사정신을 가진 가정이 건강하고 훌륭한 가정입니다. 가정에서도 봉사하고, 학교에서도 봉사하고, 교회에서도 봉사하고, 사회에서도 봉사하는 가족들이 된다면 그 가정은 나누는 리더십의 축복을 받은 가정이고, 영권, 인권, 물권이 넘치는 가정이 될 것입니다. 가르치면서 배운다는 말이 있지 않습니까? 교회에서도 봉사하면 믿음이 자란다고 합니다. 내가 사랑을 쏟고 섬기고 봉사하는 가운데 새로운 경험과 의미 있는 삶을 영위할 수 있는 것입니다. 하버드 대학은 아무리 성적이 좋아도 봉사점수가 없으면 들어갈 수 없다고 합니다. 요즈음 한국 대학들도 이제는 봉사점수를 가산점으로 넣는 경우가 많습니다. 특별히 믿음의 가정들이 교회에 나와 모두가 맡은 부서에서 봉사하는 것은 참으로 아름다운 모습이며, 하나님이 축복의 통로로 사용하실 것입니다.

(2) 교회 공동체의 영성

교회는 주님의 몸 된 공동체입니다. 교회의 머리는 예수님입니다. 성도는 교회의 지체이며 구성원입니다. 성도는 교회 안에서 신앙생활을 합니다. 교회를 통해서 은혜를 받습니다. 교회를 통해서 구원을 받습니다. 교회를 통해서 축복을 받습니다. 그래서 성도는 교회를 떠나면 영적으로 죽습니다. 교회를 떠나면 구원을 받지 못합니다. 교회를 떠나면 주님을 떠나는 것입니다. 그러므로 성도는 천국 가는 날까지 교회생활을 성실히 잘해야 합니다.

먼저, 교회 공동체의 영성이 건강하기 위해서는 '신앙 활동의 생명력'이 있어야 합니다. 교회는 세상과 달리 영적인 공동체입니다. 교회는 남녀노소 빈부귀천을 막론하고 믿음 안에서 한 공동체를 이루며 생활하는 곳입니다. 그리스도인은 한 피 받아 한 몸 이룬 믿음의 지체들입니다. 따라서 교회는 믿음의 가장 기본적인 행위인 예배와 기도와 말씀과 전도가 살아 있는 영성 공동체가 되어야 합니다. 교회는 사교 모임이 아닙니다. 사회의 어떤 이익단체나 기업이 아닙니다. 교회는 영적 생명을 살리고 세우고 전하는 신앙 공동체인 것입니다. 따라서 교회는 예배 공동체, 기도 공동체, 말씀 공동체, 전도 공동체의 모습을 가져야 건강한 교회라 할 수 있습니다.

다음으로, 건강한 교회는 '믿음과 소망과 사랑'이 넘쳐나는 공동체여야 합니다. 성경도 믿음, 소망, 사랑 이 세 가지는 항상 있을 것이라고 말했습니다. 초대교회 모델이었던 데살로니가 교회도 믿음의 역사, 소망의 인내, 사랑의 수고가 있는 교회라고 했습니다. 또한 신약성경을 관통하는 초대교회의 모든 영성을 보면 믿음과 소망과 사랑이 넘치는 교회 공동체의 모습이었습니다. 따라서 교회는 믿음의 능력이 나타나야 하고, 하나님 나라를 소망하고 인내하는 훈련을 해야 하며, 성도들이 주님 안에서 하나 되어 서로 사랑하는 공동체의 모습을 가져야 합니다.

마지막으로, 건강한 교회는 '거룩한 공동체'여야 합니다. 초대교회 때는 거룩함과 순결함이 있었습니다. 회개와 애통함이 있었습니다. 세상과 구별된 아름다운 모습이 있었습니다. 그러나 교회의 역사가 깊어지면서 점점 거룩함은 무너지고 인본주의가 들어오며 세속주의가 판을 치는 변질된 공동체의 모습을 띠게 되었습니다. 오늘날 목사가 목사답지 못하며, 장로가 장로답지 못하고, 집사가 집사답지 못한, 덜 거룩한 모습의 신앙생활이 나타나고 있는 현실을 보며 참으로 안타깝지 않을 수가 없습니다. 이제 교회가 새로워져야 합니다. 종교개혁 500주년을 보내며 교회의 거룩함을 회복해야 합니다. 순결하고 깨끗한 교회의 모습으로 변화되어야 합니다. 나부터, 지금부터, 바로 여기에서부터 시작되어야 합니다.

(3) 관계 공동체의 영성

이것은 모든 공동체에서 필요한 건강한 영성의 필수 덕목입니다. 가정이든지, 교회든지, 직장이든지, 국가든지, 모든 공동체의 모습은 '관계성'으로 이뤄집니다. 서로 관계를 가지며 공동체를 이루는 것입니다. 따라서 공동체 영성의 가장 필수적인 덕목이 관계성 지수를 높이는 것입니다. 즉 관계지수가 올라가야 건강한 공동체의 모습을 갖출 수가 있습니다. 그러기 위해 나 혼자 잘났다고 하면 안 됩니다. 더불어 사는 인성을 길러야 합니다. 내가 실력이 있다고 교만하면 안 됩니다. 더욱 겸손하게 더불어 사는 인격적인 리더십을 가져야 합니다. 내가 성경을 남들보다 많이 안다고 교만하면 안 됩니다. 더욱 낮은 마음으로 더불어 사는 법을 배워야 합니다. 내가 재능이 많다고 교만하면 안 됩니다. 더욱 겸손하게 섬기는 자세로 나아가야 합니다. 만약 더불어 살아가는 관계성을 무시하면 그 공동체는 하루아침에 무너질 수 있고, 병든 공동체로 갈등과 분열만 일으킬 것입니다.

그러면 공동체의 관계성을 높이기 위해서 어떻게 해야 하겠습니까? 먼저 '대화교제'의 스킬을 향상시켜야 합니다. 즉 관계성을 높이기 위해서는 사람과 대화를 잘해야 합니다. 먼저, 3:2:1의 대화법칙이 있습니다. 3번 들어주고, 2번 맞장구 치고, 1번 말하기 법칙입니다. 이렇게 하면 사람과 대화를 잘할 수 있습니다. 둘째, '식탁교제'가 있습니다. "목회는 먹회다"라는 말이 있습니다. 관계성을 높이기 위해 상대를 잘 대접하면 교제가 원활하게 돌아간다는 것입니다. 셋째, '예배교제'도 있습니다. 예배를 잘 드리면 교회 공동체의 끈끈한 정을 느낄 수 있습니다. 넷째, '성찬교제'입니다. 성찬을 하며 영적 가족의 하나 됨을 느끼는 것입니다. 다섯째, '봉사교제'입니다. 봉사하면 교제가 돈독해집니다. 여섯째, '말씀 나눔의 교제'입니다. 말씀을 함께 나누면 무엇보다 일체감을 느끼게 됩니다. 일곱째, '기도교제'입니다. 기도는 우리를 연합하게 하고 뭉치게 만드는 힘이 있습니다. 이런 교제의 모습이 활발하게 이뤄지면 믿음 안에서 관계성 지수가 높아집니다.

더욱이 또 한 가지는 '은사 중심적인 교제'가 되어야 관계지수를 높일 수 있습니다. 건강한 영성 공동체는 남과 비교하고 차별적인 관계를 갖는 것이 아니라 누구나 존중받고 은사에 따라 충성, 봉사, 헌신하는 관계 공동체의 모습을 가질 때 가능합니다. 방언을 한다고 못하는 사람을 차별하면 안 됩니다. 그것으로 더욱 기도하는 사명을 감당하면 됩니다. 지식이 많다고 지식 없는 사람을 차별하면 안 됩니다. 그것으로 가르치는 사명을 잘 감당하면 됩니다. 물질이 많다고 없는 사람을 차별하면 안 됩니다. 그것으로 구제하는 사명을 더욱 감당하면 됩니다. 노래를 잘한다고 못하는 사람을 차별하면 안 됩니다. 그것 가지고 찬양대와 찬양의 사명을 감당하면 됩니다. 이렇게 영성 공동체가 건강하게 나아가기 위해서는 비교하고 시기 질투하며 싸우는 공동체가 아니라, 상대를 존중하고 배려하는 은사 중심적인 교제의 모습을 지향해야 합니다.

마지막으로, 공동체의 관계성을 높이기 위해서는 '섬김의 교제'를 잘해야 합니다. 건강한 공동체로 가는 최고의 방법은 섬김이 가장 기본입니다. 권위주의, 기득권을 내세우고 텃세를 부리면 그 공동체는 벽이 생기고 고이고 썩습니다. 무언가 문제가 생기며 병들게 됩니다. 밑에서는 요구만 하지 몸으로 섬기는 사람이 없습니다. 위에서도 지시만 하지 섬기는 사람이 없습니다. 그렇게 되면 소통이 안 되고 자기주장만 내세우는 고집불통의 사람들만 있게 됩니다. 예수님께서는 으뜸이 되고자 하는 자는 먼저 섬기는 자가 되어야 한다고 말씀해 주셨습니다. 냉수 한 그릇이라도 소자에게 섬기는 자는 결단코 상을 잃지 않으리라고도 말씀해 주셨습니다. 섬기는 것이 축복입니다. 섬기는 것이 은혜입니다. 섬기는 것이 나도 살고, 공동체도 살리는 길입니다. 섬기게 되면 그 조직이 역동적으로 살아나고 발전하게 됩니다. 섬김은 좋은 관계를 형성합니다. 내가 먼저 섬기면 섬김을 받습니다. 이것이 예수님의 황금률입니다. 영성 공동체의 관계성을 높이는 방법은 서로가 섬김의 정신을 잘 실천하는 것입니다.

03
교회의 기능적 구조 세우기

> "또 내가 네게 이르노니 너는 베드로라 내가 이 반석 위에 내 교회를 세우리니 음부의 권세가 이기지 못하리라"(마 16:18).

교회와 성도의 상관관계

교회와 성도는 떼려야 뗄 수 없는 관계입니다. 교회는 하나님의 나라이고, 성도는 그 속에 거하는 하나님의 백성들입니다. 교회는 천국의 모형이며, 성도는 교회 안에서 천국을 미리 경험하는 사람들입니다. 더욱이 성도는 천국 가는 날까지 교회생활을 통해 믿음을 지켜 나가야 하는 것입니다. 그래서 교회와 성도는 한 몸과 같은 공동체의 관계입니다.

또한 교회는 주님의 몸입니다. 성도는 그 몸의 각 지체들입니다. 마치 각 지체들이 몸을 세우듯이 성도들이 교회를 세우는 것입니다. 어떤 사람은 머리의 역할로, 어떤 사람은 손의 역할로, 어떤 사람은 발의 역할로, 어떤 사람은 목의 역할로 맡은 직분과 은사에 따라 교회를 아름답게 세웁니다. 또한 교회와 성도는 나무와 가지와 같은 관계입니다. 가지가 나무에 붙어 있어야 자라고 열매를 맺는 것처럼 성도들도 교회에 붙어 있어야 성장하고 변화되며, 은혜의 역사가 있는 것입니다.

가장 중요한 것은 하나님께서 친히 교회를 세우셨다는 것입니다. 하나님이 영광을 받으시기 위해 교회를 세우시고 구별된 성도들을 통하여 찬양을 받으시는 것입니다. 더욱이 교회는 예수 그리스도의 피 값으로 세워 주신 믿음의 터전입니다. 그래서 교회의 머리는 예수 그리스도입니다. 예수님은 만물 위에 교회를 세우시고 교회의 머리가 되시며 이 세상을 통치하십니다(엡 1:22-23). 교회는 세상의 희망입니다. 교회는 세상을 비추는 빛입니다. 교회는 세상을 변화시키는 축복의 통로입니다. 교회는 세상의 마지막 보루입니다. 교회가 건강할 때 사회도 건강할 수 있습니다. 교회가 타락하면 세상은 당연히 오염되는 것입니다. 그러므로 교회가 자체적으로 정화되고 하나님의 주권하에 은혜로운 공동체로 기능을 발휘할 때 나도 변화될 뿐만 아니라 가정과 사회에서도 대단한 영향을 미치게 됩니다.

교회 구조 다시 세우기

교회가 건강한 영적 공동체가 되기 위해서는 기존의 잘못된 패러다임을 바꾸는 것이 급선무입니다. 구조적 패러다임을 바꾸지 않으면 병들고 고이게 되어 있습니다. 고정관념은 고장 난 생각입니다. 고장 난 생각은 고쳐야 합니다. 고치면 새로운 생각으로 바뀔 수 있습니다. 일단 교회의 건강과 부흥은 고장 난 생각을 깨뜨리고 새로운 구조적 패러다임을 심는 것입니다. 그것은 교회의 기능적 구조를 성경적 패러다임에 맞게 다시 세우는 것입니다.

1) 두 기둥의 교회 구조로 바꾸기

첫 번째로 '두 기둥 구조'로 바꾸는 것입니다. 즉 교회 중심 구조를 두 개의 축으로 바꾸는 것입니다. 그것은 초대교회의 기능적 모습이었습니다. 초대교회 안에는 큰 교회와 작은 교회, 몸교회와 지체교회, 나무교회와 가지교회, 본교회와 가정교회, 대목장교회와 소목장교회, 회중교회와 셀 교회 등의 두 가지로 구성된 조직이 있었습니다. 이렇게 초대교회는 두 개의 중심조직이 큰 기둥을 이루며 건강한 교회로 부흥해 나갔습니다.

사도행전의 교회가 그 모델이었습니다. 사도행전 2장 46-47절을 보면, "날마다 마음을 같이하여 성전에 모이기를 힘쓰고 집에서 떡을 떼며 기쁨과 순전한 마음으로 음식을 먹고 하나님을 찬미하며 또 온 백성에게 칭송을 받으니 주께서 구원받는 사람을 날마다 더하게 하시니라"라고 말하고 있습니다. 여기서 교회의 기능적 구조가 두 개로 나타납니다. 하나는 성전에서 모이고, 또 하나는 집에서 모이는 모임이 있었다는 것입니다. 그랬더니 온 백성의 칭송을 받으며 구원받는 수가 날마다 더하였다고 말하고 있습니다. 여기서 성전에서 모이는 모임은 성전교회이고, 집(가정)에서 모이는 모임은 집(가정)교회입니다. 이것이 오늘날은 회중교회와 구역(목장, 셀)교회로 나뉘어 운영되고 있는 것입니다. 따라서 건강한 교회의 조직은 교회공동체와 셀 공동체가 기능적으로 살아 움직이는 것입니다. 이 두 곳에서 은혜가 넘치고 성령이 충만하면 자연히 교회는 성장하고, 날마다 구원받는 수가 더하는 역사가 있게 됩니다.

또한 사도행전 6장을 보면, 초대교회가 과부를 구제하는 문제로 갈등과 분열이 있었습니다. 그때 사도들이 일곱 집사를 세우고 사도들은 기도와 말씀에 힘쓰는 일을 했습니다. 그랬더니 하나님의 말씀이 점점 왕성하여 예루살렘에 있는 제자의 수가 더 많아지고 허다한 제사장의 무리도 이 도에 복종했다고 말합니다. 이것은 교회 안에 제직 공동체의 기능이 살아나자 교회가 부흥 성장했다는 이야기입니다. 그래서 초대교회의 조직은 크게 회중교회의 대표인 제직 공동체와 가정교회의 대표인 셀 공동체의 두 날개를 가진 모습입니다. 이것이 초대교회를 부흥 성장하게 하는 비결이었습니다.

2) 3대 시스템의 교회 구조로 바꾸기

두 번째로 교회사역을 '3대 시스템'으로 단순화하는 것입니다. 교회 조직이 너무 많으면 복잡해서 선택과 집중을 하기가 곤란합니다. 힘이 분산되어 건강한 교회의 모습을 이룰 수가 없습니다. 더욱이 작은 교회일수록 교회 조직을 단순화할 필요가 있습니다. 그래야 역량을 모으고 건강하고 힘 있는 교회의 구조가 되는 것입니다. 그래서 교회는 세 가지 중요한 시스템으로 단순화해야 합니다. 첫째가 예배이며, 둘째가 전도이고, 셋째가 제자양육입니다. 여기에 집중하면 교회가 놀랍게 변화되고 부흥 성장하는 것을 봅니다.

먼저는 '예배의 혁명'입니다. 예배의 성공은 인생의 성공이고, 예배의 실패는 인생의 실패입니다. 교회에서 예배는 가장 중요한 핵심 역량입니다. 목사는 예배에 목숨을 걸어야 합니다. 예배준비를 철저히 해야 합니다. 기도부터 시작해서 기획하는 것까지, 예배가 물 흐르듯이 그리스도의 임재와 능력과 목적이 실현되도록 구조를 개혁해야 합니다.

다음은 '전도 시스템'입니다. 교회는 영혼 구원이 본질적 사명입니다. 그래서 큰 교회든지, 작은 교회든지 전도의 사명에 집중해야 합니다. 모든 교회는 전도 프로그램이 있어야 하며, 전도 팀을 운영해야 하고, 전도의 일꾼들을 모으는 작업을 끊임없이 계속해야 합니다. 왜냐하면 이것은 주님의 지상명령이며, 교회의 가장 중요한 본질적 사명이기 때문입니다.

마지막으로, '양육 시스템'입니다. 교회에 새가족반, 기초반, 중급반, 고급반, 리더십반 등 체계적인 제자양육 프로그램을 가동하고,

이것을 통해 일꾼 세우기 작업을 해야 합니다. 제자양육을 받은 사람과 안 받은 사람의 차이는 엄청납니다. 말씀이 들어간 사람과 안 들어간 사람의 변화는 하늘과 땅의 차이입니다. 따라서 한 영혼의 변화를 위해서라도 제자양육의 훈련은 교회에서 꾸준히 이루어져야 합니다.

3) 은사 중심적인 교회 구조로 바꾸기

세 번째로 '은사 중심적인 교회 구조'로 바꾸는 것입니다. 교회는 지식에 따라 봉사하는 곳이 아닙니다. 돈의 유무에 따라 봉사하는 곳도 아닙니다. 교회는 영적인 공동체이며, 주님이 주시는 은사에 따라 봉사하는 곳입니다. 교회는 다양한 사람, 다양한 은사, 다양한 계층의 사람들이 모여 교회를 섬기고 있습니다. 이런 사람들이 교회에 모여 봉사할 때에 봉사의 높낮이를 따지며 차별한다는 것은 지극히 인본주의적이며 교만한 태도이고, 교회의 부흥과 성장을 저해하는 요소가 됩니다.

따라서 교회는 은사 중심적인 교회 구조가 되어야 합니다. 은사에 맞게 다양한 봉사를 제공하고, 다양한 섬김의 장을 만들어 주는 터전이 되어야 합니다. 존중받으며 자신의 은사를 따라 하나님께 봉사할 수 있도록 기회를 제공해야 합니다. 봉사 기능도 수평적 관계를 이루고 상향식 의견을 집결하며, 자신의 은사에 맞지 않는 봉사는 자르고, 자신의 은사에 맞는 봉사는 개발 발전시켜 활력 넘치는 사역이 되도록 독려해야 합니다. 그래서 성도와 성도의 관계는 수평적인 인격구조로 만들고, 일하는 업무의 체계는 수직적으로 질서를 갖추는 구조로 바꾸어, 교회가 효율적이고 역동적인 모습이 되도록 생명력을 불어넣어야 할 것입니다.

4) 국내외 선교의 교회 구조로 바꾸기

네 번째로 '국내외 선교의 교회 구조'로 바꾸는 것입니다. 교회는 땅 끝까지 복음의 증인이 되어야 합니다. 한국교회가 선교사들을 통해 복음이 편만하게 이뤄져 축복을 받은 것처럼 우리도 선교의 빚진 자로서 선교하는 사명을 다해야 합니다. 성도들이 국내외 선교를 한 번 갔다 오면 신앙의 마인드가 달라집니다. 꿈과 비전이 선교적인 사명으로 바뀝니다. 신앙도 뜨거워집니다. 그래서 교회는 해외선교, 낙도선교, 농어촌선교, 미자립교회 선교 등 몸으로 직접 뛰며 선교하는 사역을 감당해야 합니다. 이런 사역들을 하면 복음의 야성이 살아납니다. 보람과 의미가 있습니다. 하나님께 영광을 돌립니다. 교회사역의 방향이 성경적이 됩니다. 그래서 교회는 개척 때부터 해외선교와 국내선교, 미자립교회 선교 등 선교와 복지 구조로 발전시켜 나가야 건강한 교회로 부흥 성장합니다.

5) 교육부 중심의 교회 구조로 바꾸기

다섯 번째로 '교육부를 창조적으로 바꾸는 것'입니다. 교육부서는 다음 세대를 세우는 일입니다. 다음 세대가 무너지면 한국교회의 미래도 없습니다. 오늘날 주일학교가 없는 교회가 약 50%에 육박했다고 합니다. 학생부, 청년부가 줄어들고 있는 것도 심각합니다. 한국 교회의 침체는 교육부서의 침체라 할 수 있습니다. 따라서 한국교회는 교육혁명을 일으켜야 합니다. 교육부 구조를 수평적이며, 창조적이고, 혁신적이며, 현대적으로 확~ 바꾸어야 합니다. 또 믿음과 사랑과 지혜와 사명감이 투철한 교사들을 길러내야 합니다. 왜냐하면 교육부의 부흥은 특별히 교사들에게 달려 있기 때문입니다.

프로그램도 교회만의 독특한 콘텐츠를 개발해야 합니다. 아무리 좋은 프로그램이라 할지라도 교회에 맞지 않으면 소용이 없습니다. 그 교회에 맞는 콘텐츠를 개발해야 합니다. 창조적인 기획이 필요합니다. 일방적인 교육에서 참여하는 쌍방적인 교육으로 바뀌어야 합니다. 하향식인 교사 중심에서 상향식인 학생 중심의 교육으로 변화되어야 합니다. 학생들의 필요를 채워 주는 교육이 되어야 합니다. 지성과 감성과 야성을 균형적으로 성장케 하는 교육이 되어야 합니다. 육체적 성장, 정신적 성장, 영적인 성장이 함께 가는 교육이어야 합니다. 교육부 부흥에는 담임목사의 의지도 중요합니다. 담임목사의 관심에 따라 교육부의 방향이 달라지기 때문입니다. 그러므로 담임목사도 어른 중심의 목회에서 교육 중심의 목회로 전향해야 합니다. 종합목회를 하되 교육목회도 결코 등한히 해서는 안 된다는 것입니다.

교회 5대 목표 세우기

교회에는 목표가 있어야 합니다. 교회생활에 어떤 목표를 가지고 신앙생활을 하느냐는 매우 중요한 과제입니다. 목표가 있다는 것은 방향이 세워졌다는 것입니다. 그 목표를 향해 달려갈 수 있다는 것입니다. 서로 일치하고 연합하여 목표를 이루는 힘이 생긴다는 것입니다. 만약 교회생활에 목표가 없다면 생명력이 떨어지고 활력을 잃게 될 것입니다. 교회 목표는 신앙생활의 방향입니다. 그 방향대로 가면 건강한 교회가 되고, 신앙의 성장이 있으며, 축복과 은혜가 넘치게 됩니다.

성경이 말하는 교회 목표에는 다섯 가지의 중요한 덕목이 있습니다. 그것은 '예배/ 전도/ 양육/ 교제/ 섬김'입니다. 성도는 이 다섯 가지 덕목을 목표로 삼고 신앙생활을 해야 합니다.

먼저, '예배'는 신앙 공동체의 핵심입니다. 교회는 예배하는 곳입니다. 예배가 없으면 교회가 아닙니다. 교회 정체성의 가장 중요한 조건은 예배입니다. 그러므로 성도는 교회에서 모일 때마다 예배를 통해 하나님께 영광을 돌리고 믿음을 지키는 생활을 하는 것입니다.

둘째, '전도'입니다. 전도는 예수님의 지상명령입니다. 해도 되고 안 해도 되는 것이 아니라 반드시 해야 하는 교회의 사명입니다. 그래서 교회는 앉으나 서나 전도, 자나 깨나 전도, 시도 때도 없이 전도, 우리의 소원은 전도해야 하는 것입니다.

셋째, '양육'입니다. 배우고 가르치는 사역입니다. 어린이부터 어른까지 제자양육을 받는 것입니다. 그리스도의 장성한 분량에 이르기까지 성도는 계속해서 양육을 받아야 합니다.

넷째, '교제'입니다. 교회는 사랑 공동체입니다. 주 안에서 서로 사랑하며 나누는 교제의 공동체입니다. 교회 내에서 3명만 서로 교제해도 교회를 떠나지 않는다고 합니다. 그것은 시험에 들어도 붙들어 주는 사람이 있기 때문입니다. 교제는 서로의 신앙을 붙들어 주는 촉매제의 역할을 합니다. 교제는 교회생활을 풍성하게 합니다. 교제는 믿음 안에서 서로 세워 주는 당연한 의무입니다.

다섯째, '섬김'입니다. 우리가 예배를 드리고 전도하고 양육받고 교제하는 이유가 무엇입니까? 섬기기 위해서입니다. 하나님을 섬기고 이웃을 섬기기 위해서입니다. 그래서 교회생활의 가장 큰 목표는 섬김입니다. 섬기는 교회가 아름다운 교회입니다. 섬기는 교회가 하나님께 영광을 돌리는 교회입니다. 섬기는 교회가 건강한 교회이고 축복 받은 교회입니다.

교회 7대 비전 세우기

교회는 비전 공동체입니다. 즉 꿈과 비전을 향해 달려가는 공동체입니다. 만약 교회에 비전이 없으면 이리지리 방황하며 망하게 될 것입니다. 그러나 비전이 있는 한 그 교회는 살아 있습니다. 또 도전

합니다. 성장합니다. 뻗어나갑니다. 희망이 있습니다. 현실로 실현하는 힘이 있습니다. 꿈이 추상적이라고 한다면 비전은 구체적인 것입니다. 꿈은 누구나 꿀 수 있지만 그 꿈을 이루는 비전의 사람은 소수입니다. 비전은 꿈을 현실화하는 엔진입니다. 꿈을 이뤄내는 것이 비전입니다. 비전이 없으면 그 꿈은 한낱 허황된 것입니다. 80%가 꿈을 꾸지만 10%만이 그 꿈을 이루는 비전 메이커가 되는 것입니다. 교회는 꿈을 꾸고 거기에 필요하고 실현 가능한 비전을 반드시 세워야 합니다. 그리고 그 목표를 이루어내야만 합니다. 그것이 비전입니다.

첫째, '영혼 구원의 비전'입니다. 교회의 첫 번째 비전은 생명을 살리는 비전입니다. 이것이 교회의 가장 본질적인 사명입니다. 그래서 교회는 전 교인의 전도 생활화, 일 년에 한 명씩 전도하는 운동, '내 집을 강권하여 채우는' 전도축제 등 전도의 비전을 갖고 있어야 합니다. 교회는 사람을 살리고 세우고 복음을 전하는 공동체입니다.

둘째, '건강한 교회 세우기 비전'입니다. 교회의 본질을 회복하는 운동입니다. 건강한 교회의 여덟 가지 특징을 살리는 운동입니다. 사역자를 세우는 리더십, 은사 중심적 사역, 열정적인 영성, 기능적 조직, 영감 있는 예배, 전인적 소그룹, 필요 중심적 전도, 사랑의 관계를 회복하는 운동입니다. 더욱이 다음세대인 주일학교를 살리고, 평신도사역을 세우는 비전입니다.

셋째, '행복한 가정 만들기 비전'입니다. 교회 같은 가정, 가정 같은 교회가 되는 것입니다. 믿음의 가정을 세우는 것이 성도의 제일 목표입니다. 매주 가정예배를 드리고, 매일 성경읽기와 매일 자녀 축복하기 운동을 하며, 아버지학교, 어머니학교, 가정치유학교, 상담코칭학교 등을 세워 행복한 가정의 회복운동에 힘쓰는 것입니다.

넷째, '이웃 사랑의 비전'입니다. 주변의 이웃을 필요 중심적으로 돌보는 사역입니다. 노인 노숙자, 홀몸노인 등 소외 이웃을 돌보는 사역입니다. 복지관을 세우고 노인복지에 더 관심을 갖는 것입니다. 또 장학관을 건립하여 소년소녀가장, 불우학생, 장학생을 후원하는 비전입니다. 또한 다문화센터를 세워 외국근로자 및 자녀 돕기 등 다문화 선교에 힘을 쏟는 사역입니다.

다섯째, '문화선교의 비전'입니다. 지역주민을 위해 다양한 문화센터를 운영하는 비전입니다. 악기방, 공부방, 카페, 도서관, 소극장, 콘서트홀, 영화관, 체육관 등 사회관을 설립하는 것입니다. 또 신문방송, 인터넷, 문서출판, 서점 등을 관리하는 문화관을 설립하는 것입니다. 또한 다음 세대를 위한 교육관을 설립하여 그들에게 맞는 문화적 공간을 확보하는 것입니다.

여섯째, '민족 복음화의 비전'입니다. 한국교회는 북한선교의 숙명적 과제를 가지고 있습니다. 북한교회 재건을 위해 힘쓰는 비전입니다. 더불어 한국에 있는 미자립 개척교회, 농어촌교회 살리기 운동을 지속적으로 하는 것입니다. 또한 은혜로운교회 지교회를 세워 목회 비전을 공유하고 민족 복음화의 그루터기를 만드는 운동입니다.

일곱째, '세계 선교화의 비전'입니다. 땅 끝까지 복음을 전하는 운동입니다. 먼저 타국의 선교사를 물질과 기도로 후원하는 운동입니다. 그런 다음 힘이 좀 길러지면 선교사를 양성하여 교회가 직접 파송하는 운동입니다. 거기서 더 발전되면 원주민 선교사를 길러 그들을 통해 그 나라를 선교하도록 하는 운동입니다. 일산의 성시화, 민족의 복음화, 세계 선교화를 이루는 비전입니다.

Chapter 2
제직 세우기

"온 무리가 이 말을 기뻐하여 믿음과 성령이 충만한 사람 스데반과 또 빌립과 브로고로와 니가노르와 디몬과 바메나와 유대교에 입교 했던 안디옥 사람 니골라를 택하여 사도들 앞에 세우니 사도들이 기도하고 그들에게 안수하니라"(행 6:5-6).

01
제직의 목적과 유익

"너는 장차 받을 고난을 두려워하지 말라 볼지어다 마귀가 장차 너희 가운데에서 몇 사람을 옥에 던져 시험을 받게 하리니 너희가 십 일 동안 환난을 받으리라 네가 죽도록 충성하라 그리하면 내가 생명의 관을 네게 주리라"(계 2:10).

왜 제직을 세우는가? - 제직의 목적

교회에서 제직의 역할은 매우 중요합니다. 어떤 제직이 세워지느냐에 따라 교회의 부흥도와 성숙도가 달라지기 때문입니다. 초대교회도 일곱 집사를 세움으로써 교회의 체질 변화와 폭발적인 부흥의 역사가 있었습니다. 교회는 교인과 제직으로 구성되어 있습니다. 제직들이 어떤 영적 수준과 리더십을 갖고 있느냐에 따라 교인들의 믿음도 성장하고 변화되며, 은혜로운 공동체로 만들어지는 것입니다. 그러면 '왜 교회에 제직을 세우는가? 제직의 목적은 무엇인가?' 성경적으로 좀 더 구체적으로 조명해 보겠습니다.

첫째, 하나님께서는 제직을 교회 일꾼으로 세워 주셨습니다. 고린도전서 4장 1-2절 말씀에 "사람이 마땅히 우리를 그리스도의 일꾼이요 하나님의 비밀을 맡은 자로 여길지어다 그리고 맡은 자들에게 구할 것은 충성이니라"고 하였습니다. 제직은 사람이 아니라 하나님이 세워 주신 교회의 충성된 일꾼으로서 교회를 잘 섬기고 돌보는 역할을 합니다. 그때 생명의 관을 얻게 될 것이라 말씀하십니다(계 2:10).

둘째, 성도들을 온전하게 하며 화목하게 하라고 세워 주셨습니다. 에베소서 4장 11-12절에 "그가 어떤 사람은 사도로, 어떤 사람은 선지자로, 어떤 사람은 복음을 전하는 자로, 어떤 사람은 목사와 교사로 삼으셨으니 이는 성도를 온전하게 하여 봉사의 일을 하게 하며 그리스도의 몸을 세우려 하심이라"고 말합니다. 또 고린도후서 5장 18절에는 성도들에게 화목하게 하는 직분을 주셨다고 말합니다. 그러므로 제직들의 사명은 성도들을 돌보고 봉사하며, 사랑하고 화목하게 하는 일을 열심히 하는 것입니다.

셋째, 목회자를 도와 교회를 든든히 세우도록 하셨습니다. 출애굽기 18장 21-22절에 "너는 또 온 백성 가운데서 능력 있는 사람들 곧 하나님을 두려워하며 진실하며 불의한 이익을 미워하는 자를 살펴서 백성 위에 세워 천부장과 백부장과 오십부장과 십부장을 삼아 그들이 때를 따라 백성을 재판하게 하라 큰일은 모두 네게 가져갈 것이요 작은 일은 모두 그들이 스스로 재판할 것이니 그리하면 그들이 너와 함께 담당할 것인즉 일이 네게 쉬우리라"고 말합니다. 또 출애굽기 17장 8-12절 말씀을 보면 아론과 훌이 모세를 도와 아말렉과의 전쟁에서 대승을 거두는 것을 볼 수 있습니다. 제직은 목회자를 보좌하고 돕는 역할을 합니다. 초대교회 때에도 사도행전 6장을 보면 일곱 집사를 세워 사도들을 도와 교회를 부흥케 했습니다. 이처럼 제직을 세우는 목적은 목회자를 도와 교회를 든든히 세우기 위해서입니다.

넷째, 하나님의 영광을 위하여 제직을 세우셨습니다. 고린도전서 10장 31절을 보면, "너희가 먹든지 마시든지 무엇을 하든지 다 하나님의 영광을 위하여 하라"고 말합니다. 교회에서 제직들은 봉사활동을 할 때 내 만족과 내 의를 드러내기 위해서 하는 것이 아니라 오직 하나님의 영광을 위하여 하는 것입니다. 교회에 가장 큰 사역의 방향은 하나님의 뜻과 하나님의 영광입니다. 그것이 자신들의 뜻과 일치하지 않는다면 제직들은 자신들의 뜻을 꺾고 무조건 하나님의 뜻에 맞춰 순종해야 합니다.

다섯째, 무익한 종이 되지 않고 유익한 종이 되도록 세우셨습니다. 그것은 마태복음 25장의 달란트 비유를 통해서도 발견할 수 있습니다. 마태복음 25장 23절을 보면, "그 주인이 이르되 잘하였도다 착하고 충성된 종아 네가 적은 일에 충성하였으매 내가 많은 것을 네게 맡기리니 네 주인의 즐거움에 참여할지어다"라고 말합니다. 여기서 두 달란트, 다섯 달란트를 받은 종은 각각 두 달란트와 다섯 달란트를 더 남겼습니다. 그래서 유익한 종으로 칭찬과 축복을 받았습니다. 그러나 한 달란트를 받은 종은 땅속에 묻어 두었다가 무익한 종으로 책망과 저주를 받았습니다. 제직은 달란트를 받은 종과 같습니다. 어떻게 충성하느냐에 따라 유익한 종이 될 수도 있고, 무익한 종이 될 수도 있습니다.

제직의 성경적 의미

그러면 제직은 성경적으로 어떤 의미가 있습니까? 제직은 어떤 역할의 이름을 가지고 있습니까? 제직이 되면 어떤 그리스도인의 삶을 살아야 합니까? 제직의 교회 봉사는 어떤 자세로 감당해야 합니까?

첫째, 제직은 '그리스도의 종'(a servant of Christ)입니다. 갈라디아서 1장 10절을 보면, "이제 내가 사람들에게 좋게 하랴 하나님께 좋게 하랴 사람들에게 기쁨을 구하랴 내가 지금까지 사람들의 기쁨을 구하였다면 그리스도의 종이 아니니라"라고 말합니다. 다시 말해, 제직은 사람이 세운 것이 아니라 그리스도께서 세우신 일꾼(종)들입니다. 그러므로 제직은 그리스도의 말씀을 듣고 그리스도의 명령에 순종하는 자입니다. 종은 자기 주권이 없는 자입니다. 주인만을 위해 사는 사람입니다. 주인이 시키는 대로 사는 사람입니다. 마찬가지로 제직은 주님의 종으로, 주님을 기쁘게 하며 주님의 말씀에 순종하는 자입니다.

둘째, 제직은 '교회의 지체'(a part of the Church)입니다. 고린도전서 12장 27절을 보면, "너희는 그리스도의 몸이요 지체의 각 부분이라"고 말합니다. 제직은 교회 지체로서의 사명을 가지고 있습니다. 어떤 사람은 손의 역할을, 어떤 사람은 발의 역할을, 어떤 사람은 머리의 역할을, 어떤 사람은 눈과 귀의 역할을 합니다. 이렇게 각자 맡은 역할의 사명이 있습니다. 그런데 이것이 서로 다투고 분열하면 몸만 아픕니다. 각종 질병과 암 덩어리를 유발하는 요소가 됩니다. 그래서 제직들은 교회 안에서 서로 사랑하고 연합하여 한 몸을 이루어 높고 높은 하나님께 영광을 돌리는 것입니다.

셋째, 제직은 '목회자의 동역자'(a partner of pastor)입니다. 로마서 16장을 보면, 사도 바울의 동역자들 이름이 최소한 35명이 나열되고 있습니다. 바울은 이들의 동역으로 인하여 하나님 나라가 편만히 세워졌고, 복음의 전진과 승리가 있었다고 고백합니다. 이들 중에는 겐그레아 교회의 일꾼인 뵈뵈도 있습니다. 바울은 고백하기를, "그는 나의 보호자다"라고까지 했습니다. 구레네 시몬의 아내에게는 "내 어머니이다!"라는 표현을 썼습니다. 심지어 브리스길라와 아굴라는 "내 목숨을 위하여 자기들의 목까지도 내놓았다"고 간증합니다. 더욱이 이들 중에는 바울을 위해 물심양면으로 봉사하며 아낌없이 후원했던 사람들도 많이 있었습니다. 함께 고생하며 바울의 목회를 보좌하며 도왔던 충성스러운 일꾼들이었습니다. 제직들도 바로 이러한 목회자의 충성스러운 일꾼의 사명을 가지고 있는 것입니다.

넷째, 제직은 '교회의 사역자(일꾼)'(a minister of the Church)입니다. 고린도후서 6장 4-5절을 보면, "오직 모든 일에 하나님의 일꾼으로 자천하여 많이 견디는 것과 환난과 궁핍과 고난과 매 맞음과 갇힘과 난동과 수고로움과 자지 못함과 먹지 못함 가운데서도"라고 말합니다. 사도 바울은 하나님의 일꾼으로 자원하여 많은 고난과 핍박을 받았다고 간증합니다. 제직은 교회를 위해 고난도 감수하는 일꾼입니다(고후 6:4). 제직은 복음 전하는 일꾼입니다(살전 3:2). 제직은 그리스도의 선한 일꾼이요(딤전 4:6), 신실한 일꾼입니다(골 1:7). 제직은 성도를 섬기는 일꾼이며(고전 16:15), 은사대로 봉사하는 일꾼입니다(벧전 4:10).

제직을 세울 때 교회의 유익

제직을 세울 때 교회에는 어떤 유익이 있겠습니까? 하나님께서는 교회의 어떤 유익을 위해서 제직을 세우셨겠습니까? 교회에서 제직은 너무나도 중요한 역할을 하는 사람입니다. 제직이 움직여야 교회가 살아납니다. 제직이 충성해야 교회가 역동적이 되고, 부흥의 역사가 있는 것입니다. 그러므로 여기서는 제직을 세울 때 구체적으로 교회에 어떤 유익이 있는지 성경적으로 조명해 보도록 하겠습니다.

첫째, 제직을 세울 때 사도들이 오로지 기도와 말씀에 힘쓰는 역사가 일어났습니다(행 6:4). 주의 종들의 영권이 살아났다는 이야기입니다. 처음에는 사도들이 행정과 봉사까지 담당을 하니까 사역이 분산되고, 교인들 간에도 갈등과 분열이 일어났습니다. 그래서 사도들이 기도하고 행정과 구제와 봉사를 담당하는 제직을 세운 이후로는 교회가 기능적으로 안정이 되었습니다. 또한 사도들도 본연의 업무인 기도와 말씀에 전무하며 성령 충만한 목회사역을 감당할 수가 있었습니다.

둘째, 제직을 세운 이후로 교회 안에 말씀의 권능이 점점 왕성해졌습니다(행 6:7). 교회의 권위는 말씀의 권위입니다. 사도들도, 제직들도 말씀의 권위 앞에 순종하며 모두 충성을 다했습니다. 교회 안에 하나님의 말씀이 살아 운동력이 있으니까 성도들의 심령이 쪼개지는 놀라운 변화가 일어났습니다. 그것은 또한 사도들이 오로지 기도와 말씀에 힘쓴 결과이기도 했습니다. 물론 그 뒤에는 제직들이 있었습니다. 그들이 교회에서 맡은 봉사를 잘 감당하니까 사도들도 충분히 말씀을 연구하고 설교 준비하는 시간이 주어졌던 것입니다. 그 결과 말씀의 권능이 왕성해졌습니다.

셋째, 예수님의 제자의 수가 점점 더 많아졌습니다(행 6:7). 초대교회는 조직이 기능적으로 활동함에 따라 제직 공동체와 셀 공동체가 살아났습니다. 모이면 예배드리고 기도하고, 흩어지면 전도하고 구제했습니다. 특별히 집사들의 전도활동도 왕성했습니다. 스데반 집사는 전도하다가 돌에 맞아 순교하기까지 했습니다. 빌립 집사는 에티오피아 내시를 최초로 전도한 전도자였습니다. 이처럼 제직들이 주어진 사역들을 잘 감당함으로 말씀이 살아 움직이고 제자의 수가 점점 더 많아지는 부흥의 역사가 있었던 것입니다.

넷째, 허다한 제사장의 무리도 이 도에 복종했습니다(행 6:7). 그 시대의 제사장은 율법에 능통한 사람이요, 제사를 집례하는 중요한 역할을 하는 지도자급이었습니다. 그런데 이들이 유대교를 버리고 예수 그리스도의 복음의 도에 복종하며 돌아왔습니다. 그 당시 초대교회는 사도와 제직들과 평신도들이 혼연일체가 되어 모두 복음의 도를 전하는 일에 일심이었습니다. 또 모두가 사도들의 가르침에 순종하여 아주 잘 훈련된 전도자들로 성장했습니다. 그때 제사장들과의 변론에도 복음을 잘 증거하는 아름다운 역사가 있었고, 성령이 함께하심으로 제사장들도 이 도에 복종하며 주님께 돌아오게 된 것입니다.

다섯째, 성도들이 온전케 되었습니다. 제직으로 세워짐으로 그들도 믿음이 성장하고, 또 그들이 본을 보임으로써 평신도들도 한마음으로 신앙이 변화되어 성숙한 신앙으로 자라났습니다(엡 4:12). 그래서 복음의 상향평준화가 이루어지고, 성도들이 은사에 따라 즐겁게 봉사하며 하나님 나라를 세우는 기쁨을 소유했던 것입니다. 즉 교회 공동체가 한 피 받아 한 몸을 이루며 모든 지체들이 서로의 역할을 다함으로써 온전한 신앙으로 성장하는 모멘텀(momentum)을 만들었던 것입니다.

여섯째, 교회 봉사와 전도가 살아났습니다. 제직들이 세워짐으로 산만한 사역이 정리되고 질서와 균형을 찾게 되었으며, 기능에 따라 봉사와 전도가 왕성하게 일어나는 역사가 나타났습니다. 성경을 보니까 남자 집사들도 봉사와 전도에 열심이었습니다. 집사나 장로나 누구든지 복음을 전하는 일에는 둘째가라면 서러울 정도로 맨 앞에서 감당했습니다. 그 결과 교회에 봉사와 전도가 왕성해지며 폭발적인 교회의 부흥으로 이어지는 계기가 되었습니다.

일곱째, 효과적인 구제사역이 이루어졌습니다(행 6:3). 제직들이 세워지면서 교회 안에 히브리파 과부와 헬라파 과부의 갈등이 사라졌습니다. 그들 중에는 자기들보다 상대 과부들을 더 구제해 준다는 편파적인 생각이 있었습니다. 그래서 이를 위해 제직들이 세워졌고, 제직들이 공평하고 균형적으로 구제사역을 감당함으로써 과부들의 갈등이 사라지고, 교회 내에 사랑의 구제운동이 더욱 힘을 받고 편만하게 봉사하는 역사가 일어났던 것입니다.

여덟째, 교회의 헌금사역이 활발하게 이루어졌습니다. 교회에 수많은 사람들이 몰려오고 여러 활동들이 진행되면서 교회에는 재정이 많이 부족하게 되었습니다. 특별히 그 당시에는 경제적 피폐로 어려운 사람들이 많았고, 가난한 사람들도 교회에 많이 포진되었습니다. 그때 요셉 바나바라는 사람이 밭을 팔아 교회에 헌금함으로써 교회에 많은 도움이 되었고, 그 계기로 헌금의 동기부여가 되어 성도들도 헌금을 활발하게 하게 되었습니다. 교회 제직들도 마찬가지입니다. 제직들은 헌금의 본이 되며 교회사역을 풍성하게 하는 원동력이 됩니다. 그들을 통해서 교회가 왕성해지고 편만한 사역을 하는 통로가 되는 것입니다.

아홉째, 제직은 각 기관으로 들어가 그곳에서 교회 부흥의 중요한 역할을 했습니다(행 6:3). 초대교회 조직은 제직 공동체와 셀 공동체가 중요한 두 기둥이었습니다. 그중에서도 제직들은 교회 기관과 셀에 동시에 들어가 성도들에게 열심히 구제하고 봉사했으며, 밖으로 나가서는 전도도 열심히 했습니다. 한마디로 제직은 한 알의 밀알처럼 어느 곳에 가든지 교회를 부흥시키는 중추역할을 감당했던 것입니다. 그 결과 날마다 구원받는 수가 더하여 가고, 하나님의 말씀이 점점 더 왕성해지며, 교회가 폭발적으로 부흥하는 역사가 일어났습니다.

제직이 받는 개인적 축복

이처럼 제직은 사명을 잘 감당할 때 교회에 큰 유익을 끼칩니다. 놀라운 축복의 통로로 사용하십니다. 그런데 더 놀라운 것은 사명을 감당하는 제직 개인에게도 하나님의 한량없는 은혜가 있다는 사실입니다. 개인적으로도 하늘의 축복이 있다는 것입니다. 그래서 제직의 사명 감당은 의무이기도 하지만 축복의 통로이기도 합니다. 이제 어떤 개인적인 축복과 유익이 있는지 성경적으로 조명해 보겠습니다.

첫째, 제직의 축복은 '씨앗의 축복'입니다. 갈라디아서 6장 7-8절은 "무엇으로 심든지 그대로 거두리라 자기의 육체를 위하여 심는 자는 육체로부터 썩어질 것을 거두고 성령을 위하여 심는 자는 성령으로부터 영생을 거두리라"고 말합니다. 이것은 심는 대로 거두는 법칙입니다. 제직도 이 땅에서 충성하는 대로, 감당하는 대로, 뿌린 대로, 봉사하는 대로, 내가 심는 대로 하나님이 주시는 축복을 받는 것입니다.

둘째, 제직의 축복은 '달란트의 축복'입니다. 달란트의 축복은 더 주시는 축복입니다(마 25:14-30). 하나님은 다섯 달란트 받은 종에게 다섯 달란트를 더 주셨습니다. 두 달란트 받은 종에게 두 달란트를 더 주셨습니다. 하나님께서는 충성된 종에게 감당할 수 있도록 더 큰 축복으로 주시는 것을 볼 수 있습니다. 제직들도 마찬가지입니다. 충성하고 지혜로운 제직은 더 크고 놀라운 축복을 받습니다. 솔로몬에게도 구하지 않았던 부와 영화를 더하셨던 것처럼 충성하는 제직들에게도 더하여 주시는 보너스 축복이 있습니다. 제직들에게는 구원뿐 아니라 생활 속에 더 풍성히 받는 축복이 있는 것입니다.

셋째, 제직의 축복은 '기둥의 축복'입니다. 요한계시록 3장 12절에 "이기는 자는 내 하나님 성전에 기둥이 되게 하리니 그가 결코 다시 나가지 아니하리라 내가 하나님의 이름과 하나님의 성 곧 하늘에서 내 하나님께로부터 내려오는 새 예루살렘의 이름과 나의 새 이름을 그이 위에 기록하리라"고 하였습니다. 제직은 교회에서 존귀와 영광의 축복을 받습니다. 세상의 어떤 지위보다도 크고 귀한 직분의 영광입니다. 교회 기둥의 영광이며, 하늘나라의 놀라운 상급의 영광입니다.

넷째, 제직의 축복은 '영권의 축복'입니다. 제직은 하나님의 일을 하는 사람입니다. 그것은 내 힘으로 하는 것이 아니라 하나님이 공급하시는 힘으로 하는 것입니다. 그래서 제직은 영권의 축복을 받습니다. 기도의 능력을 받습니다. 말씀의 권세를 받습니다. 봉사의 능력을 받습니다. 사탄의 공격에도 흔들리지 않는 큰 믿음을 받습니다. 세상과 죄와 싸워 이길 수 있도록 힘과 지혜와 능력을 부여받는 것입니다(엡 6:10-11).

다섯째, 제직은 '육적인 축복'을 받습니다. 요한삼서 2절 말씀은 "사랑하는 자여 네 영혼이 잘됨같이 네가 범사에 잘되고 강건하기를 내가 간구하노라"고 말합니다. 제직의 봉사는 영혼이 잘되는 것입니다. 범사가 잘되는 것입니다. 건강의 축복으로 함께하는 것입니다. 그래서 집사로 봉사하면 집사에 맞는 축복을 받습니다. 장로로 봉사하면 장로에 맞는 축복을 받습니다. 제직의 봉사는 형통함의 육적인 축복도 함께 받는 것을 알 수 있습니다.

여섯째, 제직은 '영생의 축복'을 받습니다. 제직은 하나님 나라를 위해 일하는 사람입니다. 이 땅의 썩어질 것을 위해 일하는 사람이 아니라 영원한 하늘나라를 위해서 일하는 사람입니다. 그래서 제직은 죽어서 하늘나라에 가면 주님과 함께 영생복락을 누릴 것입니다. 성도에게 천국의 축복보다 더 큰 축복이 어디 있겠습니까? 제직은 무엇보다도 영생의 축복을 받습니다(계 2:10).

일곱째, 제직은 '천국의 상급'을 받습니다. 이 땅에서 하나님 나라를 위해 일한 만큼 저 하늘에서도 생명의 면류관, 의의 면류관, 영광의 면류관을 받습니다(딤후 4:8). 제직은 영생복락뿐만 아니라 하늘의 놀라운 상급도 함께하며 주님과 왕 노릇 하는 것입니다. 그러므로 성도는 이 제직의 직분이 얼마나 존귀한 것인지 인식해야 합니다. 얼마나 영광스럽고 아름다운 직분인지 깨달아야 합니다. 그리고 얼마나 감사한 직분인지 느끼며, 충성, 헌신, 봉사를 다하는 성도가 되어야 합니다.

제직이 받는 직분의 상급

제직이 받는 직분의 상급이 구체적으로 어떤 것인지 성경을 통해 조명해 보도록 하겠습니다.

첫째, 제직은 교회와 천국의 아름다운 지위를 얻습니다(딤전 3:13). 제직은 교회에서도 흠모할 만한 직분입니다. 사회에서 받는 그 어떤 직분보다 존귀하고 아름다운 것입니다. 그것은 세상적인 직분이 아니라 영적인 직분입니다. 썩어질 직분이 아니라 영생의 직분입니다. 이 땅에서도 존귀한 직분이지만 저 하늘나라에서는 더 존귀한 모습으로 비쳐집니다. 주님과 함께 왕 노릇 하는 지위를 얻습니다. 제직은 지상의 교회와 천상의 천국에서 아름다운 직분의 지위를 동시에 가지는 것입니다.

둘째, 제직은 그리스도 안에 있는 믿음의 큰 담력을 얻습니다(딤전 3:13). 제직은 믿음으로 일하는 사람입니다. 내 능력과 힘을 가지고 직분을 감당하는 것이 아니라 하나님이 주신 능력과 담력으로 감당하는 것입니다. 그런데 교회 일을 하다 보면 세상적인 계산으로 하는 경우도 있습니다. 마치 빌립처럼 이성적이고 합리적이며 계산적으로 일할 때가 있습니다. 그렇게 되면 부정적이 됩니다. 의기소침해집니다. 소심하고 우유부단해집니다. 그러나 안드레처럼 믿음으로 일하면 큰 담력을 얻습니다. 적극적이고 생산적이고 창조적인 사역이 이루어집니다. 하나님이 함께하시는 역사가 펼쳐지는 것입니다.

셋째, 제직은 모든 선한 일에 아름다운 열매를 맺습니다(골 1:10). 제직이 하는 일은 믿음의 선한 사업입니다. 하나님 나라의 아름답고 선한 일들입니다. 그것은 결코 헛된 일들이 아닙니다. 비록 교회의 허드렛일을 한다 할지라도 그것은 주의 일이며, 생명을 살리는 일이고, 교회를 세우는 존귀한 일들입니다. 그러므로 제직이 하는 일과 봉사는 모두가 거룩하고 복된 사역입니다. 그것은 세상일과는 다른 선한 사역입니다. 제직이란 직분도 교회의 선한 일에 열매를 맺는 사역입니다. 그 일은 보람과 성취가 있습니다. 영광과 상급이 있습니다. 희생과 감사가 있습니다. 하나님 나라가 세워지는 데에 기쁨이 있습니다.

넷째, 제직은 '착하고 충성된 종'이라고 칭찬을 듣습니다(마 25:21). 맡은 자들에게 구할 것은 충성이라고 했습니다(고전 4:2). 충성된 제직에게는 주님의 칭찬이 있습니다. 주님의 축복이 있습니다. 주님의 은혜가 있습니다. 그러나 직분을 잘 감당하지 못할 때는 한 달란트 받은 종처럼 책망도 있다는 것을 유념해야 합니다. 집사가 집사다울 때 집사의 아름다움과 칭찬이 있습니다. 장로가 장로다울 때 장로의 아름다움과 칭찬이 있습니다. 권사가 권사다울 때 권사로서의 영광스러움과 축복이 있는 것입니다.

다섯째, 제직은 사명을 잘 감당할 때 주님께 인정과 신임을 받습니다(마 24:47). 예수님께서는 충성되고 지혜로운 종이 주인의 뜻에 따라 집안을 잘 관리하면 그 종이 복을 받고, 또 모든 소유를 그 종에게 맡긴다고 하셨습니다. 제직도 마찬가지입니다. 충성되고 지혜로운 종이 될 때 주님의 신임과 인정을 받습니다. 성도에게 주님의 신임과 인정을 받는 것처럼 큰 행복과 보람이 어디 있겠습니까? 주님의 신임과 인정은 영광입니다. 축복입니다. 은혜입니다. 이런 역사가 제직들에게 있는 것입니다.

여섯째, 제직은 충성을 다할 때 주님이 더 많은 것을 맡기십니다(마 25:28-29). 다섯 달란트 받은 종은 다섯 달란트를 더 받았습니다. 두 달란트 받은 종은 두 달란트를 더 받았습니다. 충성을 다하니까 주님께서 더 맡기셨던 것입니다. 제직도 마찬가지입니다. 교회를 잘 관리하고 봉사하면 더 크고 놀라운 일을 맡게 됩니다. 마치 요셉이 보디발의 집에서 총무로, 또 감옥에서도 총무로 맡은 일에 충성을 다하니까 결국 하나님께서 더 큰 직무인 애굽의 총리로 세워 주신 것과 같습니다. 그러므로 제직들도 맡은 일에 충성을 다하면 더 크고 놀라운 일들을 이뤄내는 은혜를 받는 것입니다.

일곱째, 제직들은 주님의 영원한 상급을 받습니다(고전 3:12-15). 제직들은 이 땅에서 기름진 복을 받을 뿐만 아니라 저 영원한 천국에서도 찬란하고 놀라운 상급을 받습니다. 사도 바울은 불 가운데에 구원을 받는 부끄러운 구원이 있고, 영광스러운 상급을 받는 금 구원과 은 구원이 있으며, 공력이 불에 타버리는 나무나 풀이나 지푸라기 구원도 있다고 했습니다. 이것은 이 땅에서 충성, 헌신, 봉사한 공적을 어떻게 쌓았느냐에 따라 하늘의 상급이 달라진다는 의미입니다. 마찬가지로 제직들도 어떻게 충성했느냐에 따라 하늘 상급이 달라질 수 있습니다. 그러므로 제직들은 이 땅의 썩어질 것을 위해 심을 것이 아니라 영원한 천국을 위해 심는 아름다운 성도들이 되어야 하겠습니다.

02
제직의 자격과 신앙관

"이에 이 사람들을 먼저 시험하여 보고 그 후에 책망할 것이 없으면 집사의 직분을 맡게 할 것이요"(딤전 3:10).

직분은 감투가 아니다

직분은 감투가 아닙니다. 한국사회에는 아무것도 하지 않고 그냥 감투로 이사나 고문을 주어 명예직으로 두는 경우가 많습니다. 역사적으로도 한국 사람들은 고위 고관의 감투를 좋아합니다. 감투를 씌워 주면 에헴 하면서 대단한 사람이 된 것처럼 자랑하고 뻐기고 무시하는 교만한 태도를 보입니다. 교회에도 가끔 직분을 감투로 생각하는 신자가 있습니다. 직분을 받으면 높은 지위로만 생각하여 그 때부터는 아무것도 하지 않고 말로만 신앙생활을 하는 사람이 있습니다. 이것은 비성경적인 행동이고, 잘못된 신앙관입니다.

직분은 감투가 아닙니다. 직분은 명예직도 아닙니다. 직분은 세상의 계급장이 아닙니다. 직분은 높고 낮음의 문제도 아닙니다. 직분은 믿음의 분량에 따라 주어지는 은사적인 지위입니다. 직분은 지배하는 것이 아니라 섬기는 것입니다. 직분은 왕이 되는 것이 아니라 종이 되는 것입니다. 직분은 세상적인 감투가 아니라 하나님의 나라를 위해 부름 받은 청지기들인 것입니다.

직분의 자격

직분은 그리스도인이면 누구나 받을 수 있습니다. 구원의 확신을 갖고 복음의 열정을 가진 사람이라면 누구나 받을 수 있습니다. 그러나 누구나 받을 수 있는 직분이라고 해서 아무나 직분을 받으면 안 됩니다. 만약 자격도 없는 그리스도인이 직분을 받으면 교회 공동체가 무질서해지며 교회가 깨지고 파괴되는 아수라장이 될 것입니다. 교회가 세워지는 것은 어렵지만 무너지는 것은 한순간입니다. 거기에는 자격 없는 직분자이거나 미성숙한 직분자가 있는 것을 발견할 수 있습니다. 그래서 직분은 자격을 갖춘 신실한 믿음의 사람이 맡아야 합니다.

구약 교회 제직의 자격

구약에서 제직의 기원은 모세의 행정조직에서 찾을 수 있습니다. 모세는 장인 이드로의 충고를 받아들여 십부장, 백부장, 천부장 등을 조직하고 거기에 합당한 자격을 부여하고 다스리게 했습니다(출 18:21-22).

첫째, '재덕을 겸비한 자'였습니다. 이것은 재주가 있고, 덕망이 있는 자라야 한다는 것입니다. 실력도 갖추어야 하지만 인격도 겸비한 자가 지도자가 되어야 한다는 뜻입니다. 다시 말해, 이것은 제직의 자격이 믿음도 좋아야 하지만 인격도 갖추어져야 한다는 것입니다. 믿음은 좋은데 인격이 성숙하지 않으면 교회에 문제를 일으킬 수 있습니다. 또 인격은 갖추어져 있는데 믿음이 없으면 영적인 시각으로 교회를 바라보지 못하기 때문에 시험에 들 수 있습니다. 따라서 제직은 믿음도 좋아야 하고 인격도 잘 갖춰진 사람이 되어야 합니다.

둘째, '하나님을 두려워하는 자'였습니다. 이것은 칼빈이 이야기한 '코람데오의 신앙을 가진 자'여야 한다는 것입니다. 무슨 일을 하든지, 어디에 있든지 하나님 앞에서 하듯이 경건하고 거룩한 자세를 가져야 한다는 것입니다. 누가 보기 때문에 열심히 하고, 누가 안 보기 때문에 농땡이를 치는 위선적이고 외식적인 사람이 되는 것이 아니라 누가 보든 안 보든, 눈이 오나 비가 오나, 바람이 부나 폭풍이 치나 한결같이 하나님 앞에서 충성을 다하는 신실한 믿음의 사람이 되어야 합니다.

셋째, '진실 무망한 자'였습니다. 정직하고 투명한 사람이 되어야 한다는 것입니다. 즉 거짓과 편법을 일삼는 사람이 아니고, 신뢰가 가며 어떤 상황에도 듬직한 믿음을 갖춘 사람이 되어야 한다는 것입니다. 그래서 제직이 된다는 것은 정직, 진실, 성결, 겸손의 덕목을 가지고 있어야 그 직분을 잘 감당할 수 있습니다.

넷째, '불의를 미워하는 자'였습니다. 이것은 정의감, 소명감, 희생 정신이 투철한 사람이어야 한다는 것입니다. 불의와 적당히 타협하고 자기의 이익을 위해서 일하는 자가 아니라 분명한 소명감을 갖고 하나님 나라와 의를 위해 핍박받는 것을 즐겨하는 사람입니다. 목에 칼이 들어와도 교회를 위한 충성심을 불태우며 하나님 나라 확장을 위해 쓰임을 받는 사람입니다. 거룩한 사명이 있고, 불타는 논리로 사람을 휘어잡는 카리스마가 있는 사람입니다. 술에 술 탄 듯, 물에 물 탄 듯 중립지대를 만드는 사람이 아닙니다. 옳은 것과 틀린 것, 바름과 그름의 기준을 분명히 하고 의를 위해 목소리를 높이는 사람입니다. 제직은 불의를 미워하고 의를 사랑하는 사람입니다.

초대교회 제직의 자격

제직은 신약시대에 와서 초대교회 예루살렘 교회의 일곱 안수집사를 최초로 세움으로써 교회의 체계를 잡은 것이 기원이라 할 수 있습니다. 그때에도 물론 일곱 집사를 아무나 세우지 않았습니다. 영적으로 신앙적으로 기준이 있었고, 자격이 있어야 했습니다(행 6:3-5).

첫째, '성령이 충만한 자'여야 했습니다. 초대교회는 성령이 충만한 평신도 중에 안수집사를 세웠습니다. 이것은 하나님의 일을 하는 데 있어서 가장 먼저 중요한 것이 성령이 충만한 사람이어야 한다는 것입니다. 아무리 똑똑하고 잘났다 할지라도 성령이 충만하지 않으면 교회에 문제를 일으킬 수 있기 때문입니다. 그래서 사도들도 안수집사 후보 중에 가장 먼저 본 것이 성령이 충만한 사람인가 아닌가였습니다. 성령이 충만한 사람은 성령의 인도함을 받고 주의 뜻대로 행하는 자이기 때문에 교회 직분을 감당해도 인간적인 소리가 난무하지 않고, 주님의 뜻과 영광을 위해서 이름도 없이 빛도 없이 봉사하는 직분자가 될 수 있는 것입니다.

둘째, '지혜가 충만한 자'여야 했습니다. 지식과 지혜는 차이가 있습니다. 지식은 배운 것을 축적해 가는 과정입니다. 지식은 학습의 효과가 있습니다. 지식은 사물을 인식하고 분석하며 활용하는 것입니다. 그러나 지혜는 다릅니다. 지혜는 고정적인 것이 아닙니다. 다변화된 상황에 적절하게 적용하는 능력입니다. 사물의 이치를 깨닫고 그 상황을 선하고 덕스럽게 대처하는 정신적인 능력입니다. 지혜는 지식을 뛰어넘는 응용력이며, 옳고 그름을 가려내는 의지적 행동입니다.

더욱이 성경은 여호와를 경외하는 것이 지혜의 근본이며 거룩하신 자를 아는 것이 명철이라고 말합니다(잠 9:10). 지혜가 어디에서 옵니까? 하나님께로부터 옵니다. 하나님은 지혜의 근원이십니다. 따라서 지혜는 여호와를 경외할 때 내려오는 신령한 은혜입니다. 더욱이 야고보 기자는 "너희 중에 누구든지 지혜가 부족하거든 모든 사람에게 후히 주시고 꾸짖지 아니하시는 하나님께 구하라 그리하면 주시리라"(약 1:5)고 말합니다. 그러므로 지혜로운 제직의 자격은 하나님을 잘 경외하며 기도하는 사람이어야 합니다.

특별히 성경은 지혜의 덕목에 대해서도 말합니다. 야고보 기자는 위로부터 오는 지혜가 첫째 성결하고, 다음은 화평하고 관용하고 양순하며 긍휼과 선한 열매가 가득하고 편견과 거짓이 없다고 말합니다(약 3:17). 즉 하늘로부터 받는 지혜는 바로 이런 여덟 가지의 덕목을 가지게 된다는 것입니다. 그러므로 제직들은 이런 여덟 가지 덕목을 소유함으로써 교회를 섬기고 성도들을 섬기는 아름다운 직분자들이 다 되어야 할 것입니다.

셋째, '칭찬을 듣는 자'여야 했습니다. 제직은 하나님과 사람 앞에 사랑스러운 사람이어야 합니다. 위로는 하나님을 잘 공경하지만 옆으로도 사람을 잘 섬기는 덕망이 있어야 합니다. 그래야 교회에서도 덕을 끼치며 하나님께 영광을 돌릴 수 있는 것입니다. 칭찬을 듣는 사람은 어떤 사람입니까? 교회에 솔선수범하며 책임을 다하는 사람입니다. 즉 브리스길라와 아굴라처럼 사명감이 투철하여 맡은 직분에 충성을 다하는 사람입니다. 또한 백부장 고넬료와 같이 선행과 구제를 잘하는 사람입니다. 수로보니게 여인처럼 겸손한 사람입니다. 바나바처럼 나보다 남을 낮게 여기며 배려하고 섬기는 이타적인 삶을 사는 사람입니다.

넷째, '믿음이 충만한 자'여야 했습니다. 제직은 반석 같은 믿음 위에 있어야 합니다. 교회는 믿음의 공동체입니다. 교회는 세상과 다른 가치와 세계관을 가지고 있습니다. 교회를 세상적인 측면에서 판단하면 안 됩니다. 만약 교회 제직이 세상적인 관점에서 봉사한다면 반드시 시험에 들 것입니다. 넘어지고 쓰러질 것입니다. 결국 실족하는 일도 생길 것입니다. 그래서 성도는 흔들리지 않는 믿음의 가치 위에 굳건히 서야 훌륭한 일꾼이 될 수 있는 것입니다. 그것은 기도와 말씀과 예배로 가능합니다. 이것이 훈련되지 않으면 제직의 자격이 없습니다. 제직은 믿음이 살아 있어야 합니다. 믿음으로 봉사하고, 믿음으로 신앙생활을 하는 것입니다. 그래야 흔들리지 않는 교회관으로 충성된 일꾼이 될 수 있습니다.

제직을 세울 때의 사전 점검

누구나 제직으로 세울 수 있지만 그렇다고 아무나 세우면 안 됩니다. 교회가 풍비박산 납니다. 인간적인 소리가 난무하게 됩니다. 갈등과 분열을 일으킵니다. 안 세운 것만 못한 공동체가 됩니다. 교회 각종 부서에서도 문제를 일으킵니다. 미꾸라지 한 마리가 흙탕물을 만들 듯이 교회 전체를 술렁이게 합니다. 그래서 교회 일꾼을 세울 때는 성경의 콘텐츠에 따라서 사전 점검을 정확히 해야 합니다.

이것은 디모데전서 3장 2-9절에 자세히 나와 있습니다.

첫째, 제직은 가정에서 모범이 되는 자여야 합니다(2절). 아버지로서, 어머니로서의 역할을 다하는 모범적인 사람이 되어야 합니다. 가정을 다스리지 못하는데 어떻게 교회를 다스리겠습니까? 그래서 가정은 교회 같은 가정이어야 하고, 교회는 가정 같은 교회여야 합니다. 가정이 건강하면 교회도 건강합니다. 직장도 건강합니다. 나라와 민족도 건강한 공동체가 될 수 있습니다. 그래서 모든 조직의 에너지의 원동력은 가정에서부터 시작됩니다. 교회도 가정의 모범이 되는 사람이 제직을 맡을 때 건강하게 봉사하는 직분자가 될 수 있습니다.

둘째, 제직은 술과 돈을 사랑하지 않는 자여야 합니다(3절). 술과 돈은 세속적인 상징의 도구입니다. 이 둘에 탐닉하게 되면 헤어나지를 못합니다. 믿음도 실족하고, 인생도 방황하는 결과를 낳습니다. 성경도 말하기를, 술 취하지 말라고 언급했습니다(엡 5:18). 돈을 사랑함이 일만 악의 뿌리라고도 했습니다(딤전 6:10). 그러므로 술과 돈을 절제하는 사람이 제직이 되어야 합니다.

셋째, 제직은 초신자는 자격이 안 됩니다(6절). 초신자는 아직 미성숙한 신앙인입니다. 조금만 힘들거나 어려운 일이 있으면 넘어질 수 있습니다. 시험에 들어 실족할 수도 있습니다. 그래서 성숙한 믿음으로 성장할 때까지 계속 보듬어 주고 싸매어 주는 사역을 해야 합니다. 만약 초신자가 제직이 되면 그 교회는 힘들어집니다. 인간적인 소리가 난무합니다. 자기주장이 앞섭니다. 기독교적인 문화보다는 세상적인 문화가 더욱 기승을 부릴 것입니다. 좌충우돌하는 일도 잦을 것입니다. 그러므로 초신자들은 신앙이 자랄 때까지 좀 더 기다려 주어야 하고, 제자훈련도 받도록 해야 합니다.

넷째, 제직은 말에 책임을 지는 자여야 합니다(8절). 제직은 언행일치의 신앙을 가진 사람이어야 합니다. 말 따로, 행동 따로 하면 교회에서 모범이 안 됩니다. 상호간에 신뢰가 무너집니다. 은혜가 떨어집니다. 제직은 자기가 한 약속은 반드시 지켜야 합니다. 자신이 한 말에 책임을 져야 합니다. 시간 약속, 말 약속, 모임 약속, 기도 약속, 신앙규칙 약속 등 자신이 한 약속은 반드시 지켜야 합니다. 그래야 교회 공동체 안에서도 영향력을 발휘하며, 교회를 아름답게 선도하는 믿음의 주역이 될 수 있습니다.

다섯째, 제직은 깨끗한 양심에 믿음의 비밀을 가진 자여야 합니다(9절). 제직은 정직해야 합니다. 투명해야 합니다. 거룩하고 정결해야 합니다. 거짓말하면 안 됩니다. 거짓 증거 하면 안 됩니다. 이웃의 것을 탐하면 안 됩니다. 만약 교회에서 거짓과 탐욕이 횡행하면 영이 혼잡해집니다. 어두움의 영에 사로잡힙니다. 무질서하고 방종하는 일이 나타납니다. 구원받은 사람은 믿음의 비밀을 가졌기 때문에 성령의 인도함을 받는 자입니다. 제직은 깨끗한 양심과 정직한 생활로 교회에 덕을 세우는 믿음의 사람이 되어야 합니다.

제직의 바른 신앙관

제직들이 교회생활을 하면서 바른 신앙관을 가지고 있지 않으면 뿌리 없는 나무와 같은 신앙이 되며, 기초 없는 신앙의 집이 될 수밖에 없습니다. 그래서 제직들은 우선적으로 바른 신앙관을 토대로 봉사해야 튼튼한 교회를 세울 수 있고, 부흥하는 교회로 뻗어나갈 수 있습니다.

1) 제직의 교회관

제직들의 바른 신앙관 중에서 첫 번째로 가장 중요한 것이 '교회관'입니다. 만약 그들의 교회관이 흔들리면 신앙생활은 다 흔들리는 것입니다. 교회는 제직들의 신앙관이 응집된 곳입니다. 교회에서 봉사하고, 교회에서 예배드리고, 교회에서 영성훈련을 하고, 교회에서 축복받고, 교회에서 은혜 받기 때문에 교회관이 흔들리면 신앙이 모두 다 흔들리는 것입니다. 그래서 제직들은 확고한 교회관의 중심 아래 봉사해야 합니다.

(1) **신앙의 방향 잡기**

첫째로 제직들은 신앙의 방향이 분명해야 합니다. 그 이유는 신앙의 프레임이 바르게 짜지지 않으면 언제 어디서 무너질지 모르기 때문입니다. 그래서 바른 신앙관을 갖기 위해서는 먼저, 나의 '신앙의 대상'이 누구인지를 확실히 알아야 합니다. 내가 누구를 믿고 누구를 섬기는지 대상이 분명해야 합니다. 유대교는 단일신인 성부 하나님만 섬깁니다. 모슬렘은 알라 신을 섬깁니다. 불교는 부처를 섬깁니다. 그러나 기독교인들은 삼위일체 하나님, 유일신을 섬깁니다. 그래서 먼저 기독교인의 신앙적 대상은 삼위일체 하나님임을 분명히 해야 하는 것입니다.

다음은, 내 '신앙의 목표'가 무엇인가를 분명히 해야 합니다. 즉 제직의 신앙적 목표가 돈과 인기와 높은 지위의 세상적인 목표가 아니라 "그런즉 너희가 먹든지 마시든지 무엇을 하든지 다 하나님의 영광을 위하여 하라"는 고린도전서 10장 31절의 말씀처럼 하나님의 영광이어야 한다는 것입니다. 그러므로 제직은 무엇을 하든지 오직 하나님의 영광을 위해 일하는 성도들이 되어야 합니다.

그러면 제직들이 '신앙생활을 하는 방법'은 무엇입니까? 그것은 예배와 기도와 말씀과 전도와 봉사 등으로 이루어지는 것입니다. 이러한 신앙훈련을 통해 신앙이 성장하고 변화되며 하나님께 영광을 돌리는 것입니다. 또한 제직들의 신앙생활 기준이 무엇입니까? 어떤 기준으로 제직의 직분을 감당해야 합니까? 그것은 오직 성경말씀입니다. 성경말씀이 신앙의 나침반이고, 성경말씀이 생활의 기준이며, 봉사의 배경이 됩니다. 그리고 제직들이 신앙생활을 하는 장소는 본 교회입니다. 다른 곳에 가서 봉사하는 것이 아니라 하나님이 보내주신 본 교회에서 충성, 헌신, 봉사하는 것입니다.

(2) **본 교회 소속감**

둘째로 제직들은 본 교회에 대한 소속감이 분명해야 합니다. 교회는 주님의 몸입니다. 교회는 하나님이 불러주신 사람들의 모임입니다. 제직도 하나님이 불러주신 사명자들입니다. 그것도 바로 본 교회로 불러주셔서 하나님의 나라를 세우라고 명령하신 것입니다. 더욱이 제직은 그 교회의 일꾼들입니다. 그런데 소속감이 분명하지 않으면 열정이 식습니다. 충성도가 떨어집니다. 사명감이 불타오르지 않습니다. 조금만 힘들어도 시험에 들기 쉽습니다. 그래서 제직들은 하나님이 불러주신 교회 소속감을 확고히 해야 하나님께로부터 크게 쓰임 받을 수가 있습니다.

먼저, 교회 소속감은 교회에 대한 자부심입니다. '내가 다니는 교회가 대한민국에서 제일 좋은 교회'라고 확신하는 것입니다. 아무리 작은 교회라 할지라도 그 교회에 대한 사명과 목적이 있습니다. 그리고 그 교회에 나를 불러주셔서 그 교회를 세우도록 하셨습니다. 그래서 나에게는 우리 교회가 제일 좋은 교회입니다. 우리 교회가 제일 멋진 교회입니다. 그것은 비교대상이 아니라 절대대상입니다. 이것이 바람직한 교회관입니다. 교회가 크기 때문에 위대한 교회이고, 교회가 작기 때문에 보잘것없는 교회인 것이 아닙니다. 교회 규모에 상관없이 '우리 교회가 제일 좋은 교회'라고 생각하는 교인들이 있는 교회가 행복하고 건강한 교회입니다.

다음은 '우리 목사님이 대한민국에서 제일 좋은 목사님이시다'라고 생각하는 것입니다. 그것은 우리 목사님에 대한 자부심입니다. 아무리 교회가 작다 할지라도 우리 목사님이 나를 가장 사랑하시고, 나를 가장 축복하시며, 나를 위해 가장 많이 기도해 주시는 분입니다. 아무리 큰 교회 목사님이라도 우리 교회 담임목사님처럼 그렇게 하지 않습니다. 아무리 훌륭한 부흥사라도 그 교회에 부흥회를 인도하고 가면 그만입니다. 그다음에는 여러분을 생각하지 않습니다. 그러므로 교회 소속감이 강한 성도는 '우리 목사님이 대한민국에서 최고 좋은 목사님'이라고 생각합니다. 우리 목사님이 제일 멋진 목사님이요, 가장 은혜로운 목사님이라고 생각합니다. 그런 생각을 하는 교회가 부흥하며, 건강하고 아름다운 교회가 되는 것입니다.

더욱이 교회 소속감은 성도들에 대한 자부심도 큰 부분을 차지합니다. '우리 교회 성도들이 대한민국에서 제일'이라는 의식입니다. 그것은 우리 교회 공동체가 사랑이 넘치고 은혜가 넘치며 건강하고 행복한 구조인 것을 자랑하는 것입니다. 교회에 믿음과 소망과 사랑이 넘치고, 자발적이고 기쁨으로 봉사하며, 서로서로 섬기고 격려하고 축복하는 아름다운 공동체라는 생각을 성도들이 공통적으로 갖고 있는 것입니다. 이것은 한마디로 교회 안에 성도간의 유대관계가 참 좋다는 이야기입니다. 다시 말해, 서로서로 사랑의 띠를 띠고 있어 떼어 놓을 수 없는 껌딱지와 같이 딱 붙어 있는 관계입니다. 기쁨도 슬픔도 즐거움도 외로움도 함께하는 사랑의 공동체가 되는 것입니다. 더욱이 내가 봉사하는 사역도 의미 있고 보람 있으며, 사명감을 갖고 기쁨으로 일하는 동기가 있습니다. 은사에 따라 하나님께 영광을 돌리는 기쁨이 넘칩니다. 이런 교회가 부흥하고 성장하며 아름답고 건강한 교회가 되는 것입니다.

2) 제직의 봉사관

두 번째로 제직의 바른 신앙관 중에는 '봉사관'도 중요한 요소입니다. 제직은 교회에서 봉사하는 사람들입니다. 왜 제직을 세워 주셨습니까? 교회에서 섬기고 봉사하라고 세워 주신 것입니다. 그냥 감투로 세워 주신 것이 아닙니다. 명예를 위해서만 세워 주신 것이 아닙니다. 그 직분 갖고 열심히 봉사하고 섬기며 교회를 아름답게 세우라는 의미입니다. 그래서 제직들은 교회 봉사관이 확실해야 흔들리지 않는 믿음으로 끝까지 봉사할 수 있는 것입니다.

먼저, 제직은 '오직 하나님께 영광'을 돌리기 위해 충성하는 자입니다. 내가 봉사하는 것이 하나님의 영광과 하나님의 나라를 위해서이지, 내 자랑과 내 의를 드러내기 위함이 아닙니다. 만약 내 의를 드러내며 봉사하는 사람이 있다면 그 사람은 교회생활과 봉사하는 일에 쉽게 지칠 것입니다. 쉽게 시험에 들 것입니다. 쉽게 넘어질 것입니다. 쉽게 분열할 것입니다. 쉽게 이탈할 것입니다. 쉽게 방황할 것입니다. 그것은 봉사의 의미가 자기중심적이기 때문입니다. 그러므로 제직들은 봉사할 때 칭찬과 내 의에 목말라하면 안 됩니다. 이름도 없이 빛도 없이 그저 주님만 바라보며 봉사해야 합니다. 그러면 하나님께서 하늘의 상급으로, 이 땅의 기름진 복으로 가득히 채워 주실 것입니다.

둘째, 제직은 '교회 부흥을 위해' 충성하는 자입니다. 주님의 피 값으로 세워 주신 교회가 부흥하도록 물심양면으로 충성을 다하는 사람들입니다. 나는 희생하고 교회는 살리는 것입니다. 나는 쇠하나 교회는 흥하는 것입니다. 마치 세례 요한이 자기는 쇠하고 주님은 흥해야 한다는 것과 마찬가지입니다. 제직은 교회 부흥과 덕을 위해 희생과 충성을 다하는 사람입니다. 그래서 제직은 교회 중심의 신앙생활을 해야 합니다. 가정도 직장도 교회 중심의 신앙으로 변화되어야 합니다. 교회에서 은혜 받고 능력 받고 축복 받아 가정과 직장에서도 승리하는 믿음의 사람이 되는 것입니다. 그래서 제직은 교회 예배시간에 빠지면 안 됩니다. 기도시간에 빠지면 안 됩니다. 봉사시간에 빠지면 안 됩니다. 교회 교제 모임에 빠지면 안 됩니다. 더욱 적극적으로 참여하고 주도적으로 이끌어 가는 리더가 되어야 합니다. 이것이 제직의 올바른 봉사관이며 사명입니다.

셋째, 제직은 '담임목사님께 온전히 동역하는 자'입니다. 제직은 아론과 훌과 같은 사람입니다. 아말렉과의 전쟁에서 모세와 아론과 훌은 산꼭대기에 올라가서 진두지휘를 합니다. 그런데 가만히 보니까 모세의 손이 올라가면 이기고, 모세의 손이 내려가면 지는 것입니다. 그래서 아론과 훌이 모세의 양손을 받들어 도우니까 이스라엘이 아말렉과의 전쟁에서 승리하게 되었습니다. 제직들도 마찬가지입니다. 담임목사님의 목회를 적극적으로 협력하고 돕는 사역을 하는 사람들이 되어야 합니다. 또 제직은 브리스길라와 아굴라 같은 사람입니다. 로마서 16장에 이들을 소개하기를, 교회와 바울을 위해 목숨까지도 내놓은 사람들이라고 말합니다. 이들 부부는 주의 종이 가는 길에 물심양면으로 돕고 협력하며 충성, 헌신, 봉사했습니다. 이들의 희생은 바울의 목회와 교회 부흥의 원동력이 되었습니다. 제직들도 마찬가지입니다. 제직들은 담임목사의 든든한 버팀목과 후원자가 되어 그의 사역이 앞으로 쭉쭉 뻗어나갈 수 있도록 물심양면으로 협력과 동역을 다해야 합니다.

넷째, 제직은 '성도들과 화목을 만들어 가는 자'입니다. 교회 안에는 다양한 계층의 사람들이 모입니다. 지식과 학벌과 물질과 배경이 전혀 다른 사람들이 모여 한 믿음의 공동체를 이루어 나가는 것입니다. 그러다 보니 때로는 마음에 안 들기도 하고, 시험에 들기도 하고, 갈등과 분열이 일어나기도 합니다. 그때 제직들은 다양한 성도들과의 관계에서 화목을 이루는 피스메이커가 되어야지, 갈등과 분열을 일으키는 트러블메이커가 되어서는 안 됩니다. 만약 제직이 자기 생각과 고집만 내세우고 자기중심적인 의견만 주장한다면, 그 공동체는 틀림없이 깨질 것입니다. 매일 다툼과 싸움으로 상처의 골이 깊어질 것입니다. 그래서 제직은 조율하고 화합하고 조정하는 화목의 리더십을 가지고 있어야 합니다. 항상 자기 입장에서 생각하기보다는 상대의 입장에서 한 번 더 생각하고 배려하는 마음을 키워야 합니다. 그때에 교회 공동체가 살아나고 활기차며 생동감이 넘치는 역사가 일어나게 됩니다.

3) 제직의 예배관

세 번째로 제직의 바른 신앙관 중에는 '예배관'도 중요합니다. 신앙생활에서 가장 중요한 행위가 예배이기 때문입니다. 그리스도인은 예배가 무너지면 다 무너지는 것입니다. 인생에서 예배의 성공은 인생의 성공이고, 예배의 실패는 인생의 실패입니다. 예배가 살면 영이 삽니다. 관계가 회복됩니다. 축복의 강물이 흘러넘칩니다. 치유의 역사가 일어납니다. 그러나 예배가 죽으면 영이 죽습니다. 관계가 막힙니다. 축복의 통로가 막힙니다. 방황하고 이탈하게 됩니다. 그래서 예배는 성도들에게 가장 중요한 신앙행위입니다. 제직들도 마찬가지입니다. 교회생활에서 가장 먼저 지켜야 하는 것이 예배의 은혜입니다. 예배의 회복입니다. 예배의 지킴이입니다. 그래서 제직들은 먼저 예배의 매뉴얼을 준비하고 올바른 예배관을 가지고 있어야 합니다.

첫째, 제직은 모든 공적 예배를 철저히 지켜야 합니다(출 16:13-30). 교회는 예배 공동체입니다. 예배를 통해 하나님께 영광 돌리고, 예배를 통해 은혜를 받습니다. 교회는 예배가 살아날 때 부흥의 역사가 있습니다. 따라서 제직은 무엇보다도 예배생활에 모범이 되어야 합니다. 제직이 예배에 빠지면 교회에 덕이 되지 않습니다. 또한 제직이 예배에 빠지면 누가 예배에 참석하겠습니까? 따라서 제직은 무엇보다도 예배에 솔선수범하며 은혜 받기에 힘써야 합니다.

둘째, 제직은 본인부터 먼저 영과 진리로 예배를 드려야 합니다(요 4:24). 예배를 드리다 보면 제직은 봉사의 자리에 있을 때가 많습니다. 안내위원, 헌금위원, 찬양대, 식당봉사 등 여러 봉사를 담당하다 보면 정작 예배의 은혜가 반감될 수 있습니다. 그렇게 하면 안 됩니다. 제직이 예배에서 은혜를 받지 못하면 시험에 들 수 있습니다. 교회에서 문제아가 될 수도 있습니다. 따라서 제직은 무엇보다도 본인이 예배를 통해 철저히 은혜를 받아야 합니다. 다시 말해, 제직은 매 예배 때마다 은혜를 사모하고 은혜 충만한 자리에 있어야 하나님의 임재와 능력과 목적을 실현할 수 있습니다.

셋째, 제직은 예배의 감동을 위해 예배를 돕는 사역도 감당해야 합니다. 이것은 예배의 동역자가 되어 예배를 살리는 사명을 갖는 것입니다. 기도위원, 안내위원, 헌금위원, 찬양대 등 여러 봉사에 참여하여 예배를 역동성 있게 살리는 것입니다. 그러기 위해서는 일반 평신도보다는 영성이 더 깊어야 합니다. 예배에 앞장서서 은혜의 질을 높여야 하기 때문입니다. 그러므로 제직은 예배를 동역하는 자리에 있지만 한편으로는 본인이 더욱 은혜 충만하여 예배의 영성이 은혜롭게 평신도들에게 전이되도록 힘써야 합니다.

더욱이 제직이 예배 시 기도 인도를 담당할 때는 더욱 많이 준비해야 합니다. 한 주간 동안 준비하고 또 써서 기록하는 것이 좋습니다. 그냥 앞에 나와서 횡설수설하는 것보다 쓴 것을 통해 준비된 기도를 드리는 것이 훨씬 더 감동적입니다. 그것은 기도에 정성이 들어갔기 때문입니다. 또한 기도 인도는 3분을 넘지 않는 것이 좋습니다. 너무 길게 설교 식으로 하면 은혜가 반감될 수 있습니다.

4) 제직의 헌금관

네 번째로 제직의 바른 신앙관 중에는 '헌금관'도 빼놓을 수 없습니다. 제직은 바른 헌금관을 가지고 있어야 한다는 말입니다. 헌금은 주님의 몸 된 교회를 세우는 거룩한 예물입니다. 성도는 헌금을 통해서 교회를 세우는 사역을 합니다. 더욱이 헌금을 드리는 이유는 복을 받기 위해 드리는 개념보다는 이미 하나님께 받은 은혜가 너무 크기 때문에 감사함으로 드리는 것입니다(신 16:15-17). 본질적으로는 예수님의 은혜로 구원받은 것이 너무 크기 때문에 드리는 것입니다(엡 1:7). 또한 매사에 베풀어 주시는 생활의 은혜가 크기 때문에 헌금하는 것입니다. 무엇보다도 만물의 주인이 하나님이시기 때문에 겸손하게 감사함으로 드리는 것입니다(롬 11:36). 더욱이 우리의 예물이 하나님께 영광을 돌리기 때문에 드리는 것입니다(고후 9:13).

헌금은 하나님의 명령이며, 예수님의 명령이었습니다(출 23:15; 마 23:23). 그것은 또한 사도들의 권면이기도 했습니다(행 2:44). 헌금은 하나님의 풍성한 복을 받는 통로로도 사용되었습니다. 예수님께서도 신령한 헌금은 천국에 상급과 보물을 쌓아 두는 통로라고 하셨습니다(마 6:19-20). 그뿐만 아니라 이 땅에서도 더 많은 축복을 받는 은혜의 방편입니다(빌 4:19). 더욱이 즐겨 내는 자는 하나님의 풍성한 사랑을 받는다고 말합니다(고후 9:7). 그래서 제직들은 하나님을 위해서, 교회를 위해서, 자신을 위해서 헌금을 풍성히 해야 합니다. 특별히 제직들이 헌금할 때는 다음과 같은 실천사항을 가지고 바르게 헌금해야 합니다.

첫째, 제직은 교회를 내 집같이 생각하며 헌금해야 합니다. 내가 집에서 돈을 쓰는 것은 아깝지 않습니다. 내 가족이고, 내 물건이며, 꼭 필요한 도구이기 때문입니다. 마찬가지로 교회도 내 집처럼 하나님이 세워 주신 영적 가족들입니다. 우리는 교회를 통해 축복 받고 은혜 받고 능력 받고 변화되는 것입니다. 따라서 제직은 교회에 헌금할 때 아낌없이 자발적으로, 감사함으로, 즐거운 마음으로, 아깝지 않게 풍성히 해야 합니다. 성경의 인물 아브라함, 다윗, 히스기야, 마가, 루디아 등은 헌금생활의 모범이 되어 이 땅에서도 축복을 받은 대표적인 사람들입니다.

둘째, 제직은 십일조 생활을 철저히 해야 합니다. 십일조는 헌금 중에서 가장 기본적인 헌금입니다. 마치 농사에 종자씨와 같은 것입니다. 씨를 뿌려야 싹이 나고 열매를 맺어 풍성한 수확을 얻는 것처럼 십일조도 모든 예물의 종자씨와 같아서 그것을 드리면 싹이 나고 열매를 맺어 풍성한 수확을 얻는 것입니다. 그래서 말라기에서는 십일조를 드리면 축복을 주시지 않나 시험해 보라고 말할 정도였습니다(말 3:7-10). 더욱이 예수님께서도 십일조를 드리며 공의와 사랑도 함께 실행해 나가라고 강력하게 권면하셨습니다(눅 11:42).

셋째, 제직은 범사에 감사하는 감사헌금 생활도 잘해야 합니다. 생일 감사, 이사 감사, 승진 감사, 자녀 감사, 합격 감사, 사업 번창 감사, 추도 감사, 범사 감사 등 생활 속에서 감사할 내용이 있을 때는 항상 감사하는 습관을 체질화해야 합니다. 그것이 제직들의 신앙생활의 기본입니다. 감사헌금은 결코 손해 보는 것이 아닙니다. 감사는 감사를 낳고, 불평은 불평을 낳습니다. 하나님께 감사하면 또 다른 감사를 하도록 만들어 주시고, 더 큰 감사를 하면 또다시 더 큰 감사를 낳도록 해주시기 때문입니다. 더욱이 매사에 하나님이 통치하시고 다스리시고 섭리하시는 것을 믿기 때문에 제직들은 미리 감사하는 선불 감사의 습관도 갖는 것입니다.

넷째, 제직은 선교와 장학과 구제헌금도 잘 감당해야 합니다. 교회는 가난하고 소외된 사람들, 노인 노숙자들, 소년소녀가장들, 다음세대를 살리는 장학헌금, 국내외 선교사들을 위한 선교헌금 등을 감당해야 합니다. 왜냐하면 그것이 바로 교회의 본질 사역이며, 하나님께서 교회에 명령하신 사역이기 때문입니다. 따라서 제직은 이런 헌금에도 관심을 갖고 최선을 다해 헌금을 해야 합니다. 이것이 성숙한 신앙과 이웃 사랑의 증거라고 할 수 있습니다.

다섯째, 건축헌금과 전도헌금도 정성스럽게 해야 합니다. 교회를 건축하는 일도 중요한 사역입니다. 구약에서는 솔로몬 성전, 스룹바벨 성전, 헤롯 성전으로 이어지는 성전 중심의 공동체였습니다. 그러나 신약시대로 오면서 그 개념이 조금 바뀌었습니다. 그것은 주님의 이름으로 두세 사람이 모이는 곳이면 그곳이 교회가 되고, 더 나아가서는 신자들의 마음이 예수님을 모신 곳이기 때문에 교회가 되었습니다. 곧 그리스도인인 내가 교회가 된 것입니다. 그래서 구약의 성전 중심의 공동체와 신약의 교회 중심의 공동체는 조금 다른 의미를 가지고 있으며, 상호보완의 관계이기도 합니다.

예를 들어, 신약의 교회가 구약의 성전 중심의 임재개념이 아주 없어졌다고 말할 수는 없습니다. 신약의 교회도 유형교회의 모습을 띠고 있습니다. 초대교회 때에도 건물이 있었고, 그 지역에 교회를 세워 교회를 중심으로 영적 공동체를 이루었습니다. 그러니까 초대 교회 시대에도 교회를 건축하는 일이 있었던 것입니다. 그리고 그곳에서 예배를 드리며 하나님의 임재와 능력과 목적을 실현했던 것입니다. 그러므로 오늘날도 교회 건축의 영광과 축복은 교회의 자랑이며, 하나님의 영광입니다. 그래서 교회를 세우는 건축헌금과 교회 부흥을 위해 한 영혼을 전도하는 일에 헌금하는 전도헌금 또한 성도들의 귀한 사명이 되는 것입니다.

5) 제직의 심방관

다섯 번째로 제직의 바른 신앙관 중에는 '심방관'도 중요합니다. 제직은 심방훈련을 잘 받아야 합니다. 왜냐하면 제직은 언제든지 목사님을 도와 심방사역도 감당해야 하기 때문입니다. 오늘날은 개인주의적인 경향으로 심방이 많이 줄어들기는 했지만 그래도 심방은 교회의 중요한 사역이 됩니다. 보통 교회들마다 최소한 1년에 한 번은 대심방 또는 가정심방, 등록심방, 셀(구역) 심방 등을 하고 있습니다. 따라서 심방을 할 때는 올바른 심방관을 갖고 해야 그 심방이 효과적이고 능률적일 수 있습니다.

첫째, 심방은 성도의 신앙 성장을 돕는 것입니다. 심방을 하면 그 가정이 위로받고 축복받고 격려받아야 합니다. 그런데 심방을 잘못하다 보면 오히려 위로받기는커녕 시험에 들기도 하고 마음이 상하기도 해서 교회에 안 나오는 경우도 있는 것을 봅니다. 그러므로 심방할 때는 언행심사를 조심하고, 성도들을 축복하고 용기를 주는 측면에서 심방을 해야 할 것입니다.

둘째, 심방은 전도 대상자를 방문하여 전도의 기회로 삼기도 합니다. 심방은 주로 이미 교회를 다니고 있는 기신자를 중심으로 합니다. 그렇지 않으면 새로 나온 초신자를 대상으로 하기도 합니다. 그러나 다른 한편으로는 예수를 전혀 믿지 않는 불신자 가정을 방문하여 전도하는 기회로 삼는 경우도 있습니다. 예를 들어, 몸이 아픈 환자들, 문제가 있는 상담가정들, 복음에 대해 어느 정도 마음이 열려 있는 비신자들을 심방하여 그들을 위로하고 축복하고 격려하며 복음을 전하는 심방도 있습니다.

셋째, 심방을 할 때는 복장을 단정히 해야 합니다. 너무 화려해서 보기가 민망하거나, 너무 격식 없이 아무렇게나 입어 상대가 보기에 불편한 마음을 갖도록 하면 안 됩니다. 복장은 편안하면서 단정하게 입고 정숙한 태도를 가지고 심방에 임해야 합니다. 대화를 할 때도 상대편 입장에서 들어주고 경청하는 자세를 가져야 합니다. 다시 말해, 나 중심에서 말하는 것이 아니라 상대방 중심에서 이해하고 격려하고 사랑하는 마음으로 심방을 하는 것입니다.

넷째, 심방을 할 때는 말을 조심해서 해야 합니다. 심방 잘 해놓고 마지막에 말 한 번 잘못해서 실패하는 경우도 많습니다. 또 말씀을 잘 듣고 은혜 받았는데 그만 차 마시면서 교제 나눌 때 마음에 상처를 받아 관계가 뒤틀리는 경우도 있습니다. 그 원인을 살펴보면 다 말에서부터 나오는 것을 알 수 있습니다. 따라서 심방할 때는 좋은 말, 긍정적인 말, 축복의 말, 사랑의 말, 은혜로운 말을 함으로써 덕을 세우는 일을 해야 할 것입니다.

다섯째, 심방할 때 혹시 시험에 든 자가 있다면 거기에는 동조하지 않는 것이 좋습니다. 심방을 할 때 개중에는 비판적이고 비난적인 사람도 있습니다. 교회에 시험이 들어 여러 사람을 험담하고 공격적인 이야기를 주고받을 때도 있습니다. 그런데 그 말들을 위로하고 격려하고 이해는 해주어야 하지만 동조하고 그 사람 편에 서게 되면 나중에 또 다른 문제가 발생하고 이간질이 일어나며, 양쪽 다 잃어버리는 경우가 많습니다. 그러므로 심방할 때는 시험 들었다고 해서 무조건 그 사람 편에 서서 상담을 하면 안 됩니다. 지혜롭고 신중하게 균형적인 감각으로 바르게 가르치는 것도 중요한 심방의 일입니다.

여섯째, 심방 시에는 계 조직, 금전거래는 일체 금지합니다. 교회에서 금전거래를 했다가 낭패를 당하는 일이 부지기수였습니다. 서로 친하다고 해서 금전을 구두로 주고받는 행위가 있다 보면 나중에 그것 때문에 갈등의 요소가 되는 경우가 참 많습니다. 따라서 금전거래를 할 때는 아예 못 받는다는 생각과 조건 없이 그냥 준다는 생각으로 거래를 하든지, 그렇지 않으면 처음에 좀 얼굴을 붉힌다 해도 돈 거래는 과감하게 끊고 그냥 사랑의 관계로 주고받는 것이 좋습니다.

일곱째, 심방을 할 때는 항상 교회와 담임목사님을 중심으로 상담을 해야 합니다. 교회에는 다양한 생각이 공존합니다. 서로 다른 의견이 충돌할 때도 많습니다. 자기 생각이 앞서며 자기주장을 내세우는 일들도 비일비재합니다. 따라서 이런 생각들을 하나 되게 하는 방법은 교회 중심, 목사님 중심의 상담을 하는 것입니다. 다시 말해, 교회에 덕을 세우고 담임목사님의 사역이 선을 이루도록 돕고 협력하고 일치하는 일이 되도록 권면해야 합니다. 그렇지 않고 교회가 나뉘고 분열되며 목사님의 영권을 훼손하는 언행이 자주 나타나면 교회뿐만 아니라 본인도 덕이 되지 않고, 교회를 파괴하는 요인이 될 수 있습니다. 그러므로 심방할 때는 항상 교회 중심, 담임목사 중심의 자세로 임해야 합니다.

6) 제직의 영성관

여섯 번째로 제직의 바른 신앙관 중에는 '영성관'도 중요합니다. 제직이 교회생활을 하면서 영성이 무너지면 다 무너지는 것이기 때문입니다. 봉사하는 것도 지치고 힘들어 감당할 수 없을 것입니다. 사회에서는 월급을 받으니까 그것 때문에라도 버티고 참고 이겨 나가는데 교회 제직들은 무상봉사입니다. 오히려 헌금을 내가면서 봉사합니다. 아무런 대가도 주어지지 않습니다. 물론 하늘의 신령한 상급과 이 땅의 기름진 복의 역사가 하나님의 보이지 않는 손을 통해 나타나지만 피부로 체험되지 않을 때도 있습니다. 이런 상황에서 영성이 바탕이 되지 않으면 신앙도 직분도 사역도 와르르 무너지는 것은 시간문제입니다. 따라서 제직들은 흔들리지 않는 굳건한 믿음의 영성관을 가지고 교회생활에 충성하는 성도가 되어야 합니다.

첫째, '기도생활'입니다. 성도의 영성을 유지하는 훈련에 가장 중요한 행위가 기도생활입니다. 제직은 기도보다 앞서면 안 됩니다. 기도가 만사를 해결합니다. 기도가 인생의 답입니다. 무슨 일을 만나도 기도보다 우선시되는 것은 없어야 합니다. 제직들이 기도가 무너지면 다 무너집니다. 교만하게 됩니다. 인본주의적으로 흐릅니다. 봉사도 힘이 없습니다. 곧잘 시험에 듭니다. 말이 많습니다. 갈등의 중심에 있습니다. 내 생각과 내 뜻이 앞설 때가 많습니다. 그래서 제직은 무엇보다 기도하고 행동해야 하는 것입니다.

기도는 영혼의 호흡입니다. 호흡하지 않으면 죽는 것처럼 기도하지 않으면 죽게 되어 있습니다. 그래서 제직들은 호흡하듯이 기도를 무시로 항상 해야 합니다. 매일 매 순간마다 기도로 하루를 열고 기도로 하루를 마무리하는 것입니다. 또 최소한 규칙적으로 매일 30분 이상은 시간을 내어 기도의 영성을 쌓아 나가야 합니다. 가정과 교회에 기도 처소를 만들고 기도하는 습관을 가져야 합니다. 제직은 평신도보다도 더 기도의 영성을 강하게 훈련받은 사람들이 되어야 합니다.

둘째, '말씀생활'입니다. 제직들의 영성생활에 말씀이 똑바로 박히지 않으면 신앙이 흔들리게 됩니다. 말씀은 신앙의 나침반입니다. 말씀은 신앙의 방향입니다. 말씀은 신앙의 깃발입니다. 말씀은 신앙의 기둥입니다. 말씀이 무너지면 신앙의 집 자체가 무너집니다. 제직들의 영성에 가장 중요한 행위 중 하나가 말씀생활입니다. 실제로 영성생활의 두 날개라고 하면 기도와 말씀입니다. 기도와 말씀의 영성은 수레의 두 바퀴와 같고, 비행기의 두 날개이며, 저울의 양추이고, 사람의 두 다리와 같은 것입니다. 따라서 제직들은 기도와 말씀의 영성을 잘 유지하여 주님의 거룩한 뜻을 이루는 복된 성도들이 되어야 하겠습니다.

먼저, 말씀에 은혜를 받는 가장 좋은 방법은 예배 시간마다 말씀을 잘 경청하는 것입니다. 예배를 통해 말씀의 은혜를 받아야 합니다. 은혜 받는 가장 중요한 시간이 예배 때의 말씀입니다. 이때 은혜를 받지 못하면 평소에도 은혜 받기 힘들 것입니다. 평소에도 말씀을 접하기가 어려울 텐데, 예배 때 말씀의 은혜를 받지 못하면 언제 받겠습니까? 따라서 제직들은 어느 순간보다도 예배 때에 말씀의 은혜를 충만히 받아야 합니다.

다음은 하루에 3장, 주일은 5장, 성경을 읽는 것입니다. 이렇게 하면 성경을 일 년에 한 번은 읽을 수 있습니다. 성경묵상은 지혜를 얻게 합니다. 하나님의 뜻을 발견하게 합니다. 내 안에 기쁨과 평안이 솟아납니다. 하나님을 아는 지식이 깊어집니다. 날마다 새로워지는 은혜를 받습니다. 생활의 안정감을 가질 수 있습니다. 신앙이 든든해집니다. 어떤 풍파에도 흔들리지 않는 믿음을 갖게 됩니다. 더욱이 교회에서 운영하는 제자훈련에도 적극적으로 참여하여 성경의 지식과 깊이를 더해 가야 합니다. 또 듣고 배운 말씀은 그것으로 끝나는 것이 아니라 교회에서도 솔선수범하고 순종하며 생활에도 적용하는 실천적인 믿음의 제직들이 되어야 합니다.

셋째, '전도생활'입니다. 전도는 예수님의 지상명령이고, 성도의 최고의 사명입니다. 교회의 본질은 예배와 전도입니다. 교회생활의 최고의 행위는 예배입니다. 교회는 예배 공동체입니다. 그리고 예배를 통해 은혜 받은 성도들이 나가서 전도하는 것입니다. 전도해서 교회로 인도하는 것입니다. 다시 말해, 전도 대상자들이 교회에 나와 구원받고 축복받고 변화되어 또 그들이 다시 나가 전도하는 선순환의 신앙행위가 이뤄지는 것입니다. 특별히 제직들은 예배와 전도에 가장 앞장서서 모범이 되어야 하는 사람들입니다. 초대교회 때 안수집사인 스데반과 빌립은 최전방에서 전도하며 복음을 전했습니다. 그러므로 오늘날 제직들도 전도생활에 가장 앞장서는 일꾼들이 되어야 합니다.

먼저, 제직들은 교회 전도축제 행사에도 적극적으로 참여해야 합니다. 교회 전도목표를 달성하도록 최선을 다해 하나님의 집을 강권하여 채우는 데에 힘써야 합니다. 그리고 셀 목장에서도 정기적으로 참석해 전도 봉사에도 일익을 담당해야 합니다. 개인전도도 매년 전도할 목표를 정하고 열심히 전도해서 그 목표를 달성해야 합니다. 이것은 사람에게 보이기 위함이 아니라 하나님 앞에서 약속하고 최선을 다하며 실천해야 하는 것입니다.

넷째, '봉사생활'입니다. 제직은 봉사에 순종하는 사람입니다. 제직의 직무는 봉사입니다. 이름도 없이 빛도 없이 교회와 주님을 위해 봉사하는 것입니다.

① 모든 봉사는 주께 하듯 해야 합니다.
② 모든 봉사는 목회자의 지도하에 해야 합니다.
③ 제직은 경조사에도 적극적으로 참석해야 합니다.
④ 제직은 어떤 일이 있어도 교회일치와 연합에 최선을 다해야 합니다.
⑤ 제직은 시험에 들면 인내하며 반드시 이겨내야 합니다.
⑥ 또한 시험에 든 자를 심방하며 조심해서 위로해야 합니다.
⑦ 상담할 때는 유모와 간호사처럼 사랑으로 대해야 합니다.
⑧ 안팎의 불건전한 집회는 절대 경계해야 합니다.
⑨ 제직은 나보다 성도들을 먼저 배려하는 마음을 가져야 합니다.

7) 제직의 목회자관

일곱 번째로 제직의 바른 신앙관 중에는 '목회자관'도 중요합니다. 제직이 교회생활을 하면서 목회자관이 바로 서 있지 않으면 대부분 시험에 들고 힘들어지며 신앙이 무너지기 쉽습니다. 그만큼 교회 영적 지도자인 목회자의 영향이 크기 때문입니다. 더욱이 성도들은 목회자의 설교를 통해 축복을 받고 은혜를 받고 변화를 받고 치유를 받기 때문입니다. 또한 목회자와 좋은 관계를 형성할 때 은혜와 평강의 방편이 되기도 하고, 목회자와 불편한 관계를 조성할 때 교회생활의 갈등과 침체의 원인이 되기도 합니다. 그래서 제직들은 다음과 같은 목회자관을 가지고 있어야 합니다.

첫째, 제직은 목회자를 주의 사자로 인정하고 받아들여야 합니다.

나이가 어리다고, 지식이 약하다고, 가난하다고 무시하면 절대 안 됩니다. 목회자는 하나님이 세우신 주의 종이요, 성도들의 영적인 목자입니다. 여러분, 성경에 주의 사자는 누가 세웠다고 합니까? 성령입니다(행 20:28). 주의 사자는 누가 붙드십니까? 주님입니다(계 1:20). 주의 사자는 누가 위임했습니까? 하나님입니다(겔 3:17). 주의 사자는 무엇을 위임받았습니까? 왕권, 제사장권, 선지자권입니다(행 20:28). 이처럼 제직은 목사님을 하나님이 세우신 주의 종으로 인정하고 목회자를 중심으로 따르는 마음을 가져야 합니다.

둘째, 제직은 목회자의 지도에 순종해야 합니다. 목회자는 주의 사명을 받은 사람입니다. 하나님의 말씀을 전하는 말씀의 대사입니다. 기도하며 하나님의 뜻에 따라 목양하는 영적 지도자입니다. 제직들은 이런 것들을 자연스럽게 인정하며 목회자의 지도에 순종해야 합니다. 그 방법은 성경의 말씀대로 예수님처럼 '아멘'으로 순종하는 것입니다(고후 1:18-20). 백부장처럼 '말씀'에 따라 순종하는 것입니다(마 8:8). 수로보니게 여인의 순종처럼 '전적으로 믿고' 순종하는 것입니다(마 15:27). 더욱이 히브리서에는 목회자에게 순종하는 것이 영혼과 육신이 사는 '축복의 길'이라고 말합니다(히 13:17). 따라서 제직들은 영육 간에 목회자와 좋은 관계를 가지는 것이 축복입니다.

셋째, 제직은 목회자를 위해 기도해야 합니다. 목회자는 성도들에게 영의 양식을 먹이는 주의 종입니다. 목회자가 영적으로 살아 있어야 우리도 살 수 있습니다. 반대로 목회자가 영적으로 죽어 있으면 우리의 영도 심각한 영향을 받게 됩니다. 따라서 제직은 교회와 목회자를 위해 날마다 기도해야 합니다. 영적으로 바로 서고 육체적으로 건강하도록 날마다 기도해야 합니다. 제직들은 목회자를 사랑하고 존경해야 합니다. 그 표현으로 기도보다 더 큰 방법은 없습니다. 기도야말로 가장 큰 사랑과 존경의 표현입니다. 베드로가 감옥에 갇혔을 때 예루살렘 교회가 날마다 기도했습니다(행 12:5-12). 그 결과 차꼬가 풀리고 옥문이 열리며 기적을 체험하는 놀라운 역사가 일어났습니다. 그 이후에 베드로는 순례전도자로 더 풍성한 사역을 감당하는 주의 종이 되었던 것입니다.

넷째, 제직은 목회자와 좋은 동역자가 되어야 합니다. 제직은 목회자의 수족이 되어 목회자를 돕고 세우는 아름다운 멘토와 같은 사람입니다. 제직은 독단적으로 교회생활을 하는 사람이 아닙니다. 제직은 목사가 아닙니다. 제직은 목회자와 함께 동역하며 목사님의 목회관에 따라 교회를 은혜롭게 세우는 동역자들이라는 것을 잊어서는 안 됩니다. 따라서 제직은 목회자에게 시간으로 협력하고, 몸으로 협력하며, 목회자의 사역을 풍성하게 도와야 합니다(출 17:12; 딤전 1:12). 마치 아론과 훌이 모세를 몸과 기도로 도왔던 것처럼 제직들도 목회자를 성심성의껏 도와 주의 교회가 흥왕하며 승리하도록 해야 합니다.

더욱이 제직들은 물질로도 힘껏 협력하여 주의 사역이 편만하게 이루어지도록 돕는 동역자가 되어야 합니다(롬 16:3-4; 빌 4:16; 고전 16:17). 성경에도 살로메, 막달라 마리아, 나사로, 삭개오, 베다니 마리아 등 많은 사람들이 예수님의 물질 동역자로 예수님의 사역을 풍성하게 했습니다. 사도 바울도 브리스길라와 아굴라, 루디아, 뵈뵈, 스데바나(고전 16:17) 등 충성된 동역자들의 풍성한 물질 후원 덕분에 전 세계를 복음화하는 놀라운 역사를 이루게 되었습니다. "네 보물 있는 그곳에는 네 마음도 있다"고 예수님께서도 말씀하셨습니다(마 6:21). 그러므로 제직들도 마음껏 물질로도 목회자의 후원자가 되어 복음의 지경이 창대해지는 밑거름을 만드시기 바랍니다.

03
제직의 실제 수칙

교회 제직의 의미

교회는 제직에 의해서 운영되는 제직 공동체입니다. 제직은 성경적으로 교회의 청지기로서, 교회의 주인 되신 주님의 명을 받아 순종하고 충성하는 사람입니다. 여기에는 제직에 대한 몇 가지 의미가 담겨 있습니다.

첫째, 제직은 '하나님의 대리자'로서의 청지기입니다. 청지기는 주인의 대리자입니다(벧전 4:10; 창 43:16, 19, 44:1, 4). 내 마음대로 하는 것이 아니라 주인의 명령에 따라 열심히 일하고 봉사하는 자입니다. 내 뜻이 아니라 주님의 뜻을 따라 일하는 자입니다. 제직은 하나님의 대리자로서 청지기입니다. 교회 봉사하는 것이 내 일이 아니고 하나님의 일이며, 하나님의 대리자로서 일하는 청지기인 것입니다.

따라서 교회의 모든 일꾼은 주인 되신 하나님의 대리자입니다. 제직들은 더더욱 그렇습니다. 그들은 하나님의 뜻을 따라 일하는 청지기들입니다. 교회의 제직들은 하나님이 세우신 일꾼들로서 하나님께서 맡겨 주신 일을 하는 것입니다. 그것은 각종 직분과 은사를 통해서 나타납니다. 예를 들어 목사, 장로, 권사, 안수집사, 서리집사, 교사, 셀 리더(구역장) 등 각종 직분과 은사에 따라 하나님의 대리자로서의 사명을 감당하는 것입니다.

둘째, 제직은 '교회 관리자'로서의 청지기입니다. 청지기는 주인의 의도에 따라 집안일을 관리하는 자입니다. 청지기는 주인을 위해 일하는 자이며, 집안의 대소사를 관리하고 섬기는 자입니다. 자기 의도대로 관리하는 자가 아니라 주인의 의도대로 관리해야 합니다. 즉 자기 마음대로 일하는 것이 아니라 주인의 뜻대로 일하는 관리자여야 한다는 것입니다. 그러므로 제직은 주인의 주권하에 집안 총무로서 교회를 성실히 관리해 나가는 선한 청지기입니다. 교회의 가사와 재무를 비롯하여 교회 전반의 사항을 관리해 나가는 것입니다. 심지어 주인의 자녀와 종들까지도 성심껏 관장해야 합니다. 이것을 오늘날 현대어로 말하면 지배인 또는 매니저라고도 말합니다.

더욱이 교회의 제직들은 머리 되신 주님의 주권하에 충성된 관리자로 일하는 것입니다. 교회 관리는 성도 관리, 건물 관리, 재정 관리, 전도 관리 등 교회 전반 사항을 다 말합니다. 더욱이 관리 중에 가장 중요한 '사람 관리'도 제직의 직무에 해당됩니다. 거기에는 예배 관리, 기도 관리, 말씀 관리, 교제 관리 등 사람들을 관리하는 것도 다 포함되는 주업무인 것입니다.

셋째, 제직은 '교회의 봉사자'로서의 청지기입니다. 구원받은 성도는 모두 다 봉사자로 부름을 받았습니다. 성도는 봉사를 통해 교회를 아름답게 세우고 개인 신앙도 성장하는 것입니다. 봉사는 하나님이 주신 거룩한 사명이며 축복이라고 할 수 있습니다. 성도는 모두가 다 하나님의 집(교회)에서 일하는 선한 청지기가 되어야 합니다.

교회 봉사는 두 가지 종류로 나타납니다. 먼저 제직은 '직분을 따라' 봉사자로 부름을 받았습니다. 예를 들어, 목사, 장로, 권사, 안수집사, 서리집사, 셀 리더(구역장), 교사 등으로 부름을 받았고, 찬양단, 찬양대, 중창단, 교육기관 등으로 부름을 받았습니다. 이것은 직분의 종류에 따라 부름 받은 성도의 봉사입니다.

다음으로 제직은 '은사에 따라' 봉사자로 부름을 받기도 했습니다. 예를 들어 가르치는 은사에 따라 목사, 전도사, 교사, 셀 리더(구역장) 등으로 봉사합니다. 또한 기도하는 은사에 따라 방언, 예언, 신유, 축사, 능력 행함, 믿음 등을 행하기도 합니다. 더욱이 치유하는 은사에 따라 사랑, 구제, 긍휼, 권위, 상담, 코칭, 찬양, 찬양대 등으로 봉사하는 것입니다. 행정하는 은사에 따라 지혜, 지식, 리더십, 사무, 행정, 치리의 은사 등을 수행하는 것입니다. 또한 개별적인 은사에 따라 식당, 차량, 안내, 청소, 전도, 교제 등으로 봉사하기도 합니다.

교회 제직의 구분

교회는 대그룹과 소그룹으로 나뉘고, 큰 교회와 작은 교회로 나뉩니다. 대그룹과 큰 교회는 성도들이 건물 교회에 모여 예배드리는 회중 공동체라고 할 수 있고, 소그룹과 작은 교회는 가정에서 모여 예배드리는 가정 공동체라고 할 수 있습니다. 그런데 회중 공동체와 큰 교회의 운영은 제직들을 통해 이뤄짐으로써 제직 공동체라고 부르고, 가정 공동체와 작은 교회의 운영은 셀(구역)의 임원들을 통해 이뤄짐으로써 셀(구역) 공동체라고 불리는 것입니다.

1) 제직회 운영

특별히 제직 공동체에는 '제직회'라는 주요기관이 있습니다. 제직은 담임목사가 임명하거나 세례교인 이상으로 구성된 공동의회에서 선출되기도 합니다. 이들은 목사, 장로, 안수집사, 남녀 서리집사 등으로 구성됩니다. 일반적으로 제직회는 공동의회에서 세워 준 교회 예산을 살림하는 실무회의입니다. 이 제직회에서는 담임목사의 지도하에 운영되고, 당회의 관할에 속해 있습니다. 따라서 당회의 감독하에 제직회의 직무가 교회 전반의 상황을 총괄한다고 해도 과언이 아닐 것입니다. 어떤 교회는 제직회 직무를 운영위원회라는 이름으로 대체하기도 합니다.

2) 제직 훈련

더욱이 제직을 세울 때는 그냥 세우는 것이 아닙니다. 특별한 훈련이 꼭 필요합니다. 왜냐하면 그들은 교회에서 선별된 사람들이기 때문에 소정의 교육을 받고 그 직무를 감당해야 무리가 없습니다. 그렇지 않으면 교회에 크고 작은 문제를 일으키고 갈등의 주범이 될 수 있기 때문입니다.

만약 교회에서 제직을 잘못 세우면 교회가 풍파를 만나고 침체되고 분열될 것입니다. 결국 그 교회는 부정적이 되고 망하는 교회가 됩니다. 반대로 교회가 제직을 잘 세우면 순풍에 돛을 단 배처럼 부흥의 속도가 붙고 활력 있는 교회로 변화될 것입니다. 따라서 교회 부흥의 생명은 제직들입니다. 사람입니다. 어떤 사람을 세우느냐에 따라 교회의 명암이 달라질 것입니다. 더욱이 교회 부흥은 양보다 질이 먼저입니다. 질적으로 좋은 제직들을 세워야 그 교회가 건강하고 견고하게 든든히 세워져 가는 것입니다. 그런 의미에서 제직을 세울 때는 반드시 교육과 훈련이 필요합니다. 그래야 그 직분에 합당한 사역을 잘할 수 있고, 사명도 잘 감당할 수 있습니다. 제직훈련이 반드시 필요한 몇 가지 중요한 이유는 다음과 같습니다.

첫째, 교육적 차원에서 제직훈련이 필요합니다. 제직은 어떤 직무를 감당해야 하는지 성경적인 매뉴얼(방법)이 있습니다. 그래서 교회는 제직훈련을 통해 성경적으로 제직이 어떤 활동을 해야 하는지를 가르쳐 놓아야 문제가 생겼을 때 헤쳐 나가는 힘이 생깁니다. 아는 것이 힘입니다. 배워야 성장하고 성숙하며 변화됩니다. 그래서 제직들은 교육적 차원에서라도 열심히 배워야 하고 열심히 교육을 받아야 하는 것입니다. 주로 교회에서는 분기별로 제직들을 교육시키는 것이 바람직하다고 말하고 있습니다.

둘째, 훈련적인 차원에서도 제직훈련이 필요합니다. 제직은 배운 것으로 끝나면 안 됩니다. 배운 것을 반복적으로 훈련하여 익혀야 합니다. 순종하고 실행하고 부딪히며 변화와 성장과 성숙을 도모해 나가야 합니다. 그래서 제직은 배운 것을 봉사를 통해 훈련하고 실행해 나가야 합니다. 이론과 훈련은 차이가 있습니다. 이론은 배우기만 하는 것이고, 훈련은 배운 것을 반복해서 습득해 나가는 것입니다. 제직은 교육과 훈련을 통해 성장과 변화를 점차적으로 만들어 가는 것입니다. 행함이 없는 믿음은 죽은 믿음입니다. 신앙도 체험된 것만큼 성장합니다. 그래서 훈련이 중요합니다. 제직들도 교육받은 것을 섬김과 봉사를 통해 계속 훈련을 받아야 합니다. 그런 가운데 발전과 성숙을 경험하게 됩니다.

셋째, 사명적인 차원에서도 제직훈련이 필요합니다. 제직은 사명이 있는 사람입니다. 제직의 목표는 성숙한 일꾼이 되어 하나님께 영광스럽게 쓰임 받는 것입니다. 그때 최고의 보람과 가치와 존귀를 얻습니다. 따라서 제직훈련은 제직의 사명에 대한 분명한 목적과 목표를 가르치는 것입니다. 무엇보다도 하나님께 쓰임 받는 영광스러움을 알게 하고, 하늘의 축복과 상급이 큼을 경험하게 하는 것입니다. 제직은 하늘의 직무를 감당하며 교회를 굳건하게 세우는 사명자로 부르심을 받았습니다. 바로 제직들, 당신의 그 섬김이 천국에서 해같이 빛날 것입니다!

이 시간에 제직들의 사명을 고취시키기 위해 다음과 같이 선언합니다.

첫째, 교회의 모든 직분자는 하나님의 부르심 받은 일꾼이요, 청지기이다.
둘째, 교회의 모든 직분은 전적으로 하나님의 은혜로부터 온 것이다.
셋째, 교회의 모든 직분은 선한 청지기같이 서로 봉사하는 것이다(벧전 4:10).
넷째, 교회의 모든 성도는 하나님의 일을 맡은 청지기이다.
다섯째, 교회의 모든 성도들은 반드시 교회에 충성, 헌신, 봉사해야 한다.

제직의 직무수칙

1) 목사

목사는 장로교 총회헌법에 의하면 노회의 안수로 임직을 받게 됩니다. 그는 크게 말씀 전파, 성례 거행, 교회 치리를 담당하고 있습니다. 다시 말해 설교권, 성례권, 축도권, 치리권을 담당하는 교회의 가장 중요하고 유익한 직분을 맡은 사람입니다. 목사의 칭호는 목자, 그리스도의 종, 사역자, 신약의 집사, 치리장로, 주의 사자, 그리스도의 사신, 복음의 사신, 교사, 전도인, 하나님의 도를 맡은 청지기 등으로 묘사되고 있습니다.

목사의 자격은 주로 만 30세 이상자로 신학대학원을 졸업하고 학식이 풍부하며 행실이 선량하고 신앙이 진실하며 교수에 능한 자여야 하며, 모든 행위가 복음에 합당하여 범사에 존경과 성실함을 나타내야 한다고 장로교 헌법에 명시되어 있습니다. 또 목사는 자기 가정을 잘 다스려야 하고 외부의 사람들로부터도 존경과 칭찬을 받아야 된다고 말합니다(딤전 3:1-7). 한마디로 목사는 지성과 영성과 인성을 갖춘 모범적인 사람이어야 한다는 것입니다.

목사의 직무
① 기도, 강도, 찬송, 성례, 축복, 교육훈련, 심방, 치리권 등이 있습니다.
② 복음 전파와 구령사업에 전심을 다하는 것입니다.
③ 교회를 설립하고, 교회 일꾼을 세울 권리가 있습니다.
④ 문서활동을 통해 복음 전파에 유익하도록 합니다.
⑤ 교육 지도자로서 총회, 노회, 지교회에 관계되는 기독교 교육기관에서 청빙을 받으면 교육하는 일로 시무할 수도 있습니다.

2) 장로

구약시대에도 이미 장로들이 있었습니다. 장로의 직분은 구약의 요셉 때에도 있었습니다(창 50:7). 특별히 이스라엘의 열두 지파 족장들을 '자켄'이라고 불렀는데 그들이 열두 지파의 장로들이었습니다. 그리고 열두 지파의 장로들과 함께 70인의 장로들이 있었습니다. 모세 때에는 백성의 대표로 장로를 세워 백성의 다툼과 소송 문제를 재판했습니다. 그 수가 70인이었다고 합니다(출 18:21-25; 민 11:16-25). 그것이 구약에서는 계속 이어져 왔습니다.

반면 신약시대에도 구약의 장로제도와 유대인의 회당제도를 이어 받아 장로는 계속 유지되었고, 회당의 질서 유지와 관리 책임을 맡았습니다. 이것은 기독교 초대교회에 와서도 사도들이 장로에 의한 교회 정치형태를 갖추었습니다(행 11:30). 그리고 이것이 다시 이방 교회로 확대되어 오늘에까지 장로제도를 이어오고 있습니다.

장로의 자격은 장로교 총회헌법에 의하면 만 35세 이상 된 남자 중 입교인으로 흠 없이 다년간 교회에 모범이 된 자여야 한다고 말합니다. 그는 상당한 식견과 통솔력을 갖추고 있어야 하며, 디모데전서 3장 1-7절에 해당된 자로 규정합니다. 그것은 가정과 교회와 사회에서도 선한 증거로 모범이 되며 돈과 세상에 흔들리지 않는 굳건한 믿음을 가진 자여야 된다고 말합니다.

장로의 직무는 교회 전반에 관한 치리업무를 맡습니다. 그 주된 역할은 목사와 협력하여 교회와 성도를 관리 감독하는 데 있습니다(딤전 5:17; 롬 12:7-8). 그 역할은 다음과 같이 구분할 수 있습니다.

① 교회의 신령한 업무를 총괄합니다(예배, 전도, 헌금 등).
② 모든 공예배의 참석과 교회의 재정을 책임져 나갑니다.
③ 교우들을 심방하고 위로, 교훈, 간호를 담당합니다.
④ 교우들의 신앙을 살피고 그들을 위해 기도해 줍니다.
⑤ 특별히 교회 내에 심방할 자를 목사에게 보고합니다.
⑥ 장로는 무슨 일에든지 담임목사 중심으로 협동해 나갑니다.

3) 안수집사

안수집사직은 장로직과 구별되는 직분이나 교회의 실제적인 봉사를 맡아 교회를 든든히 세우는 중요한 직분입니다. 그는 장로교 총회헌법에 의하면 교회에 다년간 봉사한 무흠한 남자 교인으로서 지교회 공동의회의 2/3 찬성을 받고, 목사에게 안수받는 항존 직분자입니다. 집사의 항존직은(행 6:1-15) 교회의 재정을 맡고 구제와 전도를 꾸준히 담당해야 하는 일 때문이었습니다.

집사의 자격은 디모데전서 3장 8-13절에 잘 나와 있습니다. 그것은 교회의 질서를 지키고, 성도와 화평의 관계를 좇으며, 서로에게 존경을 받는 사람이어야 된다고 말합니다. 더욱이 선한 명예와 진실한 믿음과 지혜와 분별력을 가지고 있어야 하며, 하나님과 사람 앞에서 인정받는 사람이 되어야 한다고 말합니다. 그 행위가 복음에 합당하고, 그 생활이 다른 사람의 모범이 될 만한 자여야 한다는 것입니다. 더욱이 집사를 임명할 때는 그 사람을 먼저 시험하여 보고 그 후에 책망할 것이 없으면 집사의 직분을 맡기라고 권면합니다.

안수집사의 직무
① 모든 공예배와 봉사에 앞장서는 사람입니다.
② 가난한 자를 구제하고 전도하는 일을 담당합니다.
③ 환자와 과부와 고아와 모든 환난당한 자를 위문합니다.
④ 교회의 재정을 맡아 책임을 지는 일을 담당합니다.
⑤ 당회의 지도 아래서 봉사하며 모든 일에 솔선수범합니다.

4) 권사

권사의 직분은 성경에 나타나 있지 않고, 외국 교회에도 존재하지 않는, 한국에만 있는 유일한 직분입니다. 한국교회에서 교회사역의 필요를 위해 세워진 고유한 직분이었습니다. 성경적으로 보면 여자 항존 집사를 권사라고 할 수 있습니다. 한국 장로교회의 통상적인 예로도 권사는 여자로 하되 안수받지 않은 종신직이라고 했던 것입니다. 이런 사실로 볼 때 권사는 여자 안수집사와 같은 항존직에 해당되는 직분입니다.

권사의 자격은 장로교 총회헌법에 의하면 여신도 중에서 만 40세 이상 된 입교인으로 흠 없이 다년간 교회에 봉사한 사람이어야 한다고 말합니다. 그는 공동의회에서 2/3 이상의 투표수를 얻은 자라야 하며, 당회에서 세울 수 있다고 말합니다. 감리교, 성결교에서는 남녀 공용의 직분으로 통용되어 남자 안수집사를 권사로 명칭하고 있습니다. 나이도 동일하게 40세부터입니다.

권사의 직무
① 모든 공예배와 봉사에 앞장서는 사람입니다.
② 구제와 전도와 재정에 책임을 다하는 사람입니다.
③ 당회의 지도대로 교인을 방문하고 돌보는 사람입니다.
④ 환자와 어려운 교인을 돌아보는 사람입니다.
⑤ 심방과 전도와 기도가 중요 임무입니다.

5) 서리집사

서리집사는 안수집사 후보생으로 집사의 직임을 잘 배우고 교회 봉사의 경험을 점차적으로 쌓아 나가는 사람입니다. 여자 서리집사의 경우는 권사 후보생으로 훈련하는 기간이며, 교회 봉사와 건덕을 위한 제반 경험을 쌓아 나가는 사람입니다. 이 서리집사의 제도도 한국에만 있는 직분으로, 그 의도는 안수집사와 권사를 받기 위해 서리집사 기간 동안 잘 준비하라는 의미입니다.

서리집사의 자격은 교회에 나온 지 1년 이상 된 흠 없는 교인으로 세례를 받은 자여야 합니다. 임명은 담임목사가 하되, 세례를 받고 구원의 확신, 주일성수, 십일조 생활, 교회 봉사에 참여하는 자에게 직분을 맡깁니다. 서리집사의 직무는 안수집사와 권사의 사역과 동일하며, 그 직분을 잘 배우고 경험을 열심히 쌓아서 훗날 훌륭한 안수집사와 권사가 되는 것입니다.

6) 구역장(셀 리더)

구역(셀)은 교회 속의 교회이며, 지역 속의 교회라 할 수 있습니다. 그래서 구역(셀)은 소그룹으로 모이는 작은 교회입니다. 그들은 그 속에서 구역(셀) 식구들 간에 서로 배우고 친교하는 것입니다. 구역장(셀 리더)은 교회에서 흩어진 믿음의 식구들을 구역 단위 속에서 신앙으로 결속시켜 나가는 일종의 팀장입니다. 더욱이 구역장(셀 리더)은 작은 목사의 역할을 감당하는 사람입니다. 그 구역(셀)에 할당된 믿음의 식구의 영혼을 책임지고 관리하며 목양하는 사람입니다.

구역장(셀 리더)의 자격은 교회에서 신앙이 돈독하고 가르치기를 잘하며, 통솔력이 있는 자로 예배와 전도와 헌금에 솔선수범하는 사람이어야 합니다. 이들은 담임목사 혹은 당회가 특별히 남녀를 선정하여 훈련을 시킨 후에 구역(셀)을 살피면서 봉사할 수 있도록 임명하게 됩니다. 특별히 교회는 구역장(셀 리더)을 어떻게 세우느냐에 따라 그 교회 부흥의 역사가 달라지는 것입니다.

구역장(셀 리더)의 직무
① 구역(셀)을 위해 기도하며 가르치기에 힘씁니다.
② 특히 구역(셀) 식구들을 위해 매일 30분씩 기도합니다.
③ 구역(셀) 식구들의 이상 유무를 보살피고 부지런히 심방합니다.

④ 유고의 가정을 도와주면서 담임목사에게 보고합니다.
⑤ 담임목사의 목회관과 일치하며 교회 중심의 사역을 합니다.

7) 권찰(셀 헬퍼)

권찰은 신실한 신앙을 갖고 신앙의 체험을 한 자로서 구령의 열정이 있는 사람이어야 합니다. 특히 권면의 은사를 받은 자로서(롬 12:8), 기뻐하는 자와 함께 기뻐하고 슬퍼하는 자와 함께 슬퍼할 수 있는 신앙의 성품을 소유한 자여야 합니다.

권찰은 직분이라기보다는 직무로 보는 것이 타당합니다. 그 이유는 대부분 교회의 직분자가 맡은 직무로서 구역 식구들을 보살피면서 위로하는 위치에 있기 때문입니다. 권찰의 직무는 구역(셀)의 중간 보고자로서 구역(셀) 식구의 모임을 돕고, 애경사가 있으면 구역장과 교역자에게 보고하며 그 일을 협력 수행합니다.

8) 전도사

전도사는 당회의 추천으로 노회에 가서 전도사 고시를 보고 합격한 이후에 임명되는 것이 통상적인 관례입니다. 그러나 신학교와 신학대학원에 재학 중이거나 또는 졸업한 자로서 교회에서 직접 초빙을 받는 경우도 전도사로 사역할 수는 있습니다. 그러나 신학교를 나왔다고 해서 무조건 전도사로 막 초빙하여 사역하게 하다가는 자칫 이상한 신학사상을 들고 가르치는 경우도 있기 때문에 반드시 검증이 필요합니다. 그러므로 노회에서 고시를 통해 인정받은 후 사역하는 것이 가장 좋은 방법입니다.

전도사의 임무와 권한은 먼저 미조직 교회(당회가 구성되지 못한 교회)에서는 당회장의 허락으로 말씀을 선포할 수 있고, 제직회 때에는 임시회장이 될 수도 있습니다. 그러나 주로 조직교회에서는 당회장의 지도하에 교육과 기도, 전도와 심방에 주력하는 사역을 합니다. 더욱이 전도사는 담임목사의 사역을 전적으로 보좌하는 직무를 감당해야 합니다.

9) 전도인

전도인은 신학교를 졸업하지 않았어도 당회의 임명으로 평신도 중에 전도의 사역을 담당하도록 세워진 사람입니다. 이들은 교회에서 모든 부분에 신앙의 본이 되는 사람으로 담임목사와 당회의 임명으로 가능하며, 전도의 열정을 가진 신실한 기도의 사람들입니다.

전도인의 직무는 전도사와 같은 전도에 대한 구령의 열정으로 지역 복음화에 앞장서는 것입니다. 매일 전도와 기도에 매진하며, 교회 부흥을 위해 일심으로 사명을 감당하는 일을 합니다. 또 당회의 지도 아래 심방과 상담 사역을 담당하며, 불신자들에게 열심히 전도하는 유급 사역자입니다.

10) 교사

교사는 가르치는 은사를 받은 자로서 입교된 장년과 어린이, 학생, 청년들의 신앙 교육에 일조하는 사람입니다. 이들은 무엇보다도 신앙과 성경지식을 고루 갖춘 자로서 가르치는 은사를 가진 성령 충만한 은혜를 받은 자여야 합니다. 더욱이 교사의 직분은 하나님으로부터 특별히 부여받은 직분과 은사의 소유자라고 할 수 있습니다. 교사의 직무는 성경과 기독교 교육을 통하여 그리스도를 배워 그리스도를 닮아가도록 돕는 데 있습니다.

11) 찬양대원

찬양대원은 찬송으로 하나님께 영광을 돌리는 일을 하는 사람입니다. 이들은 찬양하는 자로서 합당한 거룩함과 믿음을 가지고 있어야 합니다. 찬양대원의 자격은 찬양의 은사를 가진 자로서 직무를 감당하되, 그 이전에 먼저 구원의 감격을 체험한 자가 되어야 합니다. 그렇지 않으면 거룩한 노래를 부르는 은혜를 체험할 수가 없기 때문입니다. 그래서 찬양대원들은 먼저 자신의 몸과 마음을 바쳐 찬송을 통해 하나님의 영광을 찬양하려는 믿음을 가지고 있어야 합니다. 찬양은 예배의 중요한 요소로 찬양대원의 직무는 찬양으로 예배를 돕는 사역이라고 하겠습니다. 그래서 찬양대원은 찬양대에 서만 찬양으로 참여하는 것이 아니라 전체 예배찬양을 돕는 역할을 하는 것입니다.

Chapter 3
구역(셀)과 기관 세우기

"너희는 이 세대를 본받지 말고 오직 마음을 새롭게 함으로 변화를 받아 하나님의 선하시고 기뻐하시고 온전하신 뜻이 무엇인지 분별하도록 하라"(롬 12:2).

01
구역(셀) 세우기

교회의 구역(셀)은 작은 교회입니다. 구역장(셀 리더)은 작은 목사입니다. 구역(셀)이 살면 교회가 삽니다. 구역(셀)이 건강하면 교회도 건강해집니다. 그러나 구역(셀)이 죽으면 교회도 죽습니다. 구역(셀)이 병들면 교회도 병들게 됩니다. 그만큼 교회 부흥의 관건은 구역(셀)에 있다고 해도 과언이 아닙니다.

특별히 21세기 구역(셀)의 사역방향이 조금 달라졌습니다. 옛날에는 구역장이 구역을 다 알아서 이끌었습니다. 구역장이 모든 예배도 다 인도했습니다. 구역공부도 구역장이 설교하듯이 했습니다. 그러나 이제는 조금 달라졌습니다. 대그룹 모임과 소그룹의 모임은 차이가 있습니다. 대그룹 모임은 전체를 이끌어 가기 위해서 수직적일 수 있습니다. 그러나 구역(셀)으로 모이는 소그룹 모임은 일방적인 수직적 관계보다는 상호 수평적인 관계로 발전하는 것이 훨씬 더 효과적이고 은혜롭기 때문입니다. 그래서 요즈음에 모이는 구역(셀)은 구역장 혼자 다 하는 것이 아니라 구역원 전체가 참여하는 수평적 관계의 예배와 모임으로 전환되었습니다. 구역공부도 구역장이 혼자 설교하기보다는 구역원 전체가 말씀을 나누고 생활 속에 적용하는 참여공부로 변화되었습니다. 다만 구역장(셀 리더)은 말씀 나눔의 중심에서 구역원들이 잘 나눌 수 있도록 중재하고 돕는 사역을 감당합니다.

또 한 가지 달라진 구역(셀)의 사역방향이 있다면 구역은 그리스도의 몸을 세우는 데 목적이 있다는 것입니다. 교회가 그리스도의 몸을 세우듯이 구역도 마찬가지로 그리스도를 세우는 사역을 원활하게 이루어 가야 합니다. 만약 구역이 그리스도의 몸을 세우는 사역을 배제한다면 그 순간 그 구역(셀)은 엔진 없는 차와 같이 쓸모없어집니다. 그 구역이 사랑과 교제와 나눔만 있고 교회를 세우는 사역이 희석되면 그 속에는 생명력이 뚝 떨어질 수밖에 없습니다. 왜냐하면 구역도 그리스도의 몸으로 작은 교회의 기능을 담당하기 때문입니다. 구역원들이 자기들끼리만 좋다고 하면 고이게 됩니다. 썩습니다. 교회의 암적 존재가 될 수 있습니다. 교회의 분열과 갈등을 조장할 수 있습니다. 그러므로 구역은 교회와 한 몸이 되고, 교회를 세우는 영적 공동체가 되어야 함을 명심해야 합니다.

구역장(셀 리더) 세우기

구역장(셀 리더)은 그 구역의 중심인물입니다. 구역장을 누구로 세우느냐에 따라 구역(셀)의 부흥도와 성숙도, 성장도는 달라질 것입니다. 그만큼 구역장의 역할은 구역 부흥에 있어서 매우 중요하다고 할 수 있습니다.

마찬가지로 교회 부흥에 가장 중요한 사람이 목회자입니다. 목회자의 목회관이 어떠한가에 따라 교회의 영적인 색깔과 부흥도 확연히 달라질 수 있습니다. 그만큼 목회자의 비전 방향이 교회의 분위기를 완전히 바꾸어 놓을 수 있는 것입니다. 그런데 좋은 목회자가 되는 데는 두 가지 중요한 요소가 있습니다. 그것은 영성과 리더십입니다. 이 두 가지를 잘 갖춘 목회자는 교회의 성장과 부흥, 성숙과 변화를 일으킨 역동적인 목회자가 되었던 것입니다. 구역(셀) 부흥도 마찬가지입니다. 구역 부흥의 가장 중요한 사람은 구역장(셀 리더)입니다. 구역장의 자질에 따라 구역의 부흥도, 성숙도, 성장도는 완전히 달라질 것입니다. 그래서 구역장의 자질을 잘 점검하고 성장시켜야 구역이 성장하고 성숙하며 발전되어 가는 것입니다. 여기에도 두 가지 요소가 있습니다. 바로 영성과 리더십입니다. 이것을 잘 세워야 훌륭한 구역장이 될 수 있습니다.

1) 건강한 영성을 갖춰라

구역장(셀 리더)을 세우는 데 제일 먼저 보아야 할 것이 '영성'입니다. 영성이 바로 서 있지 않으면 그 구역은 세상적인 모임과 다를 바가 없습니다. 아무리 수적으로 성장하는 구역이 된다 해도 그 구역은 교회를 세우는 영적 공동체의 모습은 아닐 것입니다. 사귐과 나눔이 있어도 그 구역은 결코 거룩한 공동체의 모습을 띠기는 어려울 것입니다. 따라서 구역장(셀 리더)은 무엇보다도 가장 먼저 영성을 점검하고 영성을 성장시켜 나가는 지도자가 되어야 합니다.

첫째, 건강한 영성의 덕목은 '말씀훈련'입니다. 구역장(셀 리더)은 말씀의 기초가 든든해야 합니다. 말씀이 바로 서 있지 않으면 구역을 바르게 이끌 수 없습니다. 말씀은 집안의 대들보와 같습니다. 대들보가 무너지면 집이 무너지는 것처럼 구역장이 말씀의 뿌리가 흔들리면 그 구역은 송두리째 흔들리고 다 무너지는 것입니다. 망하는 것입니다. 그래서 구역장은 먼저 말씀을 잘 배우고 익히는 말씀의 깊이가 있어야 하고, 다음은 그 말씀을 잘 가르치는 능력을 배양해야 합니다. 그것이 없으면 구역장으로서 자격이 없는 것입니다.

둘째, '기도훈련'입니다. 구역장(셀 리더)은 기도가 살아 있어야 합니다. 기도하는 구역은 망하지 않습니다. 하나님이 지켜 주십니다. 구역장(셀 리더)이 매일 30분씩 구역을 위해 기도하는 구역은 6-9개월에 한 구역씩 개척 번식된다는 통계가 나왔습니다. 그만큼 구역장의 기도가 중요하다는 말입니다. 기도는 사람을 변화시키는 놀라운 능력이 있습니다. 기도는 영혼을 성장시킵니다. 믿음을 굳건하게 합니다. 흔들리지 않는 영성을 갖게 합니다. 사람도 환경도 사역도 변화시키는 능력이 있습니다. 구역장이 살아야 구역이 살 수 있습니다.

그것은 구역장의 기도가 살아야 구역장도 살고 구역도 산다는 것입니다. 구역장의 영성을 지키는 가장 좋은 방법은 쉬지 않고 기도하는 구역장이 되는 것입니다. 구역장은 최소한 하루에 30분 이상씩은 기도해야 합니다.

셋째, 영혼을 사랑하는 '전도훈련'입니다. 구역장(셀 리더)은 구역식구를 사랑하는 마음이 없으면 섬김과 희생과 나눔을 지속적으로 할 수 없습니다. 또한 새로운 구역식구를 전도하려는 구령 열정이 없으면 영적 지도자로서 곤고하게 되며, 구역(셀)을 계속적으로 이끌 수 있는 힘을 잃어버리게 됩니다. 따라서 구역장(셀 리더)은 매일 영혼을 사랑하는 구령열정이 살아 있어야 합니다. 매일 전도하고, 매일 새로운 사람을 만나며, 매일 구역식구들과 관계하고, 그들의 신앙 성장과 변화를 위해 매일 기도하고 사랑하는 마음이 있어야 사명을 감당할 수 있습니다. 만약 그러한 사명이 식으면 구역장의 소임을 감당할 수 없습니다. 구역장은 무엇보다 영혼을 사랑하는 구령열정이 있어야 그 사명을 감당할 수 있는 것입니다. 당신의 그 섬김이 천국에서 해같이 빛나리!

2) 좋은 리더십을 갖춰라

좋은 구역장(셀 리더)의 자질 두 번째는 '좋은 리더십'입니다. 아무리 건강한 영성을 갖고 있다고 해도 리더십이 부족하면 갈등과 분열을 일으키는 주범이 될 수 있습니다. 예를 들어, 그 구역장이 믿음은 좋은데 리더십이 아주 형편없다면 오히려 구역원들에게 부담감과 강요를 유발하는 문제아가 될 것입니다. 그래서 구역장은 인정받는 리더십으로 구역을 평안하게 이끄는 지도자가 되어야 합니다.

첫째, '비전 세우기'입니다. 잠언에도 비전이 없으면 백성이 방자하게 되고 망한다고 말합니다(잠 29:18). 모든 일에는 비전이 있어야 된다는 것입니다. 구역장(셀 리더)도 좋은 콘텐츠 비전을 가진 사람이어야 합니다. 그 구역을 이끌어 가는 가치와 비전, 목표와 소명의식이 분명해야 합니다. 그것이 없으면 그 구역은 정체될 것입니다. 고여 썩게 됩니다. 여기가 좋사오니 초막 셋을 짓자고 할 것입니다. 성장이 둔화됩니다. 매너리즘에 빠지고, 익숙한 종교의식에 사로잡히게 됩니다. 그래서 구역장(셀 리더)은 영적인 비전을 갖고 있어야 합니다. 구역을 언제 어떻게 개척하고 번식하며 구역원들의 신앙 성장과 변화는 어떻게 양육할 것인지에 대한 좋은 콘텐츠를 갖고 있어야 합니다. 교회를 위해서 우리 구역(셀)은 어떻게 봉사할 것인지, 누구를 다음 구역장(셀 리더)으로 세워 개척하게 할 것인지, 전도는 어떻게 할 것인지 등등에 대한 비전을 갖고 있어야 합니다.

둘째, '조직 관리'입니다. 사람은 2명만 모이면 조직이 됩니다. 그 둘 속에도 갈등과 분열이 있을 수 있기 때문입니다. 물론 3명이 모이면 더 큰 갈등과 분열이 있습니다. 이처럼 사람이 모이는 곳에는 서로 성격과 환경과 생각이 다르기 때문에 조율이 필요하고, 그 조율을 잘 이루기 위해서는 절대적으로 조직이 필요합니다. 그래서 조직을 잘하는 곳에 연합과 일치와 조화가 이뤄지는 것입니다. 구역에는 구역장(셀 리더)이 있고, 권찰(셀 헬퍼)이 있고, 회계가 있습니다. 따라서 구역장은 이들을 잘 관리하고 이끌어 가는 리더십을 가지고 있어야 합니다. 좋은 리더는 조직 관리를 잘하는 사람입니다. 조직 관리를 잘할 때 그 구역은 평안하게 성장과 발전을 꾀하는 것입니다.

셋째, '추진력과 영향력'입니다. 구역장(셀 리더)은 추진력과 영향력을 가지고 있어야 합니다. 소위 말발이 서야 합니다. 무슨 일을 할 때 반응도 없고 따라와 주지도 않고 냉담하다면 그 구역은 이미 정체되고 수동적인 공동체가 되었다고 할 수 있습니다. 더욱이 구역이 그리스도의 몸으로 사역을 하며 교회 부흥과 봉사를 이루기 위해서라도 구역장의 추진력과 영향력이 발휘되어야 구역원들도 함께 움직이며 역동적인 구역의 모습을 띨 것입니다. 그렇지 않으면 구역이 구역 자체 모임으로만 그치며 힘없는 구역으로 전락할 것입니다. 그래서 구역장(셀 리더)은 역동적인 구역을 만들기 위해서라도 매사에 솔선수범하고 희생과 책임을 다하는 모습을 보여주어야 합니다. 감동을 주는 구역장이 되어야 합니다. 모범이 되는 구역장이 되어야 합니다. 예배와 기도와 말씀과 전도의 모델이 되어 구역원들에게 자극을 줄 수 있는 동기 부여자가 되어야 합니다. 그런 구역장(셀 리더)이 좋은 구역장입니다.

넷째, '조정력'입니다. 인성과 사회성입니다. 조화와 일치입니다. 구역장(셀 리더)은 독불장군이 되면 안 됩니다. 혼자 앞장서서 무작정 따라오라고만 하면 안 됩니다. 같이 가야 합니다. 함께 성장해야 합니다. 그래서 구역장은 더불어 살아가는 조정력을 갖추고 있어야 합니다. 원원하는 전략의 지혜를 갖추고 있어야 합니다. 밀고 당기는 밀당의 조정자가 되어야 합니다. 분열의 주범이 아니라 조화와 화합의 중심에 있어야 합니다. 감정적 리더십이 아니라 합리적 리더십을 가지고 있어야 합니다. 모나고 거칠고 개성적인 사람이 아니라 온유하고 겸손하며 부드러운 카리스마로 감싸고 이해하고 공감하는 리더십을 갖추고 있어야 합니다. 좋은 인성과 사회성이 조정력을 배양하게 될 것입니다.

구역(셀)예배 세우기

구역(셀)의 제일 중요한 모임은 예배입니다. 구역도 작은 교회이기 때문에 예배가 빠지면 안 됩니다. 교회는 예배 공동체입니다. 마찬가지로 구역도 예배 공동체인 것입니다. 예배가 살면 교회가 삽니다. 마찬가지로 예배가 살면 구역도 삽니다. 구역 부흥은 뭐니 뭐니 해도 예배가 살아나야 하는 것입니다. 그것은 구역도 작은 교회의 영적 공동체이기 때문입니다. 초대교회도 모이면 날마다 예배하고 기도했고, 흩어지면 전도하고 찬양했기 때문에 교회에 구원받는 수가 날마다 더했다고 말하는 것입니다. 따라서 구역(셀)과 교회는 무엇보다도 더욱 예배가 살아 있는 공동체가 되어야 합니다.

구역(셀)예배가 살기 위해서는 세 가지가 필요합니다. 그것은 하나님의 임재와 능력과 목적이 실현되는 예배입니다. 첫째, 영감 있는 예배는 하나님의 임재가 있어야 합니다. 예배의 목적은 하나님께 영광을 돌리는 데 있습니다. 물이 바다를 덮음같이 여호와의 영광이 예배를 뒤덮는 것입니다. 그 예배 가운데 하나님의 임재가 없다면 그것은 더 이상 예배가 아닙니다. 예배는 반드시 하나님의 영광과 임재가 나타나게 되어 있습니다. 그러므로 예배의 모든 순서는 성령의 기름 부으심으로 은혜가 충만한 예배가 되어야 합니다.

둘째, 하나님의 능력이 함께하는 예배여야 합니다. 예배 속에 하나님의 임재가 있으면 반드시 하나님의 능력도 동반됩니다. 예를 들어, 눈물이든 기쁨이든, 회개든 깨달음이든, 치유든 은사든, 무슨 변화와 능력이 나타나게 되는 것입니다. 예배는 하나님의 능력입니다. 예배는 회복과 치유와 변화입니다. 예배는 성령의 충만함입니다. 예배는 나를 달라지게 하는 변환기입니다. 성도는 예배를 통해 능력과 변화를 체험하는 것입니다.

셋째, 예배를 통해 하나님의 목적이 실현되어야 합니다. 예배드리는 목적이 무엇입니까? 변화와 순종입니다. 예배드릴 때 하나님의 임재도 체험했습니다. 하나님의 능력도 체험했습니다. 그런데 그다음부터 아무런 생활의 증거가 없습니다. 단지 예배드리고 은혜 받은 자체로 끝나 버립니다. 삶의 변화도 없습니다. 현장에서 전도의 모습도 없습니다. 신앙의 행함도 없습니다. 예배 후의 사후관리(follow-up)가 전혀 없습니다. 이것은 예배의 참된 목적을 상실한 것입니다. 예배 후의 사후관리가 있어야 합니다. 예배 자체로 끝나면 안 됩니다. 예배 후에도 하나님의 영광과 변화와 향기가 지속적으로 나타나야 합니다. 이것이 예배의 참된 목적입니다.

* 4W 예배 세우기

구역(셀)예배가 영감 있는 예배가 되기 위해서는 4W를 살려야 합니다. 그것은 '환영(Welcome)–찬양과 경배(Worship)–말씀 나눔(Word)–사후관리사역(Work)' 등의 순서로 예배를 진행하는 것입니다.

먼저, 구역(셀)예배를 시작할 때 환영인사로 마음열기(ice breaking)를 합니다. 격한 인사와 축복의 말, 또 유머나 한 주간의 삶을 자연스럽게 나눕니다. 그리고 서로 축복해 주며 찬양과 경배를 은혜롭게 시작합니다. 그렇게 찬양으로 영적인 깊이를 더해 가면, 이제는 함께 통성기도 또는 짝기도, 제목기도 등 기도의 시간을 갖습니다. 그런 다음 정해진 말씀의 내용에 따라 서로 큐티를 하며 생활에 적용도 하고 다음 주간의 기도제목을 나누기도 합니다. 그렇게 말씀 나눔을 은혜롭게 마치면 헌금도 하고, 구역(셀) 소식을 통해 사후관리 사역에 대해서 나눕니다. 예배, 성경, 전도, 다음 주 계획 등 사후 사역들을 나누고 주기도문으로 마치며, 이후에는 심방과 전도 또는 교제와 과외의 시간을 갖습니다.

이렇게 진행하는 순서를 4W 예배방식이라고 합니다. 교회들마다 은혜롭고 영감 있는 구역(셀)예배가 되기 위해서는 이 4W 예배방식을 살리는 것이 아주 효과적입니다. 이것은 이미 전 세계 교회에서 검증된 구역(셀)예배의 부흥 시스템입니다. 따라서 구역(셀)예배를 드릴 때 4W 예배의 최소치는 보완하고, 최대치는 극대화하면, 하나님의 임재와 능력과 목적이 실현되는 좋은 예배가 될 것입니다. 예를 들어, 마음열기가 약하면 잘하는 사람을 투입해서 보완하고, 찬양과 경배의 시간이 좋으면 더 극대화하는 것입니다. 이렇게 상호 보완하면 놀라운 예배의 부흥과 변화를 경험하게 됩니다.

구역(셀) 부흥 전략

몸의 세포가 건강하게 자라면 번식하는 것은 자연스러운 것입니다. 구역(셀) 부흥도 마찬가지입니다. 구역 공동체가 건강하게 잘 자라면 구역이 부흥하고 번식하는 것은 아주 자연스럽고 당연하게 나타납니다. 그렇다면 어떻게 해야 구역(셀)이 건강하게 잘 자랄 수 있을까요?

1) 기도의 문화 형성

첫 번째로 구역(셀)이 '기도의 문화'를 형성해야 합니다. 구역의 건강도는 기도에 있습니다. 기도하는 구역은 망하지 않습니다. 기도하는 구역식구는 망하지 않습니다. 하나님이 지켜 주시고 보호해 주시며 합력하여 선을 이루게 해주십니다. 그러므로 부흥하는 구역에 나타나는 첫 번째 현상은 기도하는 구역이고, 기도의 끈을 이어가는 구역입니다.

부흥하는 구역을 조사한 통계에 의하면, 하루에 30분 이상씩 기도하는 구역은 6~9개월 만에 한 구역이 번식하고 개척되는 역사가 있었다고 말합니다. 이것은 기도하면 능력이 나타난다는 것을 증명

합니다. 기도하면 사람을 보내주십니다. 기도하면 변화가 나타납니다. 기도하면 축복이 나타납니다. 기도하면 은혜의 도가니 속으로 들어가는 것입니다. 불신자 전도도 기도가 먼저입니다. 기도하고 나가면 새로운 환경이 열립니다. 변화의 조짐이 보입니다. 한번 기도했는데 안 나타난다고 실망하지 마십시오. 될 때까지 끝까지 기도하는 것입니다. 강력한 진을 파하는 기도의 역사를 통해 반드시 닫힌 문이 열리게 되어 있습니다.

2) 전도의 문화 형성

두 번째로 구역이 '전도의 문화'를 형성해야 합니다. 부부가 결혼하면 정상적인 가정은 자녀를 낳게 됩니다. 그 이유는 자녀를 낳으면서 더 큰 행복을 느끼고, 가정은 더 아름다운 공동체가 되기 때문입니다. 마찬가지로 구역이 건강하다는 증거는 불신자에 대한 관심과 전도에 대한 관심이 높다는 것입니다. 실제로 부흥하는 구역과 번식 개척하는 구역을 조사해 보면 하나같이 공통적으로 구역 식구들의 전도에 대한 관심이 탁월하게 높은 것을 발견할 수가 있습니다.

전도는 나가면 있고, 안 나가면 없습니다. 나가서 누군가를 만나야 합니다. 노방전도든 관계전도든, 나가서 일단은 만나야 합니다. 통계에 의하면, 일주일에 두 번 이상 나가는 구역(셀)은 6~9개월 만에 한 구역(셀)이 번식 개척되는 결과를 낳았다고 합니다. 더욱이 이 과정에서 관계전도가 자연스럽게 형성된다고 합니다. 따라서 성장하는 구역은 전도 문화를 만들고, 전도 중심의 구역으로 방향을 잡고 나간다는 것입니다. 그리고 매사에 주변과 좋은 관계를 맺고 관계전도에 일심으로 열매를 맺는 구역이 된다는 것입니다. 그래서 부흥하는 구역은 친목 중심에서 전도 중심으로 바꾸어 나가는 것을 볼 수 있습니다.

일단 구역(셀)에서는 이렇게 전도하십시오. 먼저, 전도할 때는 전도 대상자를 주기적으로 방문하는 것이 가장 중요합니다. 매달 구역(셀)식구들이 전도 대상자 1~3명을 주기적으로 방문하면 번식할 확률이 60%이고, 매달 5~7명을 주기적으로 방문하면 번식할 확률이 80%라고 이야기합니다. 루이스 살라스라는 사람은 18개월 만에 250개의 셀을 번식했다고 합니다. 그 비결에는 아래와 같이 몇 가지 특징이 있었다고 합니다.

① 매일 전도 대상자를 만난다.
② 그 사람들의 이름을 밤낮으로 묵상하고 기도한다.
③ 그들과 만나서 나눌 대화를 계획한다.
④ 그들을 구역(셀) 모임으로 인도한다.

다음으로 구역(셀)이 전도할 때는 '오이코스 전도'를 하는 것이 효과적입니다. 오이코스는 헬라어로 가족처럼 구성된 공동체(집)란 뜻으로, 오이코스 전도는 가족과 같은 관계로 끈끈하게 전도하라는 말입니다. 따라서 구역의 부흥은 구역식구들이 전도 대상자와 오이코스 관계를 얼마나 많이 만드느냐가 관건입니다. 마치 거미줄처럼 관계를 잘 엮어 나가면 폭발적인 부흥의 역사가 나타납니다. 누가 우리의 오이코스입니까? 친구, 가족, 친족, 직장 동료, 취미 동료, 우연히 만난 지인, 감정 공감의 지인 등 관계를 좋게 만드는 사람입니다.

조사에 의하면, 매달 여섯 번 이상 오이코스 관계를 맺는 구역이 다른 구역보다 2배 이상 번식이 빠르게 나타났다고 합니다. 이것은 오이코스 관계를 자주 하라는 말입니다. 예비신자를 자주 만나라는 것입니다. 외식, 영화, 공동대화, 운동, 쇼핑, 초대, 커피 모임, 유아 모임, 독서 모임, 취미 모임 등 다양한 문화로 접촉하며 오이코스 관계를 자주 맺으라는 것입니다.

특별히 구역이 전도할 때는 '팀'을 이루어서 하는 것이 효과적입니다. 구역식구들이 전도 대상자를 함께 정하고, 함께 기획하고, 함께 전략을 세우고, 함께 찾아가는 것이 훨씬 더 전도될 확률이 높습니다. 전도는 낚시전도와 그물전도가 있는데, 낚시전도는 한 명만 전도하는 것이고, 그물전도는 조직화된 신도들이 그물을 내려 여럿을 전도하는 방법을 말합니다. 따라서 효과 면에서 낚시전도보다 그물전도가 더 좋다는 것입니다. 예를 들어, 전도할 때 기도로 전도하는 일꾼, 물질로 전도하는 일꾼, 봉사로 전도하는 일꾼(음식·아이들), 현장에서 전도하는 일꾼 등 다양한 역할로 그물전도를 하면 더욱 효과적이라는 말입니다. 현장전도도 혼자 나가는 것이 아니라 둘씩, 셋씩 팀을 이뤄 나가면 더욱 전도 가능성이 높게 나타납니다.

더욱이 전도할 때는 '섬김과 봉사'로 필요를 채워 주는 전도를 하면 좋습니다. 예를 들어, 노인 노숙자, 소년소녀가장 돕기, 각종 구제사회활동 등 지역사회 활동을 통한 봉사를 하면 지역에 좋은 소문이 나서 전도하기가 아주 쉬워집니다. 신시내티 포도원공동체교회는 4주에서 6주마다 지역에 나가 섬김의 봉사를 한다고 합니다. 재정의 15%를 지역봉사에 할당한다고 합니다. 예를 들어, 지역주민들 전구 갈아 끼워 주기, 집 주변 낙엽 긁어 주기, 청소해 주기, 음료 제공하기, 매주 교회 소개하기 등을 합니다. 워싱턴의 구세주의 교회는 집짓기 선교모임, 열악한 가옥 수리해 주기 등으로 봉사합니다. 신앙공동체 침례교회는 주간보호센터, 방과후 공부 클럽, 장애인센터, 당뇨병 지원, 법률상담 등으로 봉사합니다. 또한 은퇴자 가정방문 자녀 도와주기, 불량아 돕기, 소년소녀가장 돕기, 고아원 돕기 등을 담당합니다. 모두 다 지역봉사를 통한 전도활동이라고 할 수 있습니다.

3) 사랑의 문화 형성

세 번째로 구역(셀)이 부흥하기 위해서는 '사랑의 문화'를 형성해야 합니다. 구역이 건강하게 되는 데는 뭐니 뭐니 해도 사랑의 관계가 제일 중요합니다. 구역식구들이 서로 마음을 열고 뜨겁게 사랑하면 그 구역은 자연스럽게 부흥하는 것입니다. 교회도 조용하면 자연히 부흥된다는 말이 있습니다. 이것은 교회가 온유와 사랑으로 넘쳐나면 점차적으로 갈등과 분열은 제거되고 자연스럽게 부흥한다는 이야기입니다. 초대교회도 내 것, 네 것 할 것 없이 사랑으로 서로 통용하며 한 몸 되었을 때 날마다 구원받는 수가 더하더라 말하고 있습니다. 그러므로 구역 부흥의 중요한 원리는 구역장부터 구역식구들까지 서로서로 사랑의 문화를 만드는 것입니다.

사랑의 문화를 만드는 데는 중요한 두 가지 덕목이 있습니다. 그것은 '웃음'과 '대접'의 문화입니다. 사랑이 넘치는 구역은 모이면 웃음꽃이 핍니다. 기쁨이 있습니다. 조그만 일에도 함께 즐거워합니다. 사랑이 넘치기 때문입니다. 또 구역이 모이면 대접의 문화가 끊이지 않습니다. 기쁨으로 대접합니다. 먹으면서 사랑이 넘칩니다. 서로 대접하는 것을 좋아합니다. 서로 주고받는 가운데 정이 들고 사랑이 싹틉니다. 그래서 대접은 사정없이, 조건 없이, 거침없이, 다다익선, 많이 줄수록 좋다, 자주 줄수록 좋다, 뭐든지 주는 것이 좋다는 원칙이 있습니다. "목회는 먹회다"라는 말이 있습니다. 목회도 잘 먹으면 교회가 자연히 부흥한다는 것입니다. 즉 대접의 문화를 잘 살리면 사랑이 넘치고 기쁨이 넘치는 관계가 형성된다는 말입니다. 그래서 사랑의 문화를 만드는 데는 웃음과 대접이 넘치도록 하는 것이 중요한 덕목이 되는 것입니다.

4) 초대의 문화 형성

　네 번째로 구역(셀)이 부흥하는 데는 '초대 문화'를 형성하는 것이 효과적입니다. 구역식구들이 찾아가는 전도도 중요하지만 예비신자를 멋지게 초대하는 것도 더없이 중요한 방법입니다. 그래서 부흥하는 구역은 자꾸 사람을 구역으로 초대합니다. 예비신자들이 구역에 함께 시간을 갖도록 유도하고 초대하여 행복한 분위기를 느끼게 합니다.

　특별히 구역(셀)으로 초대할 때는 상대를 VIP가 되게 해야 합니다.

상대를 그냥 초대하는 것이 아니라 소중하게 존중하며 초대하는 것입니다. 초대할 때는 몇 가지 필요한 준비사항이 있습니다. 반가운 인사법 준비/ 식사와 차 준비/ 유머와 칭찬 준비/ 가정과 자녀의 선물 등을 미리 준비하여 초대합니다. 또 초대할 때는 3단계 전략이 필요합니다. '가정으로의 초대-구역(셀) 예배로의 초대-교회로의 초대'입니다. 예비신자를 초대할 때 이 방법을 잊지 않고 실행하면 더욱 효과적인 초대전도가 될 것입니다.

지금 한국교회는 정체의 위기 가운데 있습니다. 그런데도 불구하고 여전히 부흥하는 교회의 가장 중요한 특징은 새신자 초대와 전도 중심의 교회인 것을 알 수 있습니다. 부흥하는 교회는 이미 새신자 초대와 전도 체질의 정착화가 된 교회입니다. 그들은 지금도 여전히 살아 있고 부흥하는 교회로 나아가고 있습니다. 특별히 남성들까지도 초대문화와 전도 중심으로 봉사합니다. 교회행사도 초대전도 프로그램으로 움직이는 것을 발견할 수 있습니다.

지상에 문제가 없는 교회는 없습니다. 다 문제는 있습니다. 그러나 새신자 초대와 전도하는 교회는 문제가 봉합됩니다. 문제를 수면 밑으로 내려앉게 합니다. 그뿐만 아니라 그 문제를 극복하고 더 큰 부흥의 속도를 내며 하나님의 나라로 차고 넘치게 하는 것입니다.

구역(셀) 부흥의 원리

구역(셀)이 부흥하는 데는 공통된 원칙이 있었습니다. 전 세계 교회를 대상으로 연구한 결과 다음과 같은 공통된 원칙이 있었다는 것입니다. 일명 구역(셀) 부흥 전략의 10가지 DNA입니다.

첫째, 구역장(셀 리더)이 전도의 모델이 됩니다. 그 구역의 구역장이 먼저 전도에 솔선수범했습니다. 거기에 따라서 모든 구역식구들도 한마음으로 전도에 열심이었습니다. 이처럼 전도는 실천이 중요합니다. 조사에 의하면, 일주일에 두 번 이상 전도 대상자와 접촉하는 구역은 자연히 부흥하고, 6~9개월이 지나면 개척하는 구역이 된다고 말합니다.

둘째, 전도자를 세우는 리더십이 있습니다. 보통 교회 안에는 전도의 은사를 가진 사람이 전체의 10%가 된다고 합니다. 이것은 구역장이 아니라도 전도를 잘하는 사람이 있다는 것입니다. 교회 안에 장로, 권사가 아니더라도 전도를 잘하는 은사를 가진 사람이 있습니다. 훌륭한 지도자는 이런 잠재력을 가진 성도를 발견하고 전도자로 세우는 리더십을 가지는 것입니다. 이것이 구역 부흥과 교회 부흥의 좋은 비결입니다.

셋째, 정기적인 구역(셀) 모임이 있습니다. 구역예배는 띄엄띄엄 드리는 것이 아닙니다. 일주일에 한 번 규칙적이고 정기적으로 모여 예배를 드려야 합니다. 구역식구들의 코이노니아가 잘되고, 정기적인 예배, 정기적인 심방, 정기적인 전도, 정기적인 교제가 활발한 구역이 부흥과 개척의 모델이 된다는 것입니다.

넷째, 인격적인 나눔과 돌봄의 관계가 이루어집니다. 구역(셀)의 중요한 세 가지 기능은 말씀과 사랑과 전도입니다. 그중에서도 구역식구 간에 인격적인 나눔과 사랑의 돌봄은 구역 부흥의 첩경입니다. 그런 구역에는 기쁨과 축복이 있습니다. 구역식구들 간에 웃음과 대접의 문화를 교류하고 있습니다. 만나면 웃음과 기쁨이 있습니다. 서로 대접하고자 하는 사랑의 나눔이 있습니다. 어려운 일에도 서로 돕고자 하는 마음이 있습니다. 봉사의 손길이 아름답게 교류합니다. 이런 구역이 자연스럽게 부흥하는 것입니다.

다섯째, 3~5개의 구역장(셀 리더)을 관리하는 지역장(코치)이 있습니다. 구역장도 지칠 수 있습니다. 사역의 곤고함을 느낄 수 있습니다. 그때에 그것을 채우는 공간이 있으면 회복되기 쉽습니다. 그러나 그것이 없으면 이내 막히고 고여 약해지고 식어 버리는 경향이 있습니다. 따라서 교회는 구역장들의 영성을 채우고, 나눔과 돌봄의 과정을 경험할 수 있게 해야 합니다. 그것을 경험한 구역장들은 계속적인 성장을 했고, 구역장들의 역동적인 사역도 계속 지탱이 되었던 것입니다. 이것을 위해 교회는 두 개의 과정이 필요합니다. 먼저 구역장(셀 리더)을 주기적으로 관리하고 돌보는 지역장(코치)이 있어야 합니다. 둘째는 정기적인 구역장(셀 리더) 워크숍을 가지는 것입니다. 그렇게 해서 구역장이 계속 자부심을 갖고 영적인 충만함으로 사역의 에너지를 계속 뿜어낼 수 있도록 해야 합니다.

여섯째, 성장하는 구역(셀)은 1년에 한 번 번식하는 주기가 있습니다. 건강한 구역은 보통 6~9개월에 한 번 번식, 개척을 한다고 합니다. 일반적으로는 1년에 한 번 번식하는 주기를 경험한다고 합니다. 따라서 각 구역들은 1년에 한 번 번식하거나 개척한다는 생각을 하고 열심히 구역 운영을 해나가면 거기에 따른 변화를 반드시 경험하게 될 것입니다.

일곱째, 구역(셀)식구들 모두가 기도하는 역사가 있습니다. 부흥하는 구역은 기도하는 구역입니다. 조사결과도 그렇게 나왔습니다. 매일 30분 이상씩 기도하는 구역은 부흥의 역사가 있었습니다. 그들은 매일 교회와 구역식구들을 위해 30분 이상씩 기도했습니다. 그리고 그 이후에 기도의 열매가 맺히고, 기도의 축복이 나타나며, 구역과 교회의 부흥 성장을 경험하게 되었습니다. 항상 열정적인 영성에는 기도가 있다는 것을 발견하게 됩니다.

여덟째, 다음 구역장(셀 리더)을 준비하는 리더십이 있습니다. 구역장은 예비 구역장을 키워야 합니다. 그 예비 구역장으로 하여금 다음 구역을 번식하고 개척하게 하는 것입니다. 이때 구역장은 예비 구역장을 세우는 영적 통찰력과 그들을 훈련시키는 과정을 잘 이끌어 나가는 리더십을 가지고 있어야 합니다. 한마디로 훈련시키고 파송하는 리더십을 갖는 것입니다. 그 시기는 보통 구역식구 출석이 평균 7~10명이 되었을 때 하면 좋습니다.

아홉째, 모든 구역(셀)식구들이 불신자와 전도관계를 맺고 있습니다. 구역의 목표는 전도입니다. 즉 하나님 나라 확장을 위해 모든 구역식구들이 전도에 열심을 품고 나도 한 사람 전도하는 목표를 세워 나가는 것입니다. 더욱이 일주일에 두 번 정기적으로 불신자와의 오이코스 관계전도를 통해 사랑을 나누는 모임을 갖는 것입니다. 그런 구역이 자연스럽게 부흥 성장합니다.

열째, 모든 구역식구들이 구역장(셀 리더)으로 성장하고자 하는 열망이 있었습니다. 물론 구역장은 아무나 할 수 없습니다. 그러나 구역장이 부러움과 선망의 대상이 되고 영적 욕심을 갖도록 분위기를 조성하는 것은 매우 중요합니다. 교회 부흥은 사람에게 있습니다. 얼마나 좋은 일꾼이 있느냐에 따라 부흥 속도가 달라집니다. 구역 부흥도 좋은 구역장(셀 리더)을 많이 세울 때 자연스럽게 구역이 개척 번식되며 부흥의 속도도 빨라집니다. 구역(셀) 부흥은 구역장(셀 리더)의 영성과 리더십에 달려 있다고 해도 과언이 아닙니다.

구역(셀)이 번식하는 단계

구역을 셀이라고도 하는데, 셀은 몸을 구성하는 최소단위의 세포 구조입니다. 우리 몸의 피 한 방울이 3억 개의 적혈구로 구성되었다고 합니다. 이들이 모여 피 한 방울을 이룬다는 것입니다. 사람의 몸도 마찬가지입니다. 작은 세포(셀)들이 모여 몸을 형성하는데, 건강한 세포가 모이면 건강한 몸을 이루고, 병든 세포가 모이면 암 등 각종 질병에 걸리게 됩니다. 그런데 세포(셀)는 번식하지 않으면 죽습니다. 다시 말해, 세포(셀)는 살아서 유기적으로 연결하고 번식하여야 건강한 몸을 유지하며 활력이 넘치는 사람이 됩니다. 교회도 마찬가지입니다. 구역이 번식하고 개척되어야 교회가 건강하고 역동적이 되는데, 구역이 고이고 썩고 문제를 일으키면 교회도 병들고 문제를 일으키게 되는 것입니다. 따라서 구역이 자연스럽게 개척하는 단계를 세포 번식과 연관하여 알아보도록 하겠습니다.

첫째, '마음 문을 여는 단계'입니다. 이것은 서로를 알아가고 배우는 단계입니다. 보통 한 달 정도는 마음 문을 여는 시기라고 할 수 있습니다. 세포(셀)도 처음에는 원형질 물방울로 시작하여 그것이 자생력을 키우며 자기 염색체를 점차적으로 형성하게 됩니다. 구역(셀) 모임도 마찬가지입니다. 구역식구들이 자생력을 키우며 공동체를 형성하는 데 보통 한 달 정도가 걸립니다. 한 달 정도는 모여야 서로 친숙하게 교제하며 좀 더 나은 공동체를 만들어 갈 수 있습니다.

구역(셀) 모임에서는 마음의 문을 여는 첫 단계를 'ice breaking', 얼음 깨기라고 합니다. 이것은 처음 모였을 때 딱딱하고 어색한 분위기를 부드럽게 만든다는 의미에서 사용되었습니다. 예를 들어, ice breaking 때는 간단한 담화/ 인사와 축복/ 유머/ 일주일의 일화 소개/ 간단한 게임 등으로 서로 마음 문을 열게 하는 시간을 갖는 것입니다. 이렇게 한 달 정도를 셀 모임에서 가지면 보다 더 서로를 알게 되고 친숙한 관계로 발전해 나가는 것입니다.

둘째, '갈등과 사랑의 단계'입니다. 이때는 맞추는 단계입니다. 보통 1~3개월 정도가 소요됩니다. 몸의 세포들도 처음에는 염색체가 복잡하게 얽히지만 결국 시간이 지나면서 염색체끼리 서로 쌍을 이루며 사랑의 관계를 형성하는 것을 봅니다. 구역 모임도 처음에는 다양한 사람들이 모여 안 맞을 수 있지만 1~3개월 정도를 거치면서 점차 한 몸의 관계로 발전해 가는 것입니다. 갈등과 사랑의 단계를 잘못 거치면 더 심각한 관계로 추락하기도 하지만 대부분 이때를 거치면서 자연스럽게 맞추는 조정기를 형성한다는 것입니다.

심리학에서는 이 시기를 '자동온도조절 시기'라고 합니다. 가령 누가 늦게 도착하는 사람이 있어 갈등이 생겼다고 합시다. 그러면 나중에 눈치를 보고 시간을 맞추기도 하고, 다른 한편으로는 포기하고 이해해 주는 경우도 생깁니다. 이렇게 조정 시기를 통해 갈등과 사랑의 단계를 거친다는 것입니다. 간식을 준비하는 것도 처음에 담당이 잘하지 못하면 누가 대신 한다든지, 아니면 바꾼다든지 등 조정 시기를 거치며 한 몸을 이루게 됩니다. 이런 시기가 보통 3개월 정도 걸린다는 이야기입니다.

셋째, '서로 일치단결하는 단계'입니다. 이것은 염색체가 일치하기 위해 모이는 단계입니다. 보통 3~4개월 정도 걸립니다. 세포 염색체들이 자유롭게 돌아다니다가 갑자기 세포 한가운데로 일직선을 형성합니다. 번식을 위해 준비하는 단계인데, 이때가 가장 좋은 일치와 연합을 이루며 세포가 일직선상에 서는 것입니다. 구역 모임도 구역식구들이 서로 역할을 발견하고 상호 협력하며 일치하는 단계의 시기가 있습니다.

이때는 서로 은사를 존중하며 발전시켜 나갑니다. 어떤 사람은 찬양의 은사, 상담의 은사, 칭찬의 은사, 봉사의 은사, 가르치는 은사 등 서로를 알게 되며, 가장 재미있고 또 보고 싶은 단계를 거치게 되는 것입니다. 이때가 바로 가장 좋은 공동체가 형성되는 시기입니다. 이때 바로 구역이 전도로 에너지를 전환해야 하는 시기인 것입니다.

넷째, '내보내는 단계'입니다. 이것은 번식 개척을 준비하는 단계입니다. 보통 6개월~1년 정도가 걸립니다. 세포들도 일직선상에서 염색체들이 자신과 똑같은 세포를 번식하기 위해 서로 반대편을 향해 정렬해 나갑니다. 구역 모임도 일치와 연합, 조화와 협력의 관계가 발전하면서 전도가 되고 규칙적으로 10명 내외의 모임을 갖게 됩니다. 그러면 이때부터 내보내는 생각을 해야 합니다. 이제는 2개로 나누어야 되겠구나 하는 생각을 하는 것입니다.

누가 구역장(셀 리더)으로 나가는 것이 좋겠습니까? 주로 권찰(헬퍼)이 나가면 좋습니다. 그러나 권찰보다도 구역장(셀 리더)으로 적합한 인물이 있다면 그 사람이 나가는 것도 나쁘지 않습니다. 그런데 10명 정도가 모이는데도 이대로가 좋다 하며 부정적으로 말하는 구역 식구가 있다면 그의 말을 들으면 안 됩니다. 마냥 그대로 놔두면 고이고 썩습니다. 세포는 번식해야 건강해집니다. 구역도 번식 개척해야 건강해지는 것입니다. 그래서 부흥의 절정이 될 때는 번식과 개척을 하며 내보내는 과정을 준비해야 합니다.

다섯째, '번식을 실행하는 단계'입니다. 보통 9개월~1년 정도 걸립니다. 세포 안의 염색체가 반대편으로 정렬하며 마침내 2개의 세포로 번식하며 증식하는 단계입니다. 구역도 나갈 새로운 구역장(셀 리더)을 정하고, 일부 구역식구들 2~3명을 떼어 주며 새로운 구역이 형성되도록 돕는 것입니다. 새로운 구역이 형성되어도 3개월가량은 새신자가 합류하도록 돕고 협력하는 일을 계속 해줍니다.

미국의 베다니교회의 래리 스톡스틸 목사는 이렇게 이야기했습니다. "일반적으로 4명이 1년 동안 마주보면 누구라도 뛰쳐나가고 싶어 한다." 그래서 1년 내에 번식하고 개척을 준비하는 구역(셀)이 건강해지는 방법이라고 추천합니다. 왜냐하면 구역의 핵심은 번식과 복음 전파이기 때문입니다.

더욱이 번식에 지대한 영향을 미치는 일곱 가지 특징을 강조합니다. 첫째, 구역장(셀 리더)의 헌신도입니다. 매일 구역장(셀 리더)이 90분 이상 헌신한 경우는 구역 번식률이 2배가 높았습니다. 둘째, 중보기도의 참여입니다. 구역식구들이 매일 30분 이상 기도한 구역은 배가 되었습니다. 셋째, 구역(셀) 모임을 위한 준비를 모두 각자가 잘하는 것입니다. 넷째, 구역(셀) 번식의 목표를 확실히 세우는 것입니다. 목표를 세운 구역은 50%가 구역 번식이 나타났습니다. 다섯째는 훈련된 구역장(셀 리더)을 키우는 것입니다. 여섯째, 친구 데려오기를 자주하는 것입니다. 접촉과 방문 횟수가 잦을수록 구역 초대는 왕성하게 나타납니다. 일곱째, 구역 모임과 교제 모임을 자주 갖는 것입니다. 한 달에 여섯 번 이상 구역 모임 또는 교제 모임을 갖는 구역이 2배 이상으로 번식하는 결과가 나타났습니다.

구역(셀) 번식을 준비하는 방법

여자가 처음에 해산할 때는 근심이 많습니다. 그러나 막상 아기를 낳으면 더할 수 없는 기쁨이 있습니다. 낳을 때는 다시는 안 낳겠다고 하지만 막상 낳고 기르다 보면 또다시 낳고 싶은 마음을 갖게 됩니다. 구역(셀)이 번식될 때도 마찬가지입니다. 구역이 번식해서 나가면 처음에는 두렵습니다. 그러나 막상 개척되어 좋은 구역으로 거듭나면 그때의 기쁨은 배가되며, 더 큰 보람과 영광을 맛보게 됩니다.

구역(셀) 중에는 한 번도 개척의 경험이 없는 구역들도 많습니다. 이들의 공통된 특징은 세 가지입니다. 첫째는 구역식구들 간에 교제를 너무 강조해서 주님의 지상명령인 전도를 간과한 것입니다. 이것은 잘못된 구역관입니다. 개척 준비를 빨리 해야 합니다. 둘째는 구역식구들이 새로운 구역을 낳고 교회 성장에 공헌하는 엄청난 기쁨을 알지 못하는 것입니다. 이것도 한번 체험하면 놀라운 기쁨이며 다시 번식하고 싶은 엄청난 영적 기쁨을 체험하는 것입니다. 셋째는 지금 구역이 은혜로운데 새로운 구역은 그렇지 못할 것이란 걱정 때문에 개척 번식을 하지 않으려 합니다. 그러나 그 생각은 잘못입니다. 성령의 역사를 믿고 담대히 나아가면 또 다른 권능을 체험하며 새로운 역사를 창조하는 기쁨을 얻게 될 것입니다.

그러면 이제 구역을 개척할 준비를 어떻게 해야 하겠습니까? 먼저, 평균적으로 7~10명이 참석하는 구역은 개척 준비를 해야 합니다. 그 방법은 이드로 용법(5X5)과 G12용법(12X12)과 J3(3X3)용법이 있습니다. 이드로 용법은 10명이 되면 5명씩 개척하는 방법입니다. G12 용법은 제자 12명이 되었을 때 1명씩 개척하게 하는 방법입니다. J3 용법은 예수님의 수제자 3명이 있었던 것처럼 수제자 3명이 되었을 때 1명씩 개척하게 하는 방법입니다.

보통 이드로 용법은 수적인 번식의 모습이고, G12용법과 J3용법은 질적인 번식의 모습입니다. 이드로 용법은 십부장 10명이 되면 자연히 번식의 과정을 겪습니다. 그러나 G12용법은 제대로 훈련된 12명을 만들고 그들을 각자 파송하여 또 다른 셀 그룹을 만들게 하는 개척 방법입니다. J3용법도 제대로 훈련된 3명을 만들고 그들을 파송하는 방식입니다. 영적인 파급력은 G12와 J3가 훨씬 크겠지만 문제는 시간이 오래 걸리고, 질적 훈련을 받는 성도들의 수가 많지 않다는 것입니다. 또 훈련을 받는다 해도 제자훈련 성장속도가 빠르지 않다는 것이 안타까운 현실입니다. 그러나 이것이 제대로만 된다면 다단계적인 파급 효과로 엄청나게 부흥하는 역사를 경험하게 될 것입니다. 실제로 그렇게 해서 성공한 케이스도 많이 있습니다.

또 다른 관점에서 개척하는 방법을 말한다면, 교회 규모에 따라 개척 방법이 달라질 수 있습니다. 예를 들어, 큰 교회는 이드로 용법이 좋고, 작은 교회는 G12, J3용법이 훨씬 파급적인 효과를 거둘 수 있습니다. 큰 교회는 수적 성장의 장점이 있기 때문에 이드로 방법이 효과적이고, 작은 교회는 수적 성장보다는 질적 성장을 먼저 잘 구축해야 나중에 더 큰 부흥을 경험할 수 있기 때문에 G12, J3용법이 좋은 것입니다.

둘째, 구역(셀)이 개척하는 시기가 6개월이면 아주 좋은 구역입니다. 그러나 정상적으로 성장하는 구역은 보통 9~12개월이 걸립니다. 그런데 만약 1년이 지났는데도 구역이 개척되지 않거나 정체되어 있다면, 차라리 구역을 통폐합하는 것이 좋습니다. 왜냐하면 그 구역을 그냥 무방비 상태로 놔두면 앞으로도 번식 중심이 아니라 교제 중심의 구역이 되기 쉽기 때문입니다. 그래서 구역을 성장시키는 방법은 매년 새롭게 구역에 변화를 주는 것입니다. 1년 동안의 성과에 따라 구역의 존폐와 개척 분립, 영적 주사 투입 여부 등을 진단하는 것입니다.

셋째, 구역이 개척되는 방법에는 세 가지가 있습니다. 첫 번째 방법은 원형 셀에서 제대로 훈련받은 1명이 새로운 구역장(셀 리더)으로 임명되어 오이코스 전도로 개척을 하는 것입니다. G12, J3용법의 개척 방법입니다. 이들은 나가서 가까운 사람부터 매일 찾아다니며 관계전도를 통해 구역(셀)을 개척하는 것입니다. 보고타의 IMC교회, 페루 리마의 생수교회, 루이지애나 주의 베다니교회 등과 같은 교회는 이런 방법을 도입해서 몇만 명을 이루는 큰 교회로 부흥되었습니다.

두 번째 방법은 새로운 구역장(셀 리더)이 개척멤버들과 함께 개척하는 것입니다. 이때는 본 구역에서 주로 2~4명의 지원을 받아 개척을 합니다. 그리고 인원도 물질도 기도도 함께 지원을 받습니다. 오늘날의 한국교회는 8교회 중에 6교회가 이런 형태로 번식하고 있습니다. 안정 속에 개혁을 이루는 방법입니다. 무난하면서도 무리 없이 개척할 수 있는 방법입니다. 또 어떤 교회는 구역장(셀 리더)을 지명해 놓고 교인들이 자원하게 해서 구역을 개척하는 방법도 사용합니다. 물론 장단점이 있겠지만 투명한 방법으로 상향식 구역 개척을 하는 교회도 있는 것을 발견합니다.

세 번째 방법은 유유상종의 법칙으로 개척하는 것입니다. 관계를 따라 번식하는 방법입니다. 자연스럽게 준비된 구역장(셀 리더)이 평소에 관계가 좋은 교인들과 함께 개척하는 방법입니다. 이것은 억지로 개척을 하기보다는 마음이 맞는 사람끼리 묶어 주어 보다 편안하게 개척하도록 하는 방법입니다. 예를 들어, 어떤 사람이 두 명을 전도했습니다. 그러면 전도한 사람이 그 두 사람을 데리고 새로운 구역(셀)을 시작합니다. 또 어떤 경우는 구역 내에 영적으로 통하는 구역식구들과 함께 개척하는 것입니다. 이것은 자연스러운 친분관계를 통해 개척을 유도하는 것입니다. 그러면 마음이 맞는 사람끼리 개척을 하는 것이기 때문에 훨씬 더 빨리 구역이 정착되기 쉽습니다.

네 번째 방법은 새 구역장(셀 리더)이 개척을 시작할 때는 초대 모임으로 문을 여는 것입니다. 새 구역장이 먼저 지인이나 이웃을 찾아가서 자연스럽게 초대하는 것으로 개척 준비를 시작합니다. 예를 들어, 생일 모임, 커피 모임, 뜨개질 모임, 독서 모임, 음악 모임, 기도 모임, 아이 교육 모임 등 초대할 대상을 모읍니다. 그렇게 두세 명이 되면 모임을 시작합니다. 새 구역장(셀 리더)은 매일 30분 이상씩 기도합니다. 한 달에 7~8회 이상은 초대 대상들을 만납니다. 매일 시간의 십일조, 2시간 24분은 헌신합니다. 그렇게 열심히 헌신함으로 일주일에 한 번, 4주 과정의 모임을 만듭니다. 그리고 마지막 주간에는 초대 파티를 합니다. 그때에는 원형 구역(셀)에서도 함께 참석을 합니다. 그리고 거기에서 구역식구를 만들고 그다음 주부터 구역을 정기적으로 시작합니다. 구역(셀)을 시작할 때는 원형 구역에서 한두 명이 함께 참석합니다.

02
교육기관 세우기

교회는 주일학교가 살아야 미래가 밝습니다. 교회의 희망은 주일학교 교육에 달려 있습니다. 주일학교 교육을 얼마나 잘하느냐에 따라 교회 부흥도 달라집니다. 주일학교 신앙은 어른이 되어도 80%를 유지한다고 합니다. 그만큼 주일학교 신앙의 영향력이 크다는 것입니다. 오늘날 한국교회의 주일학교가 점점 줄어들고 있습니다. 이것은 한국교회 침체 요소의 가장 중요한 원인이 됩니다.

일반적으로 교회를 개척하면 제일 먼저 복원하는 교육기관이 어린이 주일학교입니다. 대체적으로 사모가 하거나 핵심 일꾼이 맡아서 합니다. 그런데 어린이들이 자라서 중고등부로 올라갈 때는 반으로 줄어듭니다. 또 중고등부 학생들이 자라서 청년부로 올라갈 때쯤 되면 또 반으로 줄어듭니다. 이렇게 교육기관이 점점 줄어들기 때문에 한국교회의 부흥도 문제점이 노출되는 것입니다. 현재 주일학교 자체가 없는 교회가 약 50%에 육박한다고 합니다. 참 심각한 문제입니다.

이제 한국교회는 교육부서에 관심을 기울여야 합니다. 어린이부, 중고등부, 청년부의 연속적인 부흥의 개발이 필요한 때입니다. 여기에는 담임목사의 목회철학, 교사들의 질적 향상 문제, 학생들의 관심 이동 등에 대한 연구가 절실히 필요한 때라고 말할 수 있습니다.

주일학교 세우기

교회는 주일학교가 부흥해야 합니다. 주일학교 발전이 교회 부흥의 터전입니다. 현재 한국교회 교인 중에는 주일학교를 거친 교인들이 절반 이상을 차지합니다. 교회 분포도를 보면, 주일학교가 큰 교회가 장년부도 큰 교회가 됩니다. 주일학교가 작은 교회가 장년부도 작은 교회가 됩니다. 물론 그렇지 않은 교회도 있지만 대부분 주일학교 숫자와 장년부의 숫자가 비례하는 것을 볼 수 있습니다. 주일학교 아이들이 학생, 청년, 장년으로 금방 올라갑니다. 주일학교만 잘 키워도 교회 부흥은 떼어 놓은 당상입니다. 앞으로 미래의 교회는 오늘의 주일학교에 달려 있다고 해도 과언이 아닐 것입니다.

1) 주일학교 교육의 동향

주일학교는 영국에서 시작되었고, 그 운동이 미국으로 건너가면서 큰 발전을 보게 되었습니다. 그리고 시간이 흘러 드디어 한국교회에도 들어오게 되었고, 한국교회 부흥에도 지대한 영향을 미쳤습니다.

주일학교는 어린이의 신앙교육의 실제적인 역할을 하는 장소입니다. 한국 최초의 주일학교는 1881년, 스크랜튼 선교사의 부인이 정동 이화학당에서 3명의 부인과 함께 12명의 어린이들에게 성경을 가르친 것이 그 시초가 되었습니다. 그리고 그 이후에 1897년, 평양에서 6개의 교회가 주일학교를 시작하게 되었습니다. 1954년에는 기독교장로회의 분리로 주일학교란 명칭에서 교회학교로 개명되었습니다. 현재도 주로 주일학교란 이름으로 사용되지만 교회학교란 이름으로도 공용하여 사용하고 있습니다.

대체적으로 한국교회는 어린이 주일학교가 '1부 어린이 예배-2부 분반공부-여름성경학교' 등으로 운영되어 왔습니다. 현재는 영아부, 유아부, 어린이부로 나뉘어 어린이 주일학교 예배를 운영해 오고 있습니다. 현재 주일학교 교육의 목표는 가정교육의 신앙적 부분을 돕거나, 그것을 보완하는 차원의 교육이 되고 있는 실정입니다. 하지만 반대로 진정한 어린이 주일학교 교육은 교회학교가 매일의 전인적 신앙의 장이 되어, 그것으로 가정과 학교의 통전적인 교육을 확보하는 계기가 되어야 합니다.

그런데 사실 옛날부터 어린이 신앙교육의 원천적인 장소는 가정이었습니다. 신앙교육도 원래 가정에서부터 시작되었습니다. 가정의 부모를 통해 임신할 때부터 신앙교육을 하는 것으로 출발했습니다. 유대인들도 낳은 지 8일 만에 할례를 베풀고 아이 때부터 가정에서 신앙교육을 철저히 시켰던 것입니다. 12세 때는 유대 입교식을 거행합니다. 이것은 토라를 배우고 살 것을 서약하는 종교 서약식입니다. 그들은 이미 12세 이전에 가정과 회당에서 성경교육을 철저히 배우는 과정을 훈련합니다. 그래서 커서도 흔들리지 않는 믿음을 갖는 것입니다. 공산주의자들도 12세 이전에는 공산주의 사상 이외에는 절대로 아무것도 가르치지 못하게 합니다. 왜냐하면 12세 이전에 가르치면 그것이 남아 나중에 흔들리는 사상을 갖게 되기 때문입니다.

교회도 12세 이전까지의 신앙교육이 매우 중요합니다. 그때 받은 교육의 사상이 커서도 마음 깊은 곳까지 뿌리를 내리기 때문입니다. 그래서 교육의 가장 중요한 시기는 12세까지, 태교-유아기 교육-유치부 교육-어린이 교육의 시기가 가장 중요한 때입니다. 따라서 가정과 교회는 12세 이전까지의 기독교 교육을 절대로 놓치지 않고 상호보완의 관계로 아이들을 잘 양육하는 시스템을 갖추어야 합니다.

2) 주일학교 교육의 방향

21세기는 다변화된 시대입니다. 유행도 빨리 지나고, 지식도, 문화도, 음악도, 생활방식도 다양한 형태로 나타나는 시대로 변모되었습니다. 이런 시대를 살아가는 어린이들에게 주일학교 교육을 어떻게 시켜야 바람직하고 효과적인 신앙 성장을 가져올 수 있을지 고민하고 연구해야 할 것입니다.

옛날에는 주일학교 전도가 북 치고 장구 치고 사탕 주면 많이 모여들었습니다. 그런데 지금은 그런 시스템이 통하는 시대가 아닙니다. 아무리 사탕을 많이 줘도 오지 않습니다. 북 치고 장구 쳐도 매력이 별로 없습니다. 왜입니까? 사회에 더 재미있고 더 좋은 것이 많기 때문입니다. 종교에 대한 호기심도 점점 더 사라졌기 때문입니다. 교회에 대한 신선도도 많이 떨어졌습니다. 옛날에는 여름성경학교나 성탄절이면 호기심으로 오는 아이들도 제법 되었습니다. 그러나 이제는 웬만한 영적인 이벤트가 아니면 눈을 돌릴 환경도 되지 않습니다. 아예 관심 자체를 갖지 않는 경향도 많습니다.

이런 사실을 미뤄 볼 때 크게 두 가지 부재 때문에 주일학교 교육이 약해지고 있는 것을 발견할 수 있습니다. 영성의 약화와 문화 콘텐츠의 부족입니다. 주일학교는 이 두 가지 기능을 살려야 합니다. 한마디로 영적인 콘텐츠 수준과 문화 콘텐츠 수준을 높여야 합니다. 질적으로 높여야 관심을 끌 수 있고, 어린이 신앙의 성장과 변화도 가져올 수 있는 것입니다.

3) 문화 콘텐츠 수준 높이기

먼저 '기독교 문화 콘텐츠' 수준을 높이는 것입니다. 주일학교는 옛날의 교육방식을 탈피해야 합니다. 주입식이고 일방적인 분반공부는 지양해야 합니다. 예배방식도 전통적인 방법을 개혁해야 합니다. 현대에 맞는 문화적 방법으로 방향을 바꾸고 수평적이고, 창의적이며, 관계 중심의 교육으로 변화되어야 합니다. 따라서 현대 주일학교는 문화 콘텐츠를 잘 이용하는 시스템으로 신속히 교체되어야 합니다.

첫째, 펀(fun-education) 교육을 도입하는 것입니다. 사회에서도 펀 경영, 펀 공부, 펀 운동, 펀 기술, 펀 강의, 펀 문화를 강조하고 있습니다. 특별히 주일학교 아이들은 3초 내에 관심을 끌지 못하면 눈을 돌린다고 합니다. 어린이 때는 재미있게 놀면서 배우는 시기입니다. 따라서 교역자와 교사는 주위 시선을 끌 수 있는 펀 예배, 펀 설교, 펀 분반공부 등을 도입해야 합니다. 예를 들어, 유머와 재미있는 이야기를 발췌하고, 설교도 재미있게 하고, 분반공부도 재미있게 하도록 연구해야 합니다. 또 도전골든벨, 퍼즐게임, 카드게임, 드라마 연극하기, 악기 배우기, 운동실습, 요리실습 등의 재미있는 과정을 도입해서 아이들이 흥미를 가지고 참여할 수 있도록 교육을 기획해야 합니다.

둘째, 유행문화(fashion-culture)를 활용하는 교육을 하는 것입니다. 요즈음 사회에서 유행하는 것이 무엇인지 잘 파악하는 것입니다. 예를 들어, 개그맨들이 사용하는 언어나 몸짓, 인기 드라마에서 나오는 유명 대사, 사회적인 유행어, 대통령이나 정치인, 유명인들의 명대사, 중요한 역사적 사건이나 마음에 감동을 주는 명언 등등을 배우는 것입니다. 그래서 그런 것들을 활용해서 설교나 교육 프로그램에 쉽게 사용하는 것입니다. 그래서 주일학교 교역자나 교사는 이런 유행 문화 언어나 감동적인 사건 등에 민감하게 반응하며 배우는 과정이 있어야 합니다. 그것이 주일학교 교육에 효과적인 영향을 미칩니다.

셋째, 사이버(cyber) 공간을 활용하는 오감교육을 하는 것입니다. 요즈음 어린이들은 스마트폰을 다 다룰 줄 압니다. 오히려 어른보다도 더 기능적이고 다양하게 만지는 기술이 있습니다. 그래서 어린이들에게 청각적인 교육만 하면 벌써 시선을 멀리할 수 있습니다. 우리에게는 오감이 있습니다. 시각, 청각, 후각, 미각, 촉각이 있습니다. 이런 오감의 기능을 발휘할 수 있는 교육을 개발해야 합니다. 예배도 영상과 드라마, 영화, 토크쇼 등 다양한 시청각교육을 연구 개발해야 합니다. 컴퓨터를 활용한 영상매체를 자유롭게 사용할 줄 아는 기술을 익혀야 합니다. 아이들과의 소통도 카톡, 밴드, 페이스북 등과 같은 관계 맺기 등을 활용하는 교육이 필요합니다. 앞으로는 사이버 공간을 활용하는 오감 교육이 더 필요한 시대가 될 것입니다.

넷째, 자연친화적인 체험교육을 하는 것입니다. 요즈음 사회 학교에서도 교실에만 있지 않습니다. 야외로 나가거나 해외여행, 박물관 탐방, 유적지 탐방, 주말농장 체험, 동물원 탐방 등 자연친화적인 체험교육을 지향하고 있습니다. 교회에서도 이런 자연친화적인 신앙교육이 절실히 필요합니다. 어린이 야외예배, 박물관, 주말농장 체험, 순교지 탐방, 국내외 여름성경학교 등등을 연구 개발해서 어린이들이 교회 밖에서도 신앙을 체험하고 하나님을 인격적으로 만나도록 교육을 하는 것입니다.

다섯째, 다문화가족의 교육을 여는 것입니다. 우리나라도 이제는 국제화되는 시대를 맞았습니다. 동남아 지역이나 중국 조선족, 중동 지역에서 코리안드림을 꿈꾸며 한국으로 몰려오는 사람들이 많아졌습니다. 따라서 이들의 자녀들이 점점 많아지고 있는 실정에서 한국교회 주일학교 교육도 제3세계 신자들을 위한 프로그램을 개발하여 선교적인 차원에서 실행할 필요가 있습니다. 예를 들어, 원주민예배, 원주민 성경공부, 다문화교실, 한글교실, 영어찬양, 영어예배, 영어주일학교 등을 운영하는 것입니다.

4) 영성 콘텐츠 수준 높이기

다음은 주일학교 질을 높이기 위해서 '영성의 콘텐츠 수준'을 높이는 것입니다. 주일학교도 영성교육의 질을 높여야 합니다. 매주 일방적인 방식의 신앙교육은 지루합니다. 재미가 없습니다. 옛날이나 지금이나 복음의 전달 방법이 똑같습니다. 이렇게 하면 안 됩니다. 이것을 빨리 바꾸어야 합니다. 복음의 전달 방법을 다양하게 창조해야 합니다. 말씀의 전달 방법을 다양하게 기획해야 합니다. 어린이들에게도 영적 성장을 위해 다양한 콘텐츠를 개발하여 훈련해야 합니다.

첫째, 예배형식을 다양하게 하는 것입니다. 전통적인 예배의 형식은 어린이들에게 맞지 않습니다. 그것은 그들이 어른이 되었을 때 익혀도 되는 예배의 형식입니다. 지금은 어린이에 맞는 예배의 형식이 필요합니다. 더욱이 현대교육의 방식은 수직적인 관계에서 수평적인 관계로, 일방적인 관계에서 참여적인 관계로 바뀌고 있습니다. 따라서 주일학교 예배방식도 일방적으로 드리는 예배의 형식에서 어린이도 예배에 참여하는 참여예배가 효과적입니다. 또한 영·유아부로 나누어 예배하기, 유·초등부로 나누어 예배하기, 또는 모두 섞어서 합동으로 예배하기, 부모님 참여 예배하기, 어린이 찬양팀이 인도하기, 분반별로 인도하기 등등 다양한 방식의 예배를 도입하는 것이 어린이들의 신앙 성장에 많은 도움이 될 것입니다.

둘째, 어린이 반장 또는 셀 리더 세우기입니다. 분반공부 때에 시스템을 학년별로 하든지, 아니면 섞어서 통합으로 하든지 간에 그 반에 영성과 리더십이 있는 반장 또는 셀 리더를 세우고 인도하게 하는 것입니다. 그렇게 자체적으로 분반이 이뤄지도록 유도하고, 교사는 함께 참여하며 격려와 지지와 응원을 보내는 것입니다. 물론 교사가 분반을 인도하는 것도 나쁘지 않습니다. 그러나 그렇게 한다 하더라도 모두가 참여할 수 있는 분반공부가 되도록 해야 합니다. 그중에서도 반장 또는 셀 리더가 그 분반을 이끌어 가도록 리더십을 부여해 주는 것입니다. 또 분반의 모든 어린이들이 각자 역할을 맡아 참여하도록 하면 재미있는 분반공부가 될 것입니다.

셋째, 평일에도 어린이와 관계가 되는 기독교교육의 실천화입니다. 이것은 주일학교가 지식 전달만 하는 교육이 아니라 상담과 생활신앙의 전인적 교육으로 변천되어야 함을 의미합니다. 그래서 평일에도 교역자나 교사의 전화, 상담, 심방이 이뤄지는 관계교육으로 발전되어야 합니다. 주로 주일학교 설교는 10분 내에 끝내야 하고, 심방은 통상 20분 이내에 끝내는 것이 좋습니다. 그것이 어린이들에게 가장 효과적인 시간이라고 합니다. 이중에서 더욱더 중요한 것은 평일에도 카톡이든 심방이든 전화든 관계가 지속되는 교육이 어린이의 신앙성장에 가장 효과적인 방법이 된다는 것입니다. 현대 어린이 주일학교는 교사와 학생의 유대관계가 가장 중요한 과제입니다. 따라서 평일에도 전화, 심방, 카톡, 교회교육 등 지속적인 사랑의 관계를 가져야 합니다.

넷째, 여름성경학교 프로그램의 질을 높이는 것입니다. 주일학교 영적 성장에 가장 도움을 주는 시기가 여름성경학교라고 합니다. 이때 신앙 성장과 변화를 가장 많이 경험한다는 것입니다. 그러므로 여름성경학교 프로그램을 질적으로 잘 준비해야 합니다. 교역자와 교사들은 몇 달 전부터 어린이와 코드가 맞는 프로그램을 사전에 기획하고, 모여서 열심히 기도하며, 또 프로그램을 습득하고 훈련해야 합니다. 더욱이 풍성한 재정적 지원과 영적인 준비가 집중적으로 이뤄져야 성공적인 여름성경학교가 될 수 있습니다. 그렇지 않으면 연합집회 여름성경학교 참여도 괜찮은 방법입니다. 그런 집회는 유명강사와 좋은 프로그램을 갖고 있기 때문입니다. 그래서 그곳에 참석하면 신앙적 견문도 넓히고 수준 높은 영적 프로그램도 배울 수 있습니다.

이제 시대가 달라졌습니다. 주일학교도 문화가 다양하게 변화되었습니다. 바꿀 수 있는 것은 바꾸어야 합니다. 변화되어야 합니다. 그러나 시대가 변하고, 문화가 변해도 바뀌지 말아야 할 것이 있습니다. 그것은 복음의 본질입니다. 복음은 달라지면 안 됩니다. 예수 그리스도와 복음은 불변의 진리입니다. 이것은 바뀌면 안 됩니다. 다만 이것을 다양하게 전달하는 시스템을 잘 만들어 주일학교의 신앙성장이 효과적으로 이뤄지도록 연구 개발해야 합니다.

중고등부 세우기

교회에서 중고등부는 사춘기를 지나는 기간입니다. 이들은 사회에서나 교회에서나 정체성의 문제와 가치관의 확립을 요하는 문제를 안고 있습니다. 인생의 불안과 미래의 위기감, 주변과의 복잡한 심리현상이 작용하는 질풍노도의 시기이기도 합니다. 인격발달과 정서불안을 동시에 경험하기도 합니다. 더욱이 이 나이 때에는 인생과 종교의 문제에 눈을 뜨는 시기이기도 합니다. 그래서 교회는 중고등부 교육에 가장 민감하게 대처해야 하고, 심도 있게 양육해야 하는 사명을 가지고 있습니다. 또 그렇게 교육을 받아야 이들이 이 시기에 신앙적 가치를 바로 세우고, 청년부로 올라가서도 계속적인 신앙의 틀을 유지할 수 있습니다.

특별히 중고등부 청소년 시기에 가장 영향을 많이 받는 사람이 친구입니다. 어린이 때부터 또래문화가 형성되지만 학생부, 중고등부 때에는 더욱 친구들의 영향력이 강화되고 많은 추억과 경험을 쌓게 되며 가치관, 인생관, 세계관, 신앙관 등을 정립하는 중요한 시기가 됩니다. 또한 이때 만나는 스승이나 멘토, 선배 등의 영향력도 가히 폭발적이라 할 수 있습니다. 이들은 감동을 받으면 정서적으로 분출되고 감정적인 동요가 강하게 나타나는 시기이기 때문에 누구를 만나고, 어떤 책을 읽으며, 어떤 분위기를 접하느냐에 따라 변화의 감도가 확연히 달라집니다.

그런 의미에서 교회의 중고등부 청소년 교육은 교역자나 교사가 가장 중요한 영향력의 모델이 됩니다. 중고등부 학생들은 안 보는 것 같으나 다 보고 있고, 안 듣는 것 같으나 다 듣고 있으며, 안 따라 하는 것 같으나 다 따라 하고 있는 시기입니다. 교회 교육기간 중에서 가장 반응이 약한 기관이 중고등부 예배입니다. 이들은 중고등부 설교에 귀를 기울이지 않고 스마트폰을 본다든지 안 듣는 것 같지만 사실은 그 가운데도 다 듣고 있습니다. 그러다가 귀가 번쩍이는 이야기나 순간이 있으면 시선을 모으는 것입니다. 또는 그런 무관심한 반응을 일으키는 데에는 크고 작은 어떤 이유가 잠재되어 있기도 합니다. 그렇다고 이유를 물으면 잘 대답하지도 않습니다. 그래서 그들의 표정을 읽고 관리하기가 참 힘든 시기가 중고등부 청소년 시기라고 할 수 있습니다.

교회에서는 주로 학습과 세례를 주는 나이가 만 14세 이상입니다. 중고등부 청소년 시기입니다. 이것은 청소년 때가 신앙적 확립과 가치관을 바르게 세울 수 있는 시기라고 판단됐기 때문에 교회가 구원의 확신과 학습 세례식을 베푸는 기준의 나이로 삼고 있습니다. 또 이때 주기도문, 사도신경, 십계명을 배우게 해서 올바른 신앙 성장과 매일 그리스도인의 생활을 하도록 훈련하는 것입니다. 어떤 교회에서는 학습 세례식 교육, 문답식 교육을 주로 2년 동안 계속한다고 합니다. 우리 한국교회는 주로 6개월의 학습 기간, 1년의 세례 기간을 잡고 교육을 하고 있습니다. 그러니까 한국교회는 중고등부 청소년 시기를 기독교 교육을 받는 적기라고 생각하고 6개월, 1년, 또는 2년 동안을 주기도문, 사도신경, 십계명의 학습 세례식의 문답 교육을 시키는 것입니다.

1) 중고등부 청소년 교육의 방향

교회의 중고등부 청소년의 교육도 시대에 맞게 새롭게 개혁되어야 합니다. 대체적으로 한국교회의 중고등부 청소년 교회학교의 운영도 1부 중고등부 예배-2부 분반공부(셀 모임)-제자훈련반-여름수련회 등으로 운영되고 있습니다. 현재는 주로 중등부와 고등부로 나뉘어 예배를 드리거나, 또는 전체가 통합으로 함께 드리는 예배로 운영해 오고 있습니다. 이런 상황에서 중고등부 청소년 교육도 어떻게 하면 저들이 보다 더 올바른 신앙적 가치관과 인생관을 확립할 수 있을지를 연구해야 할 것입니다.

(1) **청소년기에 대한 이해**

첫째로 이들이 '질풍노도의 시기'임을 이해하고 인정해 주어야 합니다. 중고등부 청소년 때는 정신적 혼돈의 시기를 겪게 됩니다. 금수저와 흙수저의 차이를 알게 됩니다. 사회적 불공정과 집안 빈곤의 악순환을 경험하기도 합니다. 문화적 차이와 급속한 사회적 변화를 보며 정신적 혼란을 겪기도 합니다. 이들은 자아 정체성과 미성숙한 사회성, 여학생의 경우는 생리현상에 따른 불안함, 남자들도 신체적 변화에 대한 비교의식을 갖게 됩니다. 이와 같이 다각적으로 나타나는 현상들이 중고등부 청소년들의 좌충우돌하는 사춘기의 행동을 유발하게 되는 것입니다.

그래서 중고등부 청소년 시기에는 누구나 다 한번은 좌충우돌하는 사춘기의 상황을 경험합니다. 우리 아이는 얌전해서 그런 시

교사가 살아야 중고등부가 사는 것입니다.

(3) 교사와 학생의 유대관계 형성

셋째로 '교사와 학생의 유대관계 세우기'입니다. 교사가 무조건 믿음이 좋다고 해서 아이들이 변화되는 것은 아닙니다. 성육신 되어 그 영향력이 침투되어야만 합니다. 즉 그들에게 믿음을 전이시켜 느끼게 해주어야 감동을 받고 변화되는 것입니다. 그것은 교사와 학생 간에 좋은 유대관계를 맺을 때 나타나는 현상입니다.

먼저, 교사와 학생의 좋은 유대관계를 위해 '라포(rapport) 형성하기'가 있습니다. 이것은 마음의 문을 열어 친밀감을 형성하고 수평적 관계로 발전할 수 있게 합니다. 그래서 라포 형성을 위해 칭찬과 격려, 지지와 응원의 말을 하면 좋습니다. 또는 식사와 차 등 좋은 먹거리로 라포 형성을 할 수 있습니다. 또 다른 방법으로 운동이나 게임 등을 통해 친밀감의 라포를 형성할 수 있습니다. 교사는 학생들과 좋은 유대관계를 먼저 맺어야 변화의 주도권을 잡아 나갈 수 있는 것입니다.

다음은 교사와 학생이 대화의 '동반자 관계를 형성'하는 것입니다. 학생들을 있는 그대로 봐주며 경청과 공감의 마음을 갖는 것입니다. 일방적으로 지시하는 것이 아니라 쌍방통행의 대화를 구축해 나가야 합니다. 수직적 관계의 대화가 아니라 수평적 관계의 대화로 바뀌어야 합니다. 학생과 상담할 때도 그 교육의 방법이 지시적이고 교훈적이 되면 즉시 문을 닫거나 거부할 수 있습니다. 따라서 교사는 항상 학생과 동반자적인 관계를 형성하며 대화를 만들어 나가고, 묻고 따지기보다는 꿈과 비전을 세우는 방향으로 추구해야 합니다.

(4) 자체적 운영회 도입

넷째로 중고등부 청소년의 '자체적인 운영회'를 세우는 것입니다. 교사들은 학생들이 자기들 스스로 운영하도록 독려하고 돕는 사역을 감당합니다. 그래서 임원도 세우고, 셀 리더들도 세워서 자체적으로 가동이 되도록 사전에 훈련과 토양을 잘 만들어 주는 것입니다.

예배도 참여예배를 드리게 함으로 예배를 더 깊이 느끼도록 합니다. 찬양팀 인도, 기도 인도, 성경 읽기, 헌금 순서, 광고 등을 자체적으로 운영토록 하는 것이 좋은 방법입니다. 주제특강에 학생 발표자를 세우는 것도 좋은 방법입니다. 단, 이들이 준비된 상태로 서게 해야지 억지로 하거나 강요해서 하면 오히려 역효과가 일어날 수 있습니다. 분반공부도 교사가 하는 방법이 있고, 셀 리더를 세워 인도케 하는 방법도 있습니다. 어떤 체계를 가지고 하든 중요한 것은 분반공부 때도 일방적인 지식적인 가르침으로 끝나면 안 된다는 것입니다. 같이 참여하고 나누고 함께 이야기하는 시스템의 방법을 갖는 것이 보다 더 효과적입니다.

(5) 분반공부의 개혁

다섯째로 '분반공부(셀 모임)의 개혁'입니다. 분반공부는 성경교육의 가장 중요한 시간입니다. 교사가 어떻게 이 시간을 잘 활용하느냐에 따라 학생들의 신앙 성장과 교육부 부흥의 중요한 바로미터가 됩니다. 따라서 교사는 분반공부를 다차원적인 입장에서 접근하며 적용하는 시간을 가져야 합니다.

예를 들면, 분반으로 모여 단지 가르치는 시간으로만 사용하지 말고, 한번은 밖으로 나가 커피를 마시며 분반공부를 한다든지, 또는 야외로 나간다든지 생각의 차원을 다르게 운영해 보는 것입니다. 분반공부도 재미가 있어야 합니다. 또 모이고 싶은 생각이 들 정도로 펀 교육(fun-education)도 실행해 보아야 합니다. 분반공부가 단지 그 시간에만 국한되는 것이 아니라 평일에도 만날 수 있는 모임으로 연장되어 과외의 시간을 가지는 것도 좋은 방법입니다. 다만 요즈음 아이들이 너무 바쁩니다. 그 시간을 잘 조정해서 또는 자투리 시간을 찾아가 심방을 하며 함께 이야기를 나누면 매우 좋아할 것입니다.

또한 분반으로 모였을 때도 가르치는 방법을 다양하게 시도하는 것입니다. 성대모사, 스마트폰 이용하기, 영상매체 사용하기, 역할극 해보기, 자기 공감의 이야기를 하도록 분위기 만들기, 분반 시간에 각자 역할을 주어 참여하게 하기, 선물 뽑기, 기도제목 나누기, 마니또게임 하기, 음식 한 개씩 갖고 와서 나누기, 책 같이 읽기, 영화 같이 관람하기 등등 다차원적인 방법에서 분반을 운영하면 이전보다 더욱 효과적인 변화가 일어날 것입니다.

(6) 영성회복운동 콘텐츠 개발

여섯째로 '영성회복운동 콘텐츠'를 만드는 것입니다. 교회학교는 영성 회복이 우선입니다. 아무리 교회활동을 많이 한다 해도 영성이 무너지면 기독교 교육은 아무 소용이 없습니다. 교회와 교육부의 가장 중요한 신앙의 목표는 영성의 성장과 성숙입니다. 영성이 살아야 교육부도 살고 교회도 사는 것입니다.

영성이 사는 데는 무엇보다 '예배'가 살아야 합니다. 중고등부 청소년의 예배에 성령의 기름 부으심이 함께하는 역사가 있어야 합니다. 찬양팀을 살려야 합니다. 기도를 살려야 합니다. 설교를 살려야 합니다. 예배의 영적 분위기를 살려야 합니다. 그러기 위해서는 교역자와 교사가 예배를 철저히 준비하고 기도하며 은혜로운 예배를 만들어 가야 합니다.

다음은 '중보기도회'를 만드는 것입니다. 기도회를 운영하는 것입니다. 이것은 분반별로, 또는 전체 기도회로 제목을 정해 놓고 기도하는 것입니다. 예를 들어 시험을 위한 기도회, 대학 진로를 위한 기도회, 전도를 위한 기도회, 찬양팀을 위한 기도회, 예배를 위한 기도회, 학생들의 어려운 문제를 위한 기도회, 성령 충만을 위한 기도회 등등 실제 학생부의 당면한 문제들을 놓고 기도회를 운영하는 것입니다. 기도하는 가정, 기도하는 교회는 망하지 않습니다. 기도하는 교육부는 하나님이 역사하십니다. 놀라운 부흥과 기적을 체험케 해 주실 것입니다.

다음은 '제자훈련 프로그램'을 만드는 것입니다. 숫자가 없어 안 된다 해도 그래도 해야 합니다. 성경교육, 말씀교육밖에 없습니다. 말씀을 제대로 배우면 흔들리지 않습니다. 믿음이 성장합니다. 웬만한 유혹에도 승리할 수 있습니다. 바른 신앙관과 가치관을 확립할 수 있습니다. 그래서 시간이 걸려도 꾸준히 제자훈련 프로그램을 가동시켜야 합니다. 그러나 제자훈련을 하는 자체로만 만족하면 안 됩니다. 제자훈련을 어떻게 하느냐가 중요합니다. 제자훈련 프로그램을 연구 개발해야 합니다. 시간, 방법, 내용, 목표, 관계, 성장 등을 생각하며 제자훈련을 재미있고도 의미 있게 콘텐츠를 잘 개발해야 할 것입니다.

(7) **여름수련회 콘텐츠 개발**

일곱째, '여름수련회 개발하기'입니다. 교육부에서 가장 많이 느끼는 신앙 성장과 변화의 시기는 공통적으로 여름수련회 기간이라고 합니다. 1년에 한두 번 있지만 그로 인한 영적인 파장은 엄청난 변화를 일으킨다고 할 수 있습니다. 따라서 중고등부 청소년 담당교역자와 교사는 여름수련회를 위해 사전에 콘텐츠 개발과 준비, 연습, 기도 등의 매뉴얼을 정해 놓아야 합니다. 여러 체험활동, 성경퀴즈, 상황극, 주제발표, 기도회 운영, 찬양팀 가동, 레크리에이션 등 사전점검과 준비가 철저히 필요한 사항입니다. 교육부 신앙의 1년 농사는 여름수련회 또는 동계수련회에 달려 있다고 해도 과언이 아닙니다.

청년 대학부 세우기

청년부 시절은 사회에서 성인으로 인정받는 첫출발의 시기입니다. 이때는 학생부에서 벗어나 억압에서 자유를 만끽하는 시기입니다. 동시에 자유와 책임을 함께 떠안고 사는 과도기이기도 합니다. 진로문제와 군대문제로 정체성의 위기를 겪는 시기입니다. 또한 실업의 문제로 한계와 도전에 직면하는 시기이기도 합니다. 결혼의 문제로 새로운 인생을 준비하는 시기입니다. 더욱이 기독청년들은 사회와 교회의 갈등을 경험하는 시기이기도 합니다. 반대로 믿음의 지성을 굳건하게 확립하는 시기이기도 합니다.

1) 청년부 신앙생활의 장애물

첫째, 청년부는 대학에 진학하면서 학생 때와는 다른 자유와 새로운 세계의 사회를 경험하게 됩니다. 그래서 비교적 자신에 대해서는 관대해지고, 자유로운 생활로 인해 신앙은 더 풀어지게 됩니다.

둘째, 대학에 들어가면 동아리 활동을 하게 됩니다. 그곳은 선후배의 위계질서를 중시하는 동아리의 체질이 있기 때문에, 일단 가입하면 주일예배가 거기에 따라 움직이는 리듬을 타기 때문에 힘들어질 때가 많습니다.

셋째, 청년들의 아르바이트 생활입니다. 요즈음에는 청년이 되면 한두 개는 다 아르바이트를 해야 학비 보조와 생계 유지가 되는 실정입니다. 그래서 아르바이트를 하다 보면 대부분 주일에 끼기 때문에 예배가 힘들어지기도 합니다.

넷째, 군 입대가 중요한 변수가 됩니다. 군 입대 전에는 신앙생활

잘하다가 막상 군 복무를 하면 신앙을 방관하거나 또는 제대 후에는 아예 교회를 등지는 경우도 많습니다. 물론 반대로 되는 경우도 있지만 아마도 이때는 신앙문제보다는 진로문제, 인생문제에 더 관심을 갖기 때문인 것 같습니다.

다섯째, 연애 때문에 신앙생활이 힘든 경우도 있습니다. 청년이 되면 공식적으로 이성 친구를 사귀어도 되기 때문에 연애를 하다 보면 예배를 드릴 시간이 없습니다. 더욱이 주말연애를 하면 더더욱 예배에 관심이 없어지게 됩니다. 또 교회 내에서는 연애하다 헤어지면 교회를 떠나는 경우도 종종 있습니다.

여섯째, 청년 때에 스펙을 쌓아야 되기 때문에 예배가 힘든 경우도 있습니다. 사회 진출을 위해 자격증, 성적 관리, 각종 학원에 다니면서 스펙을 쌓다 보면 시간이 턱없이 부족할 때가 있습니다. 또 직장에 들어가도 계속되는 업무로 인하여 주일을 지키기가 힘이 듭니다. 이런 요소들이 청년들에게는 예배를 힘들게 합니다.

일곱째, 청년의 자유분방한 문화생활이 신앙의 장애요소가 됩니다. 청년이 되면 더욱더 개인주의, 다원주의로 흘러서 속박을 싫어하는 심리가 팽배해집니다. 이런 생각들이 신앙생활을 귀찮게 느끼게 하고 어렵게 만드는 요소가 됩니다.

여덟째, 청년들이 정신적 피폐의 상태가 되면 신앙생활이 힘들어집니다. 계속되는 실업, 시험에 불합격, 남과 비교되는 열등의식과 피

해의식, 이런 것들이 쌓이다 보면 불특정 다수에 대한 공격성과 자신의 무기력으로 인하여 예배가 힘들어지기도 합니다.

아홉째, 교회생활에 회의가 올 때 예배생활이 힘들어집니다. 청년 때에는 비판적인 시각이 불쑥 올라올 때가 많습니다. 그러다가 교회의 갈등과 분열, 부정적인 요소들이 보이기 시작할 때, 또 사회와 교회의 문제가 매스컴 등에 노출될 때 시험에 들기도 하며, 교회를 떠나 '가나안(안나가) 성도'가 되는 경우도 있습니다.

2) 청년들의 신앙적 난관을 극복하는 비결

첫째, 무엇보다도 하나님의 큰 은혜를 체험하는 것입니다. 기독청년들의 굳건한 신앙생활의 밑거름은 첫 믿음, 첫 사랑을 회복하는 것입니다. 주님과 인격적인 만남의 관계를 갖는 것입니다. 기도와 말씀과 찬양으로 하나님의 은혜를 크게 체험하는 것입니다. 그렇게 하나님의 은혜를 체험한 기독청년은 쉽게 흔들리지 않습니다.

둘째, 그러기 위해서는 주일성수에 대한 확고한 신앙관을 가지고 있어야 합니다. 이런저런 핑계로 주일에 빠지기 시작하면 신앙이 급속도로 무너질 수 있습니다. 그러므로 다니엘처럼 뜻을 정하여 주일성수는 무슨 일이 있어도 지킨다는 확고한 신앙관이 있어야 합니다. 또 예배드릴 때마다 하나님의 임재와 능력과 목적을 실현하는 체험이 있어야 합니다. 예배의 은혜가 넘치는 기독청년은 어떤 난관이 와도 흔들리지 않습니다.

셋째, 전인적인 제자훈련을 제대로 받는 것입니다. 이것은 기독청년들을 주님의 꿈과 비전으로 굳건하게 세웁니다. 어디로 가든지, 무엇을 하든지 소명의식을 갖고 살게 합니다. 인생의 진로와 배우자 문제도 주님의 뜻 안에서 자연스럽게 세워 나가게 합니다. 기독교의 가치관을 온전하게 정립하고 믿음의 지성을 굳건히 세우게 합니다. 바른 직업관과 인생관, 신앙관을 가지게 합니다. 즉 인생의 소명의식, 직업의 소명의식, 교회의 소명의식을 굳건하게 합니다. 이것이 바로 총체적인 제자훈련을 통해 흔들리지 않는 믿음의 반석 위에 굳건히 서게 하는 것입니다.

넷째, 봉사와 선교의 의미와 기쁨을 회복하는 것입니다. 청년 때에 봉사하면 신앙의 열정이 올라갑니다. 교회 봉사도 신앙 성장에 도움이 됩니다. 가르치면서 배우고, 배우면서 신앙도 변화됩니다. 더욱이 선교지 탐방과 봉사는 국제적 감각과 선교 소명의식을 갖게 합니다. 선교를 한 번 갔다 오면 인생관, 신앙관, 세계관이 달라집니다. 봉사체험, 선교체험은 나약한 청년들의 신앙을 적극적인 열정으로 전환시키는 디딤돌이 됩니다.

다섯째, 연단의 과정을 통해 성장하는 체험을 하는 것입니다. 실패가 없는 인생은 없습니다. 누구나 다 실패를 경험합니다. 그런데 실패를 경험한 후에 훨씬 더 큰 실패를 반복하는 사람이 있는가 하면, 그 실패 후에 더 큰 영광과 성공을 경험하는 사람도 있습니다. 청년 때도 마찬가지입니다. 실패에 따라서 퇴보와 성장을 거듭합니다. 그러나 기독청년들의 바른 신앙의 모습은 고난과 역경, 실패와

시련의 터널을 지날 때 믿음으로 다시 일어나 정금같이 나오는 체험을 하는 것입니다. 도전은 실패가 아닙니다. 설사 실패했다 해도 그만큼 성장한 것입니다. 믿음으로 도전과 성취를 경험한 청년은 쉽게 흔들리지 않습니다.

여섯째, 청년부에서 좋은 멘토를 만나는 것입니다. 청년부의 부흥은 몇 가지 요소가 필요합니다. 첫째는 담임목사의 분명한 청년목회 철학이 있어야 합니다. 그래야 청년들을 향한 지원과 성장을 끌어낼 수 있습니다. 둘째는 전문성 있는 청년 교역자를 확보하는 것입니다. 거기에 따라 청년 부흥도가 달라지는 것을 봅니다. 셋째는 청년 멘토, 셀 리더, 교회 오빠, 교회 누나의 모델을 세우는 것입니다. 청년부원들끼리도 서로 주고받는 영향력이 있는데 좋은 선배나 멘토, 셀 리더를 만나면 신앙의 성장과 변화가 훨씬 빠를 수 있습니다. 넷째는 건강한 소명을 가진 청년 임원들이 포진되는 것입니다. 청년들은 그들을 통해서 영적인 도전과 성장을 경험하게 됩니다.

3) 청년 대학부 신앙교육의 방향

첫째, 청년들의 필요를 성경적으로 풀어 주어야 합니다. 21세기 청년들의 주된 고민은 두 가지입니다. 진로와 배우자 문제, 직장과 결혼 문제입니다. 교회는 이것에 대해 성경적으로 올바른 가치관을 정립할 수 있도록 도와주어야 합니다. 그런데 대부분 청년부 사역자들은 청년들의 현실적인 관심보다는 영적인 문제, 신앙적인 문제만 언급하는 경우가 많습니다. 물론 복음의 본질이 뒤로 가고 세상적인 관심만 앞세우면 그것은 영적인 공동체가 아닙니다. 분명히 영적인 본질을 앞세워야 합니다. 그러나 청년들의 현실 문제인 진로와 연애 문제도 성경적으로 잘 지도해 주지 않으면 신앙과 현실의 괴리를 느끼게 될 것입니다. 따라서 청년 사역자는 영적인 말씀이 현실 속에 접목될 수 있는 지도를 해야 합니다. 그래야 비로소 변화가 일어나게 될 것입니다.

둘째, 청년들이 하나님의 임재와 은혜를 경험하도록 기획해야 합니다. 청년들이 은혜와 감동을 받을 때가 있다고 합니다. 청년들을 대상으로 설문조사를 했는데 청년들의 영적인 필요가 다음과 같이 나타났습니다.

① 체계적인 성경 본문의 설교를 원합니다.
② 영감 있는 예배와 역동적인 찬양의 시간을 원합니다.
③ 뜨거운 기도의 체험 시간을 갖기를 원합니다.
④ 청년부 자체의 신앙적 공간을 원합니다.

이런 상황을 볼 때, 청년들이 하나님의 은혜를 경험하는 요소가 무엇인지를 구체적으로 방향을 잡을 수가 있습니다. 교회 내에서도 청년들의 특별공간을 만들어 줄 필요가 있고, 예배와 설교와 찬양과 기도도 어떤 영적인 분위기를 창출해야 되는지를 발견하게 됩니다. 한마디로, 체계적인 강해설교와 열정적인 영적 분위기를 원했던 것입니다. 따라서 교회가 이런 영적 분위기를 잘 살리면 훨씬 더 은혜의 상승효과가 있을 것입니다.

셋째, 주도적인 청년부 운영을 하도록 돕는 것입니다. 예배도 참여하는 예배, 함께하는 예배로 나아가는 것입니다. 셀 모임도 셀 리더들을 통해 주도적으로 인도할 수 있게 합니다. 청년부 임원들도 주도적으로 활동을 기획하고 실행하며 앞서 가도록 밀어줍니다. 또한 셀 리더들과 임원들의 유기적인 조직구성을 통해 청년부 운영에 누수가 발생하지 않도록 상호책임과 보완을 해나갑니다. 국내외 선교를 기획하며 프로그램 작성, 매뉴얼 작성, 실행계획 수립 등에 주도적으로 임하도록 돕습니다. 주제특강 발표회를 통해 청년들의 관심과 필요를 알도록 해줍니다. 예를 들어 사회 이슈, 직업 교육, 꿈과 비전, 신앙과 미래, 성경적인 결혼관 등의 주제를 선정하여 적절한 발표를 함으로써 그들의 미래를 열도록 도와줍니다. 그런데 이런 주도적 활동이 되려면 멘토-셀 리더-임원-셀별의 유기적 조직구성이 필수적입니다. 다시 말해, 주도적 청년부 운영의 핵심은 조직구성을 잘하고, 그 조직을 잘 관리할 수 있는 리더와 리더십을 갖추는 것입니다.

장년부의 신앙교육

장년부도 끊임없이 신앙교육을 받아야 합니다. 장년이 되었다고 해서 배움이 끝난 것이 아닙니다. 계속해서 배우고 훈련하고 실행해 나가야 합니다. 만약 장년이 배움을 멈추면 성장도 멈춥니다. 그 이후는 더 이상 성장하지도 않습니다. 그래서 교육학자들은 인생의 성숙과 성장을 위해 평생 교육을 받아야 된다고 말합니다. 다시 말해,

평생교육, 연장교육, 계속교육, 재교육은 장년이 당면한 중요한 과제입니다. 이것이 기독교 신앙의 정체성을 분명히 하고 성도의 신앙을 온전케 하는 것입니다(엡 4:13).

1) 장년부 신앙교육의 동향

한국교회 초기에는 사경회 중심의 신앙교육이었습니다. 즉 성경을 풀어 설교하는 교육의 방법이었습니다. 또 성경공부를 중심으로 교육을 했습니다. 그러다가 1980년대부터 제자훈련이 시작되면서 성경을 삶에 적용시키는 교육으로 변화되었습니다. 폭발적인 방법이었습니다. 단지 말씀을 풀어 해석하는 것으로만 끝나는 것이 아니라 그것이 구체적으로 삶의 현장에 적용되도록 했기 때문입니다.

그런데 이 제자훈련도 2000년대가 되면서 생활의 변화가 더뎌지는 것을 보며, 다양한 관계로 인한 갈등의 문제를 해결하기 위해 내적 치유와 영성 회복, 상담과 코칭, 감성과 사회성 지수 올리기, 멘토링 사역 등 관계 중심의 치유 프로그램 교육이 활성화되기 시작했습니다. 그래서 기도치료, 음악치료, 미술치료, 드라마치료, 독서치료, 스포츠치료, 봉사치료, 내적치료, 영성치료, 상담치료, 코칭치료 등의 프로그램이 개발되었습니다. 또 사회생활의 보완적인 교육으로 법률상담, 의학상담, 직업상담, 가족상담, 문화교실 등이 운영되고 있습니다. 지금은 장년 신앙교육은 어느 한쪽으로 치우친 것이 아니라 기도와 말씀, 예배와 전도, 찬양과 성화, 치유와 회복, 상담과 코칭 사역 등 다차원적인 방법으로 접근하고 있는 실정입니다.

2) 장년부의 신앙교육 방향

(1) **평신도 사역 운동**

'평신도 사역 운동'이 점차적으로 더욱더 활발해질 것입니다. 루터의 만인제사장설 주장 이후로 개신교는 가톨릭과는 대비되어 끊임없이 평신도 사역 운동이 활발히 전개되어 왔습니다. 그 이후 평신도들의 영적 수준도 향상되고, 교회도 개혁되며, 은혜로운 공동체로 발전을 거듭해 왔습니다. 앞으로는 시대적 변화와도 맞물려 교회는 더욱더 평신도 사역 운동이 성장하게 될 것입니다.

그러므로 앞으로 장년부의 신앙교육 방향도 평신도들이 주도적으로 예배순서에 참여하고, 교육과 봉사와 사역에도 주도적으로 참여하는 유기적인 관계로 발전해야 합니다. 그런 의미에서 교회는 평신도 사역자를 잘 교육하고 세워서 '담임목사—부교역자—평신도 사역자'의 유기적 조직 구성이 원활하게 되도록 시스템화해야 합니다. 그렇게 될 때 비로소 교회는 폭발적인 부흥과 성장을 계속 이루게 될 것입니다.

여기서 평신도 사역자를 세우는 대상은 주로 제직, 구역장(셀 리더), 기관장 등을 말합니다. 교회는 이들을 누구로, 어떻게 세우느냐에 따라 교회의 질적 부흥과 양적 부흥이 달라질 것입니다. 따라서 교회는 평신도 사역자를 세우는 기준과 훈련을 철저히 함으로써 이들을 통해 교회가 주도적으로 운영되도록 전통을 만들어 가야 할 것입니다.

(2) 감성의 영역을 넓히는 교육

앞으로 '감성의 영역을 넓히는 교육'이 각광을 받을 것입니다. 21세기는 자기 이야기하기를 좋아하는 시대입니다. 개인이 존중받고 인정받으며 즐겁게 일하기를 원하는 시대입니다. 일방적인 교육보다는 쌍방적이고 수평적인 교육을 원하는 시대입니다. 따라서 예배방식, 교육방식, 봉사방식 등도 은사 중심적이고, 기능적인 중심의 조직으로 변화되어야 합니다. 또한 지식 중심적인 교육에서 감성 중심적인 교육으로 확대되어야 합니다. 그래야 교회가 훨씬 더 변화와 성장을 빠르게 만들어 가게 될 것입니다.

예를 들어, 설교도 지식 전달보다는 가슴으로 와 닿는 감성 터치의 방법이 성도들의 변화를 훨씬 더 용이하게 이끌어낼 수 있습니다. 구역(셀) 모임도 일방적인 구역장(셀 리더)의 가르침보다는 구역식구들이 편안히 말할 수 있는 놀이터, 쉼터, 안식처가 되도록 하여 자기 이야기를 할 수 있도록 장을 만들어 주어야 합니다. 그곳에서 치유받고 은혜 받고 적용할 수 있는 수평적인 교육의 방식이 더 효율적일 것입니다. 봉사도 억지로 하는 것이 아니라 자기 은사에 맞게, 자기가 좋아하고, 잘하고, 하고 싶은 것을 기능적으로 봉사하게 하는 것이 훨씬 더 은혜롭고, 능률도 배로 오를 수 있을 것입니다. 제자훈련도 일방적인 교육보다는 이야기하고 나누고 적용하며, 나중에는 피드백을 받고 역동적으로 주고받을 수 있는 수평적 제자훈련이 더 좋은 효과를 거둘 수 있을 것입니다. 이처럼 앞으로 감성적 영역이 확대되는 교육의 방향이 현대 성도들의 필요를 꿰뚫고 있는 교육이며, 성장과 변화를 이루며 치유와 회복을 낳게 하는 좋은 프로그램이 될 것입니다.

(3) 설교의 중요성 증대

앞으로 '설교의 중요성'은 더욱 커질 것으로 기대됩니다. 바쁘고 치열하게 살아가는 현대 크리스천들에게는 주일에 교회에 나와 예배드리는 것이 가장 중요한 신앙의 행위가 될 것입니다. 그래서 한 번 드리는 이 예배에 한 주간의 삶을 녹이고 희망과 소망과 용기를 얻는 말씀의 위력을 느끼고 싶어 할 것입니다. 그러한 성도들의 필요를 목회자는 설교를 통해서 채워 줄 수 있어야 하고, 채워 주어야만 합니다. 그것이 목회자의 사명입니다. 또한 목회자가 주일설교에 목숨을 걸고 은혜롭게 할 때 비로소 교회의 부흥과 성장을 이룰 수 있을 것입니다.

① 은혜 위에 은혜가 충만한 설교가 되어야 합니다(요 1:16).
② 생명을 얻게 하고 더 풍성히 얻게 하는 설교가 되어야 합니다 (요 10:10).
③ 주님의 영광이 교회와 회중을 뒤덮는 설교가 되어야 합니다 (요 12:28).
④ 믿음이 담대해지고 굳건해지는 충만한 설교가 되어야 합니다 (요 14:1).
⑤ 성령의 열매가 나타나고 열매를 지속하는 설교가 되어야 합니다(요 15:16).
⑥ 지식이 충만하고 더 풍성하게 가르쳐 주는 설교가 되어야 합니다(요 17:26).

⑦ 사랑이 충만하고 사랑을 나누게 하는 설교가 되어야 합니다
 (요 21:15).

(4) **소그룹의 활성화**

장년의 신앙교육 방향은 '소그룹의 활성화'입니다. 앞으로 21세기 교회의 사역방향은 평신도, 영성, 소그룹으로 대변될 것입니다. 그중에서도 소그룹은 소통의 문화를 해갈하고 영적 치유와 회복, 사랑과 나눔이 충만한 공간으로 발전될 것입니다. 어떤 의미에서는 대그룹 모임보다 소그룹의 모임이 훨씬 더 필요 중심적이고 은혜로운 모임이 될 것입니다. 따라서 장년의 신앙교육도 소그룹적인 모임의 교육을 지향하는 것이 효과적입니다. 소그룹의 모임이 잘되려면 다음과 같은 생명의 원리가 적용되어야만 합니다.

먼저, '상호책임의 생명력'입니다. 생명이 있는 공동체는 꿈과 비전을 향해 상호책임의 가치가 있습니다. 교회 부흥도 목사님의 책임만 있는 것도 아니고 교인들의 책임만 있는 것도 아닙니다. 모두가 상호책임을 느끼는 공동 부담감이 있습니다. 구역(셀) 부흥도 마찬가지입니다. 구역장(셀 리더)의 책임만 있는 것도 아니고 구역식구들 책임만 있는 것도 아닙니다. 모두가 책임을 느끼는 공동 사명감을 가져야 합니다. 바로 그런 생각을 가지고 함께 상호보완의 관계를 갖는 소그룹은 생명력이 있습니다. 놀라운 부흥의 역사가 있는 것입니다.

둘째, '증가 번식의 생명력'입니다. 죽은 세포는 번식하지 않습니다. 고이면 썩습니다. 죽은 성도도 번식하지 않습니다. 고이고 썩습

니다. 그러나 살아 있는 성도는 번식하고 개척을 합니다. 생명력이 있는 나무도 새싹을 자꾸 만듭니다. 그러나 죽은 나무는 썩어 불에 던져지게 됩니다. 교회도 생명력이 있는 교회는 전도가 됩니다. 구역(셀)도 번식이 됩니다. 사역기관들도 번식합니다. 늘어납니다. 증가합니다. 다단계적인 번식과 증가가 일어납니다. 그래서 생명력 있는 소그룹은 증가에 대한 열망이 있다는 것입니다.

셋째, '에너지 전환의 생명력'입니다. 대그룹이든, 소그룹이든 부정적인 에너지는 항상 있습니다. 더욱이 위기 때에는 부정적인 에너지가 더 많이 표출됩니다. 그러나 생명력이 있는 공동체는 이런 위기의 상황에도 부정적인 에너지를 긍정적인 에너지로 전환하는 힘이 있습니다. 지혜가 있습니다. 위기관리 극복 능력이 있습니다. 오히려 위기를 축복으로 바꾸는 전화위복의 능력이 있습니다.

에너지 전환 원리에는 5:1법칙이 있습니다. 조직을 긍정적인 사람 5명과 부정적인 사람 1명으로 구성해야 전환이 가능하다고 합니다. 또 긍정적인 사람이 적다고 해도 한 번에 5~7회 이상은 긍정적인 설득과 반복을 해야 긍정적인 에너지로 전환된다고 합니다. 369원리도 있습니다. 3번은 만나야 이름을 기억하고, 6번은 만나야 마음의 문이 열리며, 9번은 만나야 친밀감이 느껴진다고 합니다. 긍정적인 에너지 전환도 한 사람을 9번 이상은 꾸준히 만나야 가능하다는 것입니다. 1:10:80:9의 법칙도 있습니다. 집단의 구성은 대부분 1%의 급진적인 사람, 10%의 긍정적인 사람, 80%의 무리들, 9%의 부정적인 사람으로 구성되어 있는데, 10%의 긍정적인 사람이 어떻게 에너지를 전환하느냐에 따라 80%의 무리들이 동조하며 따라온다는 것입니다. 그래서 에너지 전환의 생명원리는 평소에 긍정적인 일꾼을 잘 훈련시켜 놓아야 위기상황에도 그 힘을 발휘하는 능력이 있습니다.

넷째, '다목적 역량의 생명력'입니다. 이것은 한 사람의 역량을 다목적으로 활용하여 최대의 효과를 얻는 것을 말합니다. 준비가 안 된 다수보다는 준비된 소수가 더 큰 가치를 창조하며 다목적 역량으로 큰 힘을 발휘할 수 있습니다. 교회에서 한 사람을 키우는 것이 얼마나 힘이 드는지 모릅니다. 물을 주고 양분을 주는 데 상당한 시간을 필요로 합니다. 새신자를 믿음으로 키우는 데는 보통 2년이 걸립니다. 그리고 그들을 다시 일꾼으로 세우는 데는 3~5년이 걸린다고 합니다. 이렇게 사람을 잘 키워 놓으면 그들이 다목적 역량으로 예배-구역(셀)-기관 봉사-전도 등으로 쓰임을 받는 것입니다.

또 나에게서 한 가지 좋은 은사를 개발하면 그 은사를 통해서 다목적으로 활용하는 경우도 많습니다. 예를 들어 찬양의 은사가 있다고 하면 찬양대에 들어가 봉사하기도 하고, 각 기관에 들어가 찬양으로 활용되기도 하며, 또 찬양팀에 들어가 봉사하기도 하며 다목적으로 활용할 수 있다는 것입니다. 더욱이 다목적 역량의 생명력은 여러 재능 있는 일꾼들을 많이 키워서 그들이 각 사역의 현장에서 다목적으로 활용될 수 있도록 하는 것입니다. 이렇게 많은 일꾼들을 배출하면 거기서 나오는 시너지 효과는 타의 추종을 불허하는 것입니다.

다섯째, '공생의 생명력'입니다. 독불장군 식 시스템은 힘듭니다. 인간은 사회적 동물입니다. 참여 공동체로 만들어야 합니다. 생명력이 있는 소그룹은 함께 공동의 유익을 추구합니다. 팀워크를 잘 이룹니다. 일할 때 함께합니다. 서로 협력하며 공동의 비전을 세워 나갑니다. 기관들도 집단 이기주의에 빠지지 않습니다. 교회의 하나 됨을 위해 기관들로 서로 협력하며 공생합니다. 구역(셀)도 자기 구역만 뭉치면 안 됩니다. 다른 구역(셀)들과도 유기적인 관계를 맺으며 교회 부흥을 일구어 나가는 것입니다. 서로 물고 뜯으면 피차 죽는 것입니다. 생명력이 있는 교회는 공생의 원리를 추구하며, 다른 성도에 대해 열린 마음을 갖습니다. 서로 협동적입니다. 내가 주인공이 아니더라도 교회를 위해 협력합니다. 사랑합니다. 양보합니다. 묵묵히 일합니다. 구역회(셀 리더회)와 권사회도 상호 협력합니다. 보완합니다. 서로 세워 줍니다. 교회 목표와 비전을 위해서는 모두가 한마음으로 공생의 관계를 맺고 대동단결합니다. 이때 교회에 폭발적인 역사가 나타나는 것입니다.

여섯째, '기능성의 생명력'입니다. 이것은 주어진 직분과 은사를 기능적으로 활용하는 것입니다. 각 기관도 목적과 사명에 따라 움직이는 것입니다. 예를 들어 여전도회는 이름이 전도회입니다. 따라서 그 기능이 전도를 위한 모임이 되어야 합니다. 그런데 여전도회가 고춧가루 팔고 배추 팔고 해서 구제한다고 하면, 그것은 전도회의 기능이 아닙니다. 그것은 구제부에서 해야 하는 것입니다. 집사는 집사의 기능이 있습니다. 장로는 장로의 기능이 있습니다. 구역장(셀 리더)은 구역장의 기능이 있습니다. 권찰(헬퍼)은 권찰의 기능이 있습니다. 그런데 그 기능에 맞게 직분을 감당해야지, 그렇지 않으면 문제가 생기고 갈등이 생기는 것입니다.

따라서 교회는 기능에 맞게 역할과 사명을 주어야 합니다. 그리고 성도도 그 기능에 맞게 책임감을 가져야 합니다. 직분이든, 은사든, 사역이든, 무엇이든지 거기에 합당한 기능을 이해하고 순종, 헌신, 봉사, 충성을 다하는 성도가 될 때 그 교회는 생명력이 넘치는 교회가 됩니다. 소그룹도 그 안에서 구역장(셀 리더)은 구역장답게, 권찰(헬퍼)은 권찰답게, 회계는 회계답게 그 기능을 잘 감당하면 놀라운 부흥과 성장을 경험하게 됩니다.

(5) 차별화된 교육 시스템화

마지막으로 장년 신앙교육의 방향은 개교회에 맞는 '차별화된 교육 시스템'을 갖는 것입니다. 한국교회는 지금 위기를 맞고 있습니다. 1년에 10개 교회 중에 9개 교회가 문을 닫는다고 합니다. 그만큼 한국교회가 부흥의 정체기를 맞은 것입니다. 또한 한국교회는 시대가 다양하게 변했는데도 80%가 똑같은 프로그램을 갖고 목회하고 있습니다. 목사님들의 목회철학 부재도 한국교회 침체에 한몫을 했던 것입니다. 이제는 목사님들도 달라져야 합니다. 교회 시스템도 달라져야 합니다. 시대적 변화에 맞게 교회도 달라져야 합니다. 그래야 교회의 새로운 중흥기를 맞이할 수 있습니다.

첫째, 문화적 특성에 맞는 교회 개척입니다. 예를 들어, 카페교회, 학교교회, 책방교회, 소극장교회, 체육관교회, 야외교회, 포장마차교회, 콘서트교회, 인터넷교회 등이 여기에 해당됩니다.

둘째, 특정 계층에 맞는 교회 개척입니다. 예를 들어, 어린이교회, 청소년교회, 청년교회, 직장교회, 은퇴교회, 음악인교회, 예능인교회, 의사교회, 변호사교회, 조선족교회, 외국인교회, 근로자교회 등이 여기에 해당됩니다.

셋째, 훈련학교 중심으로 운영되는 교회입니다. 예를 들어, 제자학교교회, 영성학교교회, 찬양자훈련교회, 기도자훈련교회, 사역자훈련교회, 멘토훈련교회 등이 여기에 해당됩니다.

넷째, 예배 형태에 따라 달리하는 교회입니다. 예를 들어, 전통적인교회, 열린교회, 드라마교회, 영상교회, 찬양교회, 성경강해교회, 기도예배교회, 코칭적교회, 평신도중심교회, 구도자교회, 전도중심교회 등이 여기에 해당됩니다.

다섯째, 치유상담에 맞추는 교회입니다. 예를 들어, 편사역교회, 음악치료교회, 미술치료교회, 드라마치료교회, 독서치료교회, 마음치료교회, 상담치료교회, 코칭치료교회, 치유학교교회 등이 여기에 해당됩니다.

여섯째, 소외계층에 맞추는 교회입니다. 예를 들어, 장애인교회, 다문화교회, 노숙자교회, 복지센터교회, 양로원교회, 노인교회, 교도소교회, 소년소녀가장교회, 미취업자교회, 근로자교회 등이 여기에 해당됩니다.

일곱째, 자유로운 형태의 교회입니다. 이동식교회, 거리교회, 시장교회, 차량개조교회, 역전교회, 지하철교회, 천막교회, 등산교회, 동호회교회, 사이버교회, 야외음악당교회 등이 여기에 해당됩니다.

여덟째, 연합 특성에 맞추는 교회입니다. 예를 들어, 분교교회, 분립교회, 조합교회, 네트워크교회, 지역연합교회, 교회연합교회, 주일학교연합교회, 학생부연합교회, 청년부연합교회, 주일연합교회 등이 여기에 해당됩니다.

03
사역기관 세우기

사역기관의 의미

교회는 주님의 몸을 세우는 믿음의 공동체입니다. 성도도 교회를 세우는 지체들입니다. 각자 받은 직분과 은사에 따라 사역하며 하나님의 교회를 든든히 세워 나가는 것입니다. 교회는 사역기관이 활성화되어야 부흥합니다. 사랑이 넘칩니다. 교회의 어려운 부분을 담당하며 힘을 실어 줍니다. 보다 더 큰 봉사를 감당할 수 있도록 중추적 역할을 합니다.

주로 사역기관에 소속되는 사람은 제직들입니다. 제직들과 성도들이 함께 각 기관에 속해 교회를 세우는 기둥 역할을 합니다. 그래서 교회는 사역기관이 살아 있을 때 사랑이 넘치고 부흥의 꽃이 피어나는 것입니다. 더욱이 사역기관이 어떤 공동체의 모습을 가지느냐에 따라 교회 성숙과 성장에 큰 영향을 미치기도 합니다. 따라서 여기에서는 사역기관이 어떤 의미와 목적으로 운영되어야 하는지를 알아보겠습니다.

첫째, '하나님의 영광'을 위해 사역하는 것입니다. 교회 사역기관은 내 의를 드러내는 곳이 아닙니다. 내 만족을 위해 사역하는 곳이 아닙니다. 즉 사역기관에 속한 성도는 값없이 받은 은혜와 구원의 기쁨으로 순전히 자원함으로써 하나님의 영광을 위해 기꺼이 충성, 헌신, 봉사하는 자입니다. 그래서 고린도전서 10장 31절은 "그런즉 너희가 먹든지 마시든지 무엇을 하든지 다 하나님의 영광을 위하여 하라"고 말합니다.

그러므로 성도들이 각 기관에 속해 사역할 때 제일 먼저 생각해야 할 것은 하나님의 영광을 위해서 해야 한다는 것입니다. 이것은 세상의 일이 아니라 하나님의 일입니다. 나의 영광을 받기 위함이 아니라 하나님께 영광을 돌리기 위함입니다. 내 일을 세우는 것이 아니라 하나님의 일을 세우는 것입니다. 내 나라를 흥왕케 하는 것이 아니라 하나님의 나라를 흥왕케 하는 것입니다. 그러므로 성도들도 각 기관에 속해 봉사하는 첫 번째 목적은 하나님의 영광을 위함임을 잊지 말아야 합니다. 그래서 하나님의 영광과 명예가 더럽혀지지 않도록 최선을 다하는 성도들이 되어야 합니다.

둘째, '교회의 덕과 부흥'을 위해 봉사하는 것입니다. 교회에 속한 각 기관은 교회의 지체들입니다. 따로 노는 것이 아닙니다. 교회를 위해서 사역하는 것이고, 교회의 덕을 세우기 위해서 섬기고 사랑하고 나누는 것입니다. 만약 기관의 목표가 성도의 교제와 만족으로만 끝나면 그것은 성경적으로 잘못된 것입니다. 그렇게 하면 안 됩니다. 그것은 소극적인 목표입니다. 보다 더 적극적인 목표는 교회의 부흥과 성장, 교회의 덕을 끼치기 위해서 기관에 속해 봉사하는 것입니다.

사도 바울도 그렇게 이야기했습니다. 우리가 하나님의 영광을 위해서 살 때 고린도전서 10장 32절에서 "유대인에게나 헬라인에게나 하나님의 교회에나 거치는 자가 되지 말고"라고 말합니다. 성도는 교회에서 거치는 자가 되면 안 됩니다. 교회 문제아가 되면 안 됩니다. 갈등과 분열을 일으키는 주범이 되면 안 됩니다. 그것은 하나님의 영광을 가리는 것입니다. 하나님의 얼굴에 먹칠하는 것입니다. 하나님의 명예를 더럽히는 것입니다. 더욱이 그것은 주님을 십자가에 다시 못 박는 것과 같습니다. 주님의 몸 된 교회에서 거치는 자는 적그리스도입니다. 가룟 유다와 같은 사람입니다. 빌라도와 로마 병정들처럼 예수님을 희롱하고 저주하는 사람이 되는 것입니다.

그러므로 기관의 목표는 하나님의 영광과 교회의 부흥을 위해 사역하는 것입니다. 다른 인간적인 목표가 있으면 안 됩니다. 우리는 거룩한 사역을 하는 사람들입니다. 인간적인 소리가 난무하는 사역은 빈 깡통처럼 소리만 요란합니다. 허무합니다. 지칩니다. 별 의미를 못 느낍니다. 그러나 하나님의 영광과 교회의 부흥을 위해서 사역하는 것은 보람이 있습니다. 영광스럽습니다. 하늘의 상급이 있습니다. 신령한 은혜가 넘칩니다. 해도 해도 지치지 않는 새로운 힘이 불끈합니다. 감사와 기쁨이 넘치는 것입니다.

셋째, 각 기관은 '사람을 살리고 세우고 전하기' 위해 사역하는 것입니다. 기관의 목적을 단지 교제에만 두면 한계가 있습니다. 그 차원을 더 넘어가야 합니다. 그것은 사람을 살리고 세우고 전하는 사역으로까지 확장되는 것입니다. 그래서 예수님께서도 "너희는 가서 모든 민족을 제자로 삼아"라고 말씀하셨습니다. 교회의 본질은 가서 제자 삼는 것입니다. 이것은 한마디로 사람을 살리는 사역을 말합니다. 전도와 선교와 양육을 말합니다. 각 기관도 마찬가지입니다. 성도는 기관에 속해 봉사도 하지만 그 목적은 교회를 살리고, 성도들을 살리며, 구제, 섬김, 선교를 통해 사람을 살리고 세우고 전하는 사역을 계속하는 것입니다.

넷째, '나의 신앙 성장과 발전'을 위해 사역하는 것입니다. 성도가 각 기관에 속해 봉사하는 것은 내 신앙을 위해서도 좋은 것입니다. 봉사하면서 신앙도 자랍니다. 교회 봉사는 내 신앙 성장의 바로미터가 됩니다. 신앙의 열매는 봉사를 통해 나타납니다. 가르치면서 배운다는 말도 있습니다. 봉사하면 배우는 것이 많다는 의미입니다. 그러므로 성도들은 교회에서 한 가지 이상의 사역기관의 현장에 있어야 합니다. 그것이 신앙의 의무이고 열매입니다. 그래서 교회에서 휴지를 줍든지, 청소를 하든지, 무엇을 하든지 한 가지 이상 봉사하고 섬기면 내 신앙도 자라고 은혜도 받고 축복도 받는 성도들이 됩니다.

다섯째, '나도 축복받는 삶'을 살기 위해 사역하는 것입니다. 내가 교회에서 봉사하고 사역하는 것은 나도 축복받는 신앙생활입니다. 물론 봉사하는 것이 하나님께 영광을 돌리는 일이 우선이지만, 하나님께서도 나의 봉사를 보고 기뻐하시고 복 주신다고 성경은 말합니다. 히브리서 11장 6절에 "믿음이 없이는 하나님을 기쁘시게 하지 못하나니 하나님께 나아가는 자는 반드시 그가 계신 것과 또한 그가 자기를 찾는 자들에게 상 주시는 이심을 믿어야 한다"고 말합니다. 우리가 기도하면 하나님이 응답하십니다. 우리가 물질로, 몸으로, 마음으로 봉사하면 하나님은 기뻐하시고 복 주십니다. 그것은 당연한 일입니다. 물론 기복적인 신앙만 주장하며 편협하게 신앙생활을 하면 문제가 있지만, 하나님은 만복의 근원이시기 때문에 봉사하는 당신의 백성들에게 복 주시는 것은 당연한 일입니다. 그러므로 성도들은 교회에 열심히 봉사해서 하늘의 신령한 복과 땅의 기름진 복을 받아야 하는 것입니다.

사역기관의 구분

성도는 신앙이 자라면서 구역(셀)과 각 기관에 속하여 교회생활을 합니다. 교회에 속한 여러 기관들은 성도들이 어느 정도 믿음생활을 하면 봉사할 수 있도록 터전을 마련해 주는 곳입니다.

사역기관은 크게 10가지로 나눌 수 있습니다. 첫째, '기획위원회'가 있습니다. 이곳에서는 교회 비전과 행사 기획, 담임목사의 목회관을 세워 주는 역할을 합니다. 주로 당회, 교역자회, 구역장회(셀 리더회), 목회자중보기도회가 여기에 속합니다.

둘째, '예배위원회'입니다. 이곳은 예배의 모든 활동을 관장하고 섬기는 사역을 합니다. 안내위원, 헌금위원, 방송영상부, 예배찬양팀, 찬양대, 성찬부, 사진부 등이 여기에 속합니다.

셋째, '전도위원회'입니다. 이곳은 교회 전도에 관한 일체의 활동을 주관하는 기관입니다. 매달 한 번 새신자초청전도주일을 주관하고, 화~목의 전도 팀을 운영하며 상·하반기에 두 번 하는 총동원전도축제를 주관합니다. 그 외에도 전도중보기도회, 전도헌금선교회, 새가족멘토회 등도 여기에 속합니다.

넷째, '교육위원회'입니다. 이곳은 각 교육기관을 지도하고 지원하며 장년교육도 담당하는 기관입니다. 여기에는 유초등부, 중고등부, 청년부, 장년부로 나누어집니다. 그리고 교장, 교감, 부장, 교사, 학생으로 구성됩니다.

다섯째, '재정위원회'입니다. 이곳은 교회 재정의 모든 입출금을 관장하고, 각 부서의 재정을 감독하며 관리하는 역할을 담당합니다. 여기에는 당회장, 재정부장, 재정부원, 감사 등이 속해 있습니다.

여섯째, '선교위원회'입니다. 이곳은 교회선교의 모든 활동들을 관리, 감독, 수행하는 일을 담당합니다. 여기에는 남녀선교회, 선교·장학·구제부, 방송선교회, 실업인선교회, 문화교실선교회, 카페선교회 등이 있습니다.

일곱째, '봉사위원회'입니다. 이곳은 교회 부흥을 위해 물심양면으로 봉사하는 사역을 담당하는 기관입니다. 안수집사회, 권사회, 식당부, 차량부, 강단부, 꽃꽂이부, 성미부, 미화부 등이 있습니다.

여덟째, '경조위원회'입니다. 이곳은 성도의 장례와 결혼, 개업 등 애경사를 위로하고 축하하는 일을 담당하는 기관입니다. 여기에는 장례부, 결혼부, 환자부, 개업부 등이 있습니다.

아홉째, '친교위원회'입니다. 이곳은 성도의 교제와 친목을 도모하는 행사와 모임을 주관하는 기관입니다. 주로 체육대회, 스포츠 모임, 등산 등 문화체육 활동을 관장합니다. 여기에는 축구, 탁구, 등산 선교회, 에어로빅, 워십, 문화교실, 레크리에이션 등이 있습니다.

열째, '관리위원회'입니다. 이곳은 본 교회 건물을 관장하는 것과 건물 수리, 보수하는 일을 담당하는 기관입니다. 주로 관리부, 보수부, 전기부, 수리부, 소방·승강기부 등이 있습니다.

각 기관의 사역수칙

1) 당회(장로회)

당회(장로회)는 교회의 치리기관으로, 교회 전반사항을 관리 감독하는 기관입니다. 더욱이 위임목사의 목회를 물심양면으로 협력하며, 교인들의 신앙생활을 덕스럽게 치리하는 역할을 합니다. 또한 모든 공예배의 모범이 되며, 심방과 구제와 장례, 결혼 등 애경사에 적극적으로 참여하고, 각 기관의 부흥을 위해 찬조와 기도의 사명을 다해야 합니다.

2) 안수집사회

안수집사회는 교회의 항존 직분자들로서 봉사의 사명을 다하는 기관입니다. 이들은 담임목사와 당회의 지도 아래 관련된 봉사를 충성스럽게 감당해야 합니다. 예를 들어, 재정부, 찬양대, 찬양팀, 교사, 차량봉사, 구역(셀), 전도, 청소 담당, 남선교회 등 해당되는 각종 기관에 속하여 충성을 다해야 합니다.

3) 권사회

권사회는 여자의 항존 직분자들로서 담임목사의 지도 아래 심방과 구제와 기도를 담당하는 기관입니다. 특별히 담임목사를 물심양면으로 잘 보필하고, 가난하고 힘들고 어려운 성도들을 구제하고 심방하는 일이 주업무입니다. 권사회는 예배와 기도의 모범인 사람으로 구성되어야 합니다. 특별히 권사회는 교회의 부흥과 힘들고 어려운 일이 있을 때는 최전방에서 하나님 중심, 교회 중심, 담임목사 중심으로 사명을 다해야 합니다.

4) 셀(구역) 리더회

구역장(셀 리더회)은 작은 교회 목사입니다. 이들은 목사님과 일치된 비전을 가지고 구역(셀)식구들을 목양하는 것입니다. 셀(구역) 리더회는 모든 교회의 행사와 비전을 위해 제일 앞장서서 그 일을 수행하는 기관입니다. 물질로, 몸으로, 마음으로, 수적으로 선봉장이 되어 일이 잘될 수 있도록 협력해야 합니다. 셀 리더회(구역장)는 주로 장로, 안수집사, 권사들로 구성되어 있습니다.

5) 각 남녀선교회

남녀선교회는 국내외 선교를 위해 결성된 기관입니다. 어린이 소외계층, 농촌교회 살리기, 노인 노숙자, 소년소녀가장, 미자립 개척교회, 해외 선교사 등을 돕는 일을 적극적으로 수행합니다.

6) 방송선교위원회

방송선교위원회는 방송으로 복음을 전하고 전도하는 일을 하는 기관입니다. 특별히 담임목사의 라디오, TV, 인터넷 방송 설교와 집회 등을 적극적으로 돕는 사역을 합니다. 또 담임목사의 국내외 선교와 부흥집회에 대해서도 물심양면으로 후원하는 기관입니다.

7) 실업인선교회

실업인선교회는 직장과 사업장을 가진 성도들로 구성되어 있으며, 그곳에서 선교활동을 하는 모든 사항을 관장하는 기관입니다. 국내외 선교, 교회 내의 선교, 담임목사의 선교 등을 담당하며 가장 큰 후원을 하는 기관입니다.

8) 중보기도회

중보기도회는 전체적으로 교회를 위해서, 담임목사를 위해서, 전도를 위해서, 성도들의 아픔과 상처, 문제들을 위해서 매 주일 규칙적으로 기도하는 기관입니다. 주로 권사님들이 여기에 속해 열심히 기도하는 그룹을 만듭니다.

9) 목회자중보기도회

목회자중보기도회는 담임목사의 원활한 목회사역을 위해서 끊임없이 기도하는 기관입니다. 예를 들어, 목사님의 건강, 목사님의 집회, 목사님의 가정, 목사님의 설교, 목사님의 심방, 목사님의 목회활동, 목사님의 국내외 선교, 부흥집회, 세미나, 워크숍 등 목사님의 동선을 따라가며 최선을 다해 물심양면으로 돕고 중보기도 하는 것입니다.

10) 찬양대

찬양대는 예배에서 가장 앞에서 봉사하는 기관입니다. 찬양대는 찬양대 봉사뿐만 아니라 예배찬양의 모든 곡을 앞에서 이끌어 가는 리더의 역할을 해야 합니다. 또 찬양대는 설교에도 집중하며 은혜 받는 성도가 되어야 합니다. 성가가 끝나면 설교 중에 조는 사람이 간혹 있는데 그러면 안 됩니다. 또한 찬양대는 찬양대가 서지 않는 예배 시간에도 신실하게 은혜 받는 성도들이 되어야 합니다. 그것은 은혜를 먼저 받지 못한 찬양대원의 노래는 직분 감당의 아무런 의미가 없기 때문입니다.

11) 찬양팀

찬양팀은 예배를 시작할 때 성도들이 은혜를 접하는 처음 순간입니다. 그것은 찬양팀이 어떤 은혜의 감동을 가지고 임하느냐에 따라 찬양의 영적 수준이 달라질 수 있습니다. 그래서 찬양팀은 예배의 정말 중요한 역할을 담당하는 기관입니다. 찬양으로 마음의 문을 열고, 말씀으로 은혜의 문을 열며, 은혜로 축복의 문을 여는 것입니다. 여기에는 주로 찬양의 은사를 가진 청년들, 장년들이 속해 있습니다.

12) 차량부

차량부는 성도들의 차량을 담당하며 봉사하는 기관입니다. 오늘날은 성도들의 집이 멀리 떨어져 있는 경우가 많기 때문에 차량부의 역할이 중요해졌습니다. 또 차량부는 안전하게 운행을 해야 되기 때문에 더욱 기술을 요하는 직분입니다. 더욱이 성도의 문제는 차량에서 다 나온다는 말이 있습니다. 그만큼 차량을 운행하면서 이 말 저 말 하는 것이 교회에 문제를 일으키는 요소도 되기 때문에 차량부원들은 긍정적인 믿음과 교회 중심의 신앙관을 가져야 합니다. 그래서 주로 교회 중직인 장로나 안수집사 등 믿음이 굳건한 분들이 차량부에서 봉사하며 성도들을 돌보는 것입니다.

13) 식당부

식당부는 교회의 식사를 담당하는 기관입니다. 부흥하는 교회는 식당이 안정되어 있습니다. 식당이 체계적이고 헌신적인 일꾼들로 구성되어 있습니다. 그러나 일부 식당부원들 중에는 일하면서 말이 많은 사람도 있습니다. 또 하는 일이 힘들기 때문에 더욱 헌신적인 분이 맡지 않으면 문제를 일으키고 갈등을 빚게 됩니다. 그래서 식당봉사를 하는 분들은 정말로 교회를 사랑하고 믿음이 굳건해야 합니다. 또 수많은 성도의 식사를 감당할 만한 인격과 솜씨를 갖추고 있어야 합니다. 그래서 이런 분을 구하기가 참 힘든 것입니다. 주로 교회가 안정적인 곳은 주방을 담당하는 대장이 한두 명은 꼭 있습니다. 그리고 매주 구역별로, 셀별로, 기관별로 돌아간다든지 하는 것입니다.

14) 경조부

경조부는 장례식과 결혼식, 병문안 등 성도들의 애경사를 돌보는 기관입니다. 경조부가 잘되어 있는 교회가 건강한 교회입니다. 특별히 장례식은 인생의 마지막 순간을 위로하는 예식이기 때문에 교회가 잘 기획을 하면 전도에도 놀라운 효과가 있습니다. 그래서 애경사, 경조사를 만날 때는 속한 기관과 구역(셀)도 움직이지만 모든 성도들이 함께 움직이며 동행하면 교회 부흥에도 큰 역사를 이룰 것입니다. 여기에는 주로 중직자들, 직분자들로 구성되어 있으며, 모든 성도들이 보다 더 적극적인 참여를 요하는 기관입니다.

15) 재정부

재정부는 교회의 입출금 살림을 담당하는 기관입니다. 뒤에서 교회의 재정을 말없이 관리하며 봉사하는 아주 중요한 기관입니다. 재정부의 수칙은 재정부에서 일어난 일은 밖으로 새어나지 않도록 하는 것입니다. 교회 살림이 어렵든 편하든 맡은 사명을 묵묵히 지고 가는 일꾼이 되어야지, 밖에서 이러쿵저러쿵하면 교회가 시험 들 요소가 크기 때문에 잠잠히 감당해야 합니다. 재정부원은 주로 장로, 안수집사, 권사로 구성되어 있습니다.

16) 기타 기관

기타 기관으로 성찬부, 음향방송부, 꽃꽂이부, 미화부, 강단부, 관리부, 목양실 담당부 등이 있습니다. 이들도 믿음과 은사에 따라 기쁘게 봉사해야 합니다.

Chapter 4
전도부 세우기

"너는 말씀을 전파하라 때를 얻든지 못 얻든지 항상 힘쓰라 범사에 오래 참음과 가르침으로 경책하며 경계하며 권하라"(딤후 4:2).

01
전도는 생명이다

> "또 이르시되 너희는 온 천하에 다니며 만민에게 복음을 전파하라 믿고 세례를 받는 사람은 구원을 얻을 것이요 믿지 않는 사람은 정죄를 받으리라"(막 16:15-16).

전도는 기독교의 생명이다

예수님께서는 전도를 위해 이 땅에 오셨습니다. 전도를 위해 태어나셨고, 전도를 위해 공생애 사역을 감당하셨고, 전도를 위해 죽으셨고, 전도를 위해 부활하시고 승천하셨습니다. 예수님의 마지막 유언의 말씀도 "성령이 임하시면 땅 끝까지 복음을 전하라"는 지상 대명령이었습니다. 전도는 예수님의 가장 중요한 사역이었습니다. 하나님께서도 "생육하고 번성하여 땅에 충만하라"고 하셨는데 그것은 이 땅에 하나님의 나라가 편만하게 이뤄지라는 말씀입니다. 다시 말해, 나로부터 하나님의 나라가 시작되어 내 자손들에게도 전도가 계속됨으로 하나님의 나라가 이 땅에 충만하라는 의미이기도 합니다.

초대교회도 전도를 통해서 하나님의 나라가 급속도로 퍼졌습니다. 그들은 모이면 기도하고 흩어지면 전도했습니다. 믿는 자의 수가 날마다 더해 갔습니다. 베드로가 복음을 전하면 3천 명, 5천 명이 회개하고 돌아왔습니다. 빌립 집사가 사마리아에서 구스 내시에게 전도하자 훗날 구스 나라가 기독교 국가가 되었습니다. 평신도들이 최초의 이방인 교회인 안디옥 교회를 세웠고, 바나바와 바울은 선교 열정으로 세계를 복음화시켰습니다. 이처럼 초대교회는 사도들도 전도하고, 집사들도 전도하고, 평신도들도 전도하고, 모두가 다 복음을 전하는 일에 한마음이었습니다. 이것이 바로 초대교회의 폭발적인 부흥의 시발점이었습니다.

오늘날 교회도 마찬가지입니다. 전도가 부흥의 열쇠입니다. 전도가 축복의 통로입니다. 전도는 하나님의 소원입니다. 전도는 예수님의 지상 대위임령입니다. 전도는 그리스도인의 최고 사명이며 하늘의 최대 상급입니다. 그리스도인은 전도를 통해서 하나님께 영광을 돌립니다. 전도를 통해서 하나님의 나라를 세우는 것입니다. 전도하는 교회는 놀라운 부흥을 일으킵니다. 전도하는 가정은 영권, 물권, 인권의 축복을 받습니다. 전도하는 성도는 하늘의 상급이 최고입니다. 전도는 예외가 없습니다. 목사도, 장로도, 평신도도 누구든지 전도하는 자가 하늘의 신령한 은혜와 땅의 기름진 복을 받습니다. 전도는 하늘의 별과 같이 빛나는 영광의 면류관을 얻게 합니다. 이제 그리스도인은 누구든지 주님의 뜻대로 전도의 광인이 되어야 할 것입니다.

복음의 절대성

복음은 상대적인 종교가 아닙니다. 복음은 타 종교도 품는 포용주의도 아닙니다. 복음은 절대적인 진리입니다. 복음은 하늘의 유일무이한 구원의 법칙입니다. 그것은 이것도 좋고 저것도 좋은 다원주의 개념이 아닙니다. 복음의 해답은 오직 한 가지입니다. 그것은 천하에 예수 그리스도 외에는 구원받을 만한 이름이 없다는 것입니다. 환난이나 기근이나 위험이나 적신이나 칼이랴, 그 어떤 것도 그리스도의 사랑에서 끊을 수 없다는 것입니다.

전도도 마찬가지입니다. 전도의 방법은 다양할 수 있으나 전도의 기준은 오직 한 가지입니다. 그것은 예수 그리스도를 전하는 것입니다. 내가 만난 예수를 간증하는 것입니다. 전도에 예수가 빠지면 아무 소용이 없습니다. 우리는 예수만 전하면 됩니다. 그다음은 성령님이 역사하십니다. 하나님의 선택을 받은 영혼은 반드시 돌아오게 되어 있습니다. 그래서 그리스도인은 때를 얻든지 못 얻든지 항상 말씀을 전파하며 예수 그리스도를 전하는 삶을 살아야 합니다.

복음의 내용

복음은 크게 두 가지 핵심주제를 가지고 있습니다. 전도는 이 두 가지를 갖고 전하는 것입니다. 그것은 복음의 전체적인 메시지인 하나님의 나라(천당)이고, 또 하나는 복음의 조건인 예수님의 십자가와 부활입니다. 예수님도 전체적으로 설교하실 때는 하나님의 나라를 말씀하셨고, 구체적인 구원의 도를 말씀하실 때는 자신의 십자가와 부활을 말씀하셨습니다.

그러므로 그리스도인은 복음을 전할 때 이 두 가지를 반드시 전해야 합니다. 하나는 "예수 믿으면 천당 갑니다"이고, 다른 하나는 "예수님의 십자가와 부활을 믿어야 천당 갑니다"입니다. 복음을 전하는 방법은 다양할 수 있으나 복음의 핵심인 하나님의 나라와 예수님의 구속사역은 반드시 전해야 하는 것입니다.

예정설과 전도

예수님의 이름은 '자기 백성을 저희 죄에서 구원할 자'란 뜻입니다. 예수님이 오신 목적도 자기 백성을 구원하시기 위해서였습니다. 하나님께서는 이 세상을 창조하셨습니다. 그러나 인간이 타락함으로 세상이 완전히 오염되었습니다. 성경은 "의인은 없나니 하나도 없도다!"라고 말합니다. 모두 지옥에 갈 수밖에 없게 되었습니다. 모두 죽게 되었습니다. 인간은 자의적으로는 절대 구원을 얻을 수 없는 존재가 되었습니다.

그래서 하나님께서는 자기 백성을 구원하기 위해 예정하셨습니다. 그것은 예수 그리스도를 이 땅에 보내시는 것이었습니다. 즉 하나님이신 예수 그리스도가 이 땅에 직접 오셔서 자기 백성을 구원하시는 계획이었습니다. 예수님은 하나님의 예정대로 이 땅에 오셨고, 예정대로 십자가에 죽으심으로 자기 백성의 죄를 대속해 주셨습니다. 이제는 하나님의 예정된 백성들이 누구든지 간에 예수 그리스도를 믿기만 하면 멸망치 않고 영생을 얻게 되는 것입니다.

전도는 하나님의 예정된 사람을 구원하는 것입니다. 이 세상에는 하나님의 예정된 수많은 비신자들이 있습니다. 아직도 구원을 받아야 할 무수한 사람들이 기다리고 있습니다. 전도는 이런 사람들을 찾아가 예수 그리스도를 전하는 것입니다. 우리는 누가 예정된 사람인지 모릅니다. 그것은 하나님만이 아십니다. 그러므로 전도는 때를 얻든지 못 얻든지 남녀노소 빈부귀천을 막론하고 세상에 나가 복음을 전하는 것입니다. 그때 예정된 귀 있는 자는 듣고 구원을 얻을 것이요, 예정되지 못한 귀 없는 자들은 거부하며 구원을 받지 못할 것입니다.

하나님의 예정은 신비롭고 놀라운 은혜입니다. "나 같은 죄인 살리신 주 은혜 놀라워, 잃었던 생명 찾았고 광명을 얻었네!"(찬송가 405장). 저 세상에는 나보다도 잘나고 똑똑하고 잘생기고 능력 있는 사람들이 얼마나 많습니까? 그럼에도 불구하고 나 같은 죄인을 주님의 기쁘신 뜻에 따라 예정하고 지명하여 "내가 너를 지명하여 불렀나니 너는 내 것이라" 말씀하시는 것입니다. 이제 우리는 구원받은 은혜를 감사해야 합니다. 나 같은 죄인 살리신 그 은혜를 찬송해야 합니다. 하나님께 진심으로 영광을 돌려야 합니다. 더 나아가 내가 구원받아 축복받은 것처럼 나 같은 사람을 전도하여 그들도 구원받고 축복받을 수 있도록 이름도 없이 빛도 없이 열심히 전도해야 할 것입니다. 우리는 모두 다 복음에 빚진 자들로서 전도의 사명을 감당하는 충성된 그리스도인들이 되어야 합니다.

전도의 영성

전도는 사명입니다. 그것은 해도 되고 안 해도 되는 것이 아니라 반드시 해야 하는 필수적인 그리스도인의 사명입니다. 예수님께서는 지상 대위임령으로 전도를 명하셨습니다. 하늘로 승천하실 때 마지막 하신 말씀도 땅 끝까지 복음의 증인이 되라는 유언이었습니다. 따라서 그리스도인의 영성은 전도를 통해서 나타납니다. 성령의 충만함도 전도를 통해서 표현됩니다. 전도는 그리스도인의 영성의 최고봉입니다. 전도하는 성도는 영성이 건강하고 바른 모습을 가졌습니다. 그러나 전도하지 않는 성도의 영성은 병들고 비뚤어진 모습을 가졌습니다.

비행기는 항로를 따라갑니다. 기차는 철길을 따라갑니다. 자동차는 도로를 따라 주행합니다. 사람은 인도를 따라 걷습니다. 그러나 만약 비행기가 항로를 이탈하면 사고가 납니다. 기차가 철길을 벗어나면 그 또한 사고를 만납니다. 자동차가 도로를 벗어나면 상당히 위험합니다. 사람이 인도를 벗어나면 무슨 일이 일어날지 모릅니다. 이렇게 세상의 이치는 주어진 길을 따라가야 안전하고 행복할 수 있습니다.

그리스도인의 영성도 마찬가지입니다. 그리스도인은 영성으로 살아가는 존재입니다. 영성이 살아야 육체도 살고, 생활도 살고, 범사가 형통합니다. 영성이 살아야 행복도 폭발합니다. 영성이 살면 얼굴에 광채도 납니다. 그리스도인의 영성은 행복 비타민입니다. 그러나 영성이 죽으면 육체도 죽고, 생활도 죽고, 범사도 불통합니다. 영성이 죽으면 불행이 밀려옵니다. 영성이 침체되면 하늘 문이 막힙니다. 물고기가 물을 떠나면 죽는 것처럼 그리스도인은 영이 떠나면 죽는 것입니다.

그렇다면 영성이 살아 있다는 증거가 무엇입니까? 그것은 전도입니다. 전도의 영성이 살아 있을 때 성령은 춤을 춥니다. 그것이 바로 영이 살아 있다는 증거이기 때문입니다. 신앙이 살아 있다는 증거는 전도를 통해 확실히 나타납니다. 전도하면 영이 살아납니다. 영이 춤을 춥니다. 영이 성장합니다. 영이 놀라운 반응을 하며 위대한 힘과 능력을 발휘합니다. 그러므로 그리스도인에게 전도는 영성에 생명을 불어넣는 가장 중요한 사명이 되는 것입니다.

하나님의 최고 기쁨

하나님이 가장 기뻐하시는 것이 무엇이겠습니까? 그것은 예배와 전도입니다. 하나님이 가장 영광을 받으시는 것이 무엇이겠습니까? 예배와 전도입니다. 하나님께서 가장 크게 복 주시는 사람은 어떤 사람이겠습니까? 예배하고 전도하는 사람입니다. 성경은 예배와 전도를 가장 중요한 신앙행위라고 말하고 있습니다. 즉 이 두 가지는 예수를 믿으면 반드시, 그리고 당연히 나타나야 하는 신앙의 가장 중요한 행위입니다.

성경은 말합니다. 하나님께서는 예배하는 자를 찾으시고 예배하는 자에게 복 주신다고 말입니다(요 4:23). 예배는 하나님의 기쁨입니다. 예배는 성도들의 축복입니다. 그리고 하나님께서는 전도하는 자에게도 하늘의 별과 같이 빛나도록 해주겠다고 말씀하셨습니다(단 12:3). 전도는 하늘의 최고의 상급입니다. 전도는 최고의 영광스러운 상급입니다. 다른 것은 몰라도 천국에 가면 전도하는 것만은 반드시 기록되어 있을 것입니다. 전도는 영광의 면류관입니다. 그러므로 시대적 종말을 사는 성도들은 무엇보다도 예배와 전도에 힘쓰는 자들이 되어야 합니다.

02
예수님의 전도법

> "이때부터 예수께서 비로소 전파하여 이르시되 회개하라 천국이 가까이 왔느니라 하시더라"(마 4:17).

뱀같이 지혜롭고 비둘기같이 순결하게 전도하라!

예수님은 제자들을 전도하러 내보내시면서 양을 이리 가운데로 보냄과 같다고 말씀하셨습니다. 세상은 이리와 같은 곳입니다. 불신자는 이리와 같은 사람입니다. 늑대, 이리는 교활하고 음흉한 사람을 빗대어 말하는 동물입니다. 또 양을 잡아먹고 양을 괴롭히는 동물을 말합니다. 그런데 예수님이 전도하러 가는 제자들에게 양을 이리 가운데로 보내는 것으로 말씀하신 것은 그만큼 불신자들을 전도할 때 그 전도의 현장이 핍박과 오해와 모함과 누명이 있는 거칠고

험난한 곳이며, 어쩌면 죽을 수도 있을 정도로 어려운 순교의 현장이 될 수 있다는 것을 의미합니다.

그래서 예수님께서는 전도할 때 뱀같이 지혜로워야 한다고 말씀하셨습니다. 뱀도 교활한 동물입니다. 그러나 남을 설득하는 데 지혜롭기는 아주 탁월한 동물입니다. 선악과 사건도 뱀으로 둔갑한 사탄이 여자 하와를 꾀어서 일어났습니다. 치밀한 계획과 논리적인 설득으로 하와를 넘어뜨렸습니다. 이처럼 전도할 때도 치밀한 계획과 논리적인 설득으로 불신자를 전도하는 전략을 가지라는 말씀입니다. 그러나 이것을 오해하지는 마십시오. 이 말씀이 단순히 악한 꾀를 부려 수단과 방법을 가리지 않고 성공한 뱀의 모습을 닮으라는 말이 아닙니다. 지혜는 자기 뜻을 성취하는 기술입니다. 전도도 악한 꾀가 아니라 선한 지혜를 통해 복음을 효과적으로 전달하여 불신자를 신자로 만드는 지혜로운 기술을 따르라는 말씀입니다.

이것은 전도할 때 그냥 전도하지 말고 전략과 방법을 잘 짜서 하라는 말씀입니다. 또한 불신자들의 공격에도 지혜롭게 방어하며 온유하게 전도하라는 말씀입니다. 이것은 미리 전도전략을 잘 준비하고, 어떤 상황이 닥쳐도 지혜롭게 대처하는 훈련을 해놓으라는 말씀입니다. 담대한 마음과 각오, 이론과 실제, 지성과 영성을 고루 잘 갖춰 나가라는 말씀입니다. 전도할 때는 이리와 같은 사람이 있을 수 있음을 인식하고, 영적 전투에서도 승리하도록 기도와 말씀으로 잘 무장해 있어야 한다는 말씀입니다.

또한 예수님께서는 전도할 때 비둘기와 같이 순결하라고 말씀하셨습니다. 비둘기는 평화와 순결과 순종을 의미하는 새입니다. 비둘기는 싸우지 않습니다. 비둘기는 순결합니다. 비둘기는 희생하고 순종을 잘하는 새입니다. 마찬가지로 전도자가 전도할 때 비둘기처럼 평화롭고 순수하게 순종하는 마음으로 해야 한다는 것입니다. 따라서 전도할 때 이리와 싸움을 하면 안 됩니다. 논쟁을 하면 안 됩니다. 다투면 안 됩니다. 시비를 걸면 안 됩니다. 비둘기같이 평화로운 방법으로 할 수 있어야 합니다. 비둘기같이 온유하고 희생하며 순결하게 전도해야 합니다.

다시 말해, 전도할 때 우호적이지 않고 적대적인 사람을 만나도, 그들에게 억울한 일을 당하고 적대적인 취급을 받아도 절대로 복수하거나 보복할 생각을 하지 말고 비둘기처럼 평화롭고 순수하게 대하라는 말씀입니다. 예수님이 무능해서 십자가에 죽으신 것이 아닙니다. 바울이 기도를 적게 해서 로마 감옥에 갇힌 것이 아닙니다. 스데반 집사가 성경을 몰라서 돌에 맞아 죽은 것이 아닙니다. 다만 그들은 그 일들이 사명이었기 때문에 묵묵히 비둘기같이 충성하며 자기 십자가를 진 것입니다. 그들이 비둘기같이 순결하게 죽자 세상이 변화되었습니다. 그들을 통해 예수의 나라가 되었습니다. 복음으로 뒤집혔습니다. 이것이 놀라운 축복의 원리입니다. 결국 사랑이 이깁니다. 믿음이 이깁니다. 평화가 이깁니다. 희생과 순종이 이기는 것입니다.

예수님 전도의 네 가지 원리

예수님은 일반적으로 네 가지 방법으로 회심자를 만드셨고, 하나님의 나라를 세워 나가셨습니다. 이것은 오늘날도 마찬가지로 전도의 네 가지 중요한 영적 원리가 됩니다.

1) 초청 인도

첫째로 '초청 인도'입니다. 예수님은 요한과 안드레에게 먼저 "와 보라"라고 하셨습니다. 그들을 먼저 당신께로 초청 인도하셨습니다. 안드레는 베드로를 예수님께로 먼저 초청 인도했습니다. 빌립도 바돌로매를 예수님께로 먼저 초청 인도했습니다. 예수님께서 직접 부르시든지 제자들이 예수님께 데리고 왔든지 간에 그것은 먼저 예수님께 초청 인도하는 것으로 시작되었습니다. 그런 다음에 전도가 되고 신자가 되었던 것입니다.

교회 전도방법 중에도 제일 먼저 나오는 전략이 초청 인도입니다. 어찌됐든 교회로 먼저 초청 인도해야 그다음에 전도를 해서 예수를 믿는 신자로 만드는 것입니다. 그런데 한국교회는 사람을 교회로 인도하는 것을 전도로 착각하고 등록만 하면 전도했다고 생각합니다. 아닙니다. 이것은 인도이지 전도가 아닙니다. 그러므로 전도자는 인도했으면 그 사람이 예수님을 영접할 때까지 잘 가르쳐서 전도의 단계까지 올라갈 수 있도록 해야 합니다.

2) 전도

둘째로 '전도'입니다. 초청 인도를 했으면 복음을 받아들이도록 전도를 해야 합니다. 예수님은 제자들에게 "너희는 나를 누구라고 하느냐?"라고 물으셨습니다. 그때 "주는 그리스도시요 살아 계신 하나님의 아들이십니다!"라고 베드로가 대답했습니다. 그러자 예수님께서는 "바요나 시몬아, 네가 복이 있도다!" 하며 칭찬해 주셨습니다. 그것은 예수님께서 구원의 확신을 점검하셨던 것입니다. 전도자는 사람을 교회로 인도했으면 반드시 믿음을 갖는 단계를 거치도록 해야 합니다. 왜냐하면 구원의 확신을 갖는 것이 신자가 되는 첫걸음이기 때문입니다. 그리고 신자가 되어서도 구원의 즐거움을 지니는 것이 천국 가는 날까지 소유해야 하는 가장 중요한 영성이 되기 때문입니다.

3) 제자 삼는 것

셋째로 '제자 삼는 것'입니다. 이제 전도를 했으면 예수님의 제자가 되도록 훈련해야 합니다. 예수님께서도 "너희는 가서 모든 민족을 제자로 삼아"라고 말씀하셨습니다. 전도를 했으면 그 사람이 세상에서 흔들리지 않는 십자가의 군사가 되도록 제자훈련을 해야 합니다. 그렇지 않으면 실족하고 넘어지며 믿음에서 이탈하기 쉽기 때문입니다. 따라서 제자훈련은 이 땅을 살아가면서 성도가 평생 해야 하는 훈련입니다. 성경론, 신론, 기독론, 물질관, 기독교 세계관, 기도론, 전도론, 예배론, 교회론, 종말론 등 해야 할 공부들이 너무나도 많습니다. 사탄은 우는 사자가 먹이를 찾는 것처럼 믿는 자들조차도 으르렁대며 실족하게 하려 합니다. 그래서 성도는 끊임없이 제자훈련을 통해 믿음의 심지를 견고하게 하여야 사탄의 어떤 유혹에도 넘어가지 않는 것입니다.

4) 재생산과 번식

넷째로 '재생산과 번식'입니다. 이렇게 제자훈련을 통해 성숙하고 단단한 믿음의 성도가 되었을 때 또다시 재생산과 번식의 단계를 걷는 것입니다. 이것은 내가 전도받아 구원받고 변화받고 훈련받았던 것처럼 나도 불신자들을 인도하고 전도해서 그들을 제자 삼고 다시 재생산과 번식을 하도록 만드는 작업을 하는 것입니다. 예수님께서도 제자들을 인도에서부터 시작하여 재생산과 번식의 단계까지 훈련을 시키셨습니다. 그것이 바로 오늘날 전 세계적으로 복음이 편만하게 이루어진 배경이 되는 것입니다. 그러므로 우리 성도들도 이런 선순환의 과정을 잘 배워서 건강한 성도, 건강한 교회의 모습을 갖추어 나가야 합니다.

예수님의 전도 전략(마 10장; 눅 10장)

예수님의 전도전략의 구체적인 방법은 마태복음 10장과 누가복음 10장에 다 나와 있습니다. 거기를 보면 예수님은 제자들과 70인 문도들에게 이렇게 전도하라고 매뉴얼을 만들어 주셨습니다. 이것은 오늘날도 여전히 성도들이 전도할 때 중요한 전략이 될 것입니다. 왜냐하면 예수님의 전도방법은 지금도 성도들의 최고 전도 모델이 되기 때문입니다.

1) 짝 전도법 – 둘씩 짝을 지어 먼저 잃어버린 이스라엘 집으로!

먼저, 예수님께서는 둘씩 짝을 이루어 보내시며 이방인의 길로도 가지 말고 사마리아인의 고을로도 들어가지 말고, 오히려 이스라엘 집의 잃어버린 양에게로 가라고 말씀하셨습니다. 이것은 둘씩 짝을 이루며 전도하는 것이 좋고, 또 전도할 때는 멀리 가지 말고 가까운 곳에서부터 전도하라는 말씀입니다. 내 주변에 있는 가족, 친구, 친지, 또 내 나라 내 민족부터 전도하라는 것입니다. 즉 쉬운 것부터, 작은 것부터, 가능한 것부터, 할 수 있는 것부터, 열린 마음을 가진 사람부터 점진적으로 하라는 말씀입니다.

2) 천국 전도법 – 천국이 가까이 왔느니라!

다음은 전파하여 말하되 "천국이 가까이 왔다"라고 외치라고 하셨습니다. 전도의 주제는 예수 믿고 하늘나라에 가는 것입니다. 예수님께서도 "회개하라, 천국이 가까이 왔느니라!" 하고 전도하셨습니다. 그러므로 전도할 때 반드시 천국 가는 비결을 전파할 수 있어야 합니다. 그것은 십자가와 부활입니다. 이것을 전하지 않고는 절대로 구원받을 수 없습니다. 따라서 전도자는 예수 그리스도의 복음의 핵심을 어떤 방법으로든지 전할 수 있어야 합니다. 전하지 않으면 듣지 못하고, 듣지 못하면 믿음도 생겨나지 않습니다. 그래서 전도자는 반드시 십자가와 부활의 복음을 용기 있게 전하는 자들이 되어야 합니다.

3) 치유 전도법 – 예수의 이름으로 병든 자를 고치며

세 번째로 예수의 이름으로 병든 자를 고치며, 죽은 자를 살리며, 나병환자를 깨끗이 하며, 귀신을 쫓아내라고 하셨습니다. 이것은 전도할 때 예수 그리스도의 권능을 베풀라는 말씀입니다. 그러면 불신자들이 살아 계신 하나님을 체험하고 그 증거를 통해 복음을 효과적으로 받아들일 수 있다는 것입니다. 그러므로 전도자는 기도를 많이 해야 합니다. 기도의 권세를 가지고 나가야 승리할 수 있습니다. 전도는 내 힘으로 하는 것이 아니고 예수의 권능으로 하는 것입니다. 예수의 권능으로 나가면 그 현장에 기적과 능력과 변화의 역사로 나타납니다.

4) 사랑 전도법 – 거저 받았으니 거저 주어라!

네 번째로 "너희가 거저 받았으니 거저 주라"는 말씀입니다. 전도의 능력과 권세를 베푸는 데 대가를 바라지 말라는 말씀입니다. 그냥 조건 없이 주라는 것입니다. 내가 거저 받은 것처럼 복음의 빚진 자로서 나도 거저 주는 사람이 되라는 말씀입니다. 복음은 순전한 하나님의 은혜입니다. 이 불가항력적인 하나님의 은혜를 받은 사람은 전도할 때도 그렇게 하나님의 은혜가 불신자에게 그대로 전달되도록 통로 역할을 하는 것입니다. 우리는 거저 받았으니 거저 주는 믿음을 가져야 합니다. 그뿐만 아니라 이 존귀한 복음을 전하기 위해 우리의 수고와 희생을 아낌없이 기쁨으로 감당하는 전도자가 되어야 합니다. 이것은 내 의를 드러내지 않고 이름도 없이, 빛도 없이 주님만 바라보며 충성, 헌신, 봉사하라는 것입니다. 그러면 나중에 하늘나라의 상급이 크며 하나님께서 다 갚아 주십니다.

5) 사례 전도법 - 일꾼이 먹을 것은 받아라!

다섯 번째로 돈 주머니를 들고 다니지 말고 자기 먹을 것은 그 동네에서 베풀 만한 합당한 자를 찾아 그에게서 정당한 대우를 받으라고 말씀하십니다. 그리고 떠날 때까지 이 집 저 집 옮겨 다니지 말고 거기에만 머물라고 말씀하십니다. 전도의 효율성을 위해 이렇게 말씀하신 것입니다. 또한 예수님께서는 일꾼이 자기 먹을 것을 받는 것이 마땅한 처사라는 의미에서 말씀하신 것입니다. 그래서 전도할 때는 그 동네에 합당한 사람을 찾는 것이 중요하고, 그 사람으로부터 정당한 대우를 받는 것이 당연한 일인 것입니다.

그러나 이것을 오해해서는 안 됩니다. 앞에서는 거저 받았으니 거저 주라고 하는데, 뒤에서는 합당한 대우를 받는 것이 당연하다고 하니까 앞뒤가 안 맞는 것 같다고 생각합니다. 아닙니다. 이것은 전도와 기적과 은사는 매매하듯이 해서는 안 된다는 의미입니다. 마치 내 능력으로 베푸는 것처럼 하면 안 된다는 것입니다. 그것은 거저 받은 하나님의 은혜이기 때문에 나도 거저 주어야 한다는 것입니다.

그런데 복음을 전하면서 일하는 수고에 대한 합당한 대우는 받으라는 말입니다. 일꾼이 자기 먹을 것을 받는 것은 당연한 것입니다. 정리하면, 전도하고 권능을 베풀 때는 거저 주는 것입니다. 매매하는 것이 아닙니다. 주고받는 장사가 아닙니다. 그것은 하나님의 은혜로 감당하는 것입니다. 그러나 전도할 때 수고에 대한 합당한 대우는 받으라는 것입니다. 받는 것이 잘못된 것이 아닙니다. 오히려 앞으로 복음을 더 안정적으로 전할 수 있는 방편이 됩니다. 더욱이 전도의 가치와 존귀함을 알고 전도자를 대우하는 그 사람과 그 집에는 하나님의 더 크고 놀라운 축복과 평안이 임한다고 말씀합니다. 그래서 전도자를 대우하고 존귀하게 여기는 것은 하나님의 일꾼을 대하는 영광스럽고 축복된 태도입니다.

그런데 만약 대우를 안 해주는 사람이 있다고 해서 절대로 서운해할 필요는 없습니다. 전도자는 대가를 바라고 복음을 전하는 사람이 아니기 때문입니다. 아골 골짝 빈 들에도 복음을 들고 나가는 사명자로 부름을 받은 것이지, 입에 풀칠을 하며 먹을 것을 구걸하는 거지로 부름을 받은 것이 아니기 때문입니다. 또 너무 사례를 많이 받다 보면 더 주는 곳에, 더 대우하는 곳에 가려고 하는 사심과 욕심이 싹트기 때문에 물질에 조심해야 함을 예수님께서는 경계하셨습니다. 가끔 부흥사로, 전도자로 유명세를 타 자주 나가다 보면 거저 받았으니 거저 주는 기준이 아니라 사례비에 따라 선택하는 세속적인 사명자가 되는 것을 봅니다. 이미 그는 타락한 사명자로 전락한 것입니다.

6) 축복 전도법 – 먼저 평안을 빌라!

여섯 번째로 전도자가 그 집에 들어가면서 먼저 평안하기를 빌라고 말씀하십니다. "그 집이 이에 합당하면 그 집에 임할 것이요, 합당하지 않으면 그 평안이 너에게로 돌아올 것"이라고 말씀하십니다 (마 10:12-13). 이것은 전도할 때 상대를 마음껏 축복하라는 말씀입니다. 일명 '축복 전도법'입니다. 불신자를 만날 때 제일 먼저 할 일이 축복하는 일입니다. 축복의 말, 칭찬의 말, 사랑의 말, 평안의 말을 하는 것입니다. 한국교회에 미인대칭 전도법이 있습니다. 미소 짓고 인사하고 대화하고 칭찬하는 것입니다. 이것도 축복 전도법의 일종입니다. 예수님이 가르쳐 주신 전도법은 축복 전도법입니다. 불신자를 만나면 제일 먼저 축복하는 것으로 전도를 시작하는 것입니다.

7) 물결 전도법 – 먼지를 떨어 버려라!

일곱 번째로 만약 전도할 때 복음을 듣지 아니하고 거절하면 먼지를 떨어 버리고 나오라고 말씀하십니다. 또 이 동네에서 복음을 전하다가 박해를 받으면 다른 동네로 가서 복음을 전하라고 하십니다. 이것은 복음을 받아들이지 않는 자들에게 굳이 계속해서 전도할 필요가 없다는 말입니다. 이유는 둘 중의 하나입니다. 지금은 상황이 때가 아니라서 조금 더 무르익을 때에 전하라는 의미입니다. 또 하나는 이미 흑암의 영이 사로잡고 있기 때문에 아무리 전해도 소용이 없다는 뜻입니다. 그래서 이런 자들은 아예 먼지를 떨어 버리고 나와 다른 곳으로 가서 복음을 전하라는 것입니다.

복음은 존귀한 것입니다. 복음은 싸구려가 아닙니다. 복음은 생명입니다. 복음은 천국입니다. 그런데 이것을 가볍게 생각하고 받아들이지 않는 자는 이미 사탄의 권세에 사로잡힌 자들입니다. 예수님은 개에게 진주를 던지지 말라고 하셨습니다. 좋은 것을 던져도 귀한 줄 모르기 때문입니다. 오히려 진주를 물어뜯고 짓밟아 버립니다. 전도할 때도 마찬가지입니다. 귀한 복음을 전하는데 받아들이지 않으면 복음의 가치를 모르는 사람들입니다. 복을 차버린 사람들입니다. 아직 눈과 귀가 열려 있지 않은 사람들입니다. 따라서 거부하거나 거절할 때는 정중히 나와야 합니다. 논쟁하거나 싸우거나 다투면 안 됩니다. 그러면 오히려 복음이 훼손되고 유린되는 경우가 많습니다. 그래서 상대방이 복음을 거절할 때는 조용히 나오는 것이 좋습니다.

8) 성령 전도법 – 성령이 할 말을 주시리라

마지막으로 '성령 전도법'입니다. 예수님께서는 전도할 때 또는 공회로 넘겨질 때 성령께서 그들에게 할 말을 주실 것이라고 말씀하십니다. "말하는 이는 너희가 아니라 너희 속에서 말씀하시는 성령"이라고 하십니다. 따라서 전도할 때는 성령을 의지하여 전도해야 합니다. 만약 내 지식과 내 방법대로 하면 그것은 기술로 하는 것이지 성령의 권능으로 하는 것이 아닙니다. 아무리 훌륭한 전도법이 있다고 해도 성령의 권능으로 하지 않으면 그것은 좋은 방법이 아닙니다. 열매도 나타나기 힘들 것입니다. 스데반 집사가 성령의 권능으로 복음을 전했습니다. 베드로가 성령의 권능으로 복음을 전했습니다. 사도 바울이 성령의 권능으로 복음을 전했습니다. 빌립 집사가 성령의 권능으로 복음을 전했습니다. 그러므로 전도자는 오직 성령의 권능을 의지하며 복음을 전해야 합니다.

마태복음 28장에 나타난 전도법

마태복음 28장 16절 이하의 말씀은 부활하신 예수님이 제자들에게 말씀한 지상 대위임령(The Great Commitment)이라고 합니다. 이것은 제자들에게 명령하신 가장 큰 사명이라는 말씀입니다. "하늘과 땅의 모든 권세를 내게 주셨으니 그러므로 너희는 가서 모든 민족을 제자로 삼아 아버지와 아들과 성령의 이름으로 세례를 베풀고 내가 너희에게 분부한 모든 것을 가르쳐 지키게 하라 볼지어다 내가 세상 끝 날까지 너희와 항상 함께 있으리라"(마 28:18-20).

1) 권세 전도법 - 하늘과 땅의 권세를 주셨으니

예수님이 갈릴리에서 제자들에게 지상 대위임령을 말씀하실 때 제일 처음 하신 말씀이 하늘과 땅의 모든 권세를 부여받았다는 것입니다. 그리고 이 권세를 전도하는 제자들에게도 주겠다고 하셨습니다. 그러므로 이 권세를 가지고 가서 모든 민족을 제자 삼는 일에 마음껏 활용하라는 것입니다.

요한복음 1장 12절에 "영접하는 자 곧 그 이름을 믿는 자들에게는 하나님의 자녀가 되는 권세를 주셨으니"라고 말합니다. 예수 그리스도를 영접하는 자는 하나님의 자녀의 권세를 부여받습니다. 이것이 하늘과 땅의 권세입니다. 세상을 이기신 예수 그리스도의 권세입니다. 믿는 자에게 이 권세를 주시겠다는 것입니다. 그래서 예수님은 이 권세를 가지고 모든 민족을 제자 삼는 일을 하라는 것입니다.

마태복음 16장에서는 "주는 그리스도시요 살아 계신 하나님의 아들이시니이다" 하고 신앙고백 한 베드로에게 예수님께서는 "바요나 시몬아, 네가 복이 있도다!" 말씀하시며 그 신앙고백 위에 교회를 세우리니 음부의 권세가 이기지 못할 것이라고 하셨습니다. 그리고 천국열쇠를 주시며 "땅에서 무엇이든지 매면 하늘에서도 매일 것이고, 땅에서 무엇이든지 풀면 하늘에서도 풀리리라" 하고 말씀해 주셨습니다. 여기서 말하는 천국열쇠는 믿음의 천국열쇠이고, 기도의 천국열쇠이며, 예수 그리스도의 권세를 말하는 것입니다. 이것은 내 능력이 아니라, 내 힘이 아니라 예수 그리스도의 권세를 말합니다. 그 천국의 권세를 가지고 모든 민족을 제자 삼는 일을 하라는 것입니다.

* 능력과 권세의 차이

능력은 개인이 가지고 있는 힘과 재능과 배경을 말합니다. 그러나 권세는 직분이 가지고 있는 권한과 권능을 말합니다. 예를 들어, 문재인 대통령은 문재인이라는 개인적인 능력과 동시에 대통령이라는 막강한 권세를 가지고 있습니다. 어느 힘이 더 막강합니까? 개인적인 능력보다 대통령이라는 권세가 더 막강합니다. 개인 문재인 씨가 대통령이 되었기 때문에 대한민국을 좌지우지하는 막강한 힘을 갖게 된 것입니다. 이것이 능력과 권세의 차이점입니다.

　전도자도 마찬가지입니다. 내가 가진 은사와 재능과 능력은 한계가 있습니다. 부족합니다. 연약합니다. 쓰러지고 넘어질 수 있습니다. 그러나 한 사람이 예수를 믿고 하나님의 권세에 붙잡히게 되면 그 사람은 무한한 능력과 힘을 발휘할 수 있습니다. 모세의 지팡이는 한낱 양치는 목동의 지팡이에 불과했습니다. 그러나 그 지팡이가 하나님의 권세에 붙들림을 받으니까 홍해를 가르고, 반석을 치면 물이 흘러넘치고, 손에 지팡이를 들면 적군이 패퇴하는 놀라운 권세를 발휘한 것입니다. 그러므로 전도자는 내 능력을 의지하는 것이 아니라 예수 그리스도의 권세를 의지함으로 강하고 담대하게 승리해 나갈 수 있는 것입니다.

　베드로를 보십시오. 성전 미문에 앉아 있던 앉은뱅이 거지를 예수 그리스도의 권세로 일으킨 것을 볼 수 있습니다. 그는 "내게 은과 금은 없지만 내게 있는 이것을 네게 주노니 곧 나사렛 예수 그리스도의 이름으로 일어나 걸으라!"라고 외쳤던 것입니다. 그때 앉은뱅이가 발과 발목에 힘을 얻고 걷기도 하고 뛰기도 하며 하나님을 찬미하는 영광스러운 일이 일어났습니다. 또 소년 다윗을 보십시오. 이스라엘을 조롱하는 골리앗을 보며 무엇이라고 외치며 나아갔습니까? "너는 칼과 단창으로 내게 나아오지만 나는 내가 의지하는 만군의 여호와의 이름으로 네게 나아가노라" 하고 외쳤습니다. 그때 하나님의 붙들림을 받은 물맷돌이 골리앗의 이마를 정곡으로 맞추어

쓰러뜨렸습니다. 이렇게 전도자는 예수 그리스도의 권세를 가지고 승리하는 주의 종들이 되어야 합니다.

2) 찾아가는 전도법 - 그러므로 너희는 가서

예수님은 제자들에게 예수 그리스도의 권세를 가지고 세상으로 먼저 나가라고 말합니다. 그래서 전도는 '찾아가는 전도'를 해야 합니다. 전도는 나가면 있고, 안 나가면 없습니다. 아무리 능력이 있고 기도를 많이 해도 안 나가면 전도가 안 됩니다. 전도는 일단 나가야 합니다. 부딪혀야 합니다. 사람과 만나고 관계를 맺어야 합니다. 그래야 전도의 열매를 맺을 수 있습니다.

(1) 와 보라 전도법

전도방법은 크게 두 가지로 나뉩니다. '와 보라 전도'가 있고, '찾아가는 전도'가 있습니다. 와 보라 전도는 예수님이 요한과 안드레에게 '와 보라' 하셨습니다. 그리고 그들이 와서 보고 예수를 믿고 형님들인 베드로와 야고보를 전도했습니다. '와 보라 전도법'은 교회에서 총동원전도축제나 연예인 간증집회, 찬양집회, 전도부흥회, 셀 초청 모임, 노인초청대학, 바자회 때 각종 선물과 식사 등을 준비한 후 불신자들로 하여금 와서 말씀 듣고 예수 믿게 하는 방법입니다.

한국교회는 지금까지 와 보라 전도법을 많이 사용하며 부흥의 역사를 일으켜 왔습니다. 그런데 오늘날은 문화가 달라졌습니다. 아무리 볼거리가 많은 이벤트를 해도 불신자들에게 감흥이 없습니다. 좀

처럼 교회에 대해 흥미를 갖지 않습니다. 세상에는 더 많은 볼거리들이 있기 때문에 굳이 교회 안 가도 된다고 생각합니다. 부담스러운 선물 받고 불편하게 예수 믿으라는 이야기를 듣는 게 싫은 것입니다. 그래서 와 보라 전도법은 이 시대에 정말 품격 있고 수준 있게 준비를 잘하지 않으면 불신자들이 선뜻 오지 않는 문화가 되었습니다.

그러나 대형교회는 와 보라 전도법이 통합니다. 유명한 연예인, 저명한 강사, 아름다운 오케스트라, 풍성한 선물 등이 제공되어 불신자들이 와서 볼 수 있는 여러 가지 미끼들이 있습니다. 그래서 와 보라 전도법은 많은 투자가 필요한 시대가 되었습니다. 그런데 작은 교회가 이것을 감당할 수 있겠습니까? 절대적으로 재정이 부족하기 때문에 와 보라 전도법을 사용하기가 어려운 형편입니다. 그럼에도 불구하고 작은 교회도 와 보라 전도법의 블루오션을 찾아야 합니다. 오히려 거대한 이벤트 와 보라 전도법보다도, 작지만 소외되고 외로운 사람들을 위한 구제와 복지 영역을 만들고 와 보라 전도법을 활용하는 것입니다. 또 상담과 코칭, 치유사역 등 지역과 이웃을 위한 필요중심적인 공간을 만들고 와 보라 전도법을 활용하는 것입니다. 또 구체적이고 체계적인 성경공부 프로그램을 만들고 와 보라 전도법을 활용하는 것입니다. 이처럼 와 보라 전도법은 시대적으로 힘든 문화적 상황이 아직도 많이 있기 때문에 계속해서 연구하고 기획하는 작업을 만들어 나가야 합니다.

(2) **찾아가는 전도법**

오늘 본문의 말씀이 바로 찾아가는 전도법입니다. 예수 그리스도의 권세를 가지고 찾아가는 것입니다. 와 보라 전도법보다 더욱 적극적이고 공격적인 전도의 방법입니다. 예수님께서도 "그러므로 너희는 가서 모든 민족을 제자로 삼으라"고 말씀하십니다.

찾아가는 전도법은 한마디로 관계전도를 말하는 것입니다. 예수님은 제자들을 먼저 찾아가서 "내가 너희를 사람 낚는 어부가 되게 하리라!" 말씀하셨습니다. 그리고 12제자들을 부르시고 그들과 동고동락 동숙을 하시며 심도 깊은 제자훈련을 통해 그들을 전도자로 삼으셨습니다. 예수님도 전도하실 때는 그들을 부르시고 그들과 지속적인 관계를 맺으셨던 것입니다. 그래서 찾아가는 전도법은 한 번으로 끝나는 것이 아닙니다. 주기적으로, 규칙적으로, 반복적으로 관계를 맺는 작업을 말합니다.

어느 목사님의 전도방법입니다. 학교 앞 전도를 하는데 먼저 학교로 찾아갑니다. 그냥 학교 앞에 우두커니 서 있습니다. 학생들이 지나갈 때는 말을 붙입니다. "너 오늘 나랑 짜장면 먹을래?" 하고 묻습니다. 그때 1/3 정도는 싫다고 한답니다. 그런데 2/3 정도는 "그래요. 먹죠"라고 한답니다. 그러면 "잠깐 여기 서 있어" 하고 또 짜장면 먹을 학생을 모읍니다. 그렇게 10명 정도 모으면 짜장면 집에 갑니다. 그렇게 먹고 나면 친해집니다. 그런데 그것으로 끝나지 않습니다. 다음 날도, 다음 주도 계속 찾아갑니다. 그렇게 하면 라포(rapport)가 형성되고 관계가 맺어져서 전도가 쉽게 된다는 것입니다.

오늘날 전도하는 가장 좋은 방법은 '찾아가는 전도법'입니다. 사랑과 관심으로 관계전도를 하는 것입니다. 사람을 꾸준히 만나며 전도의 기회를 갖는 것입니다. 그래서 전도 잘하는 사람은 관계 맺기를 잘하는 사람입니다. 사람 만나는 것을 좋아하는 사람입니다. 관계는 하루아침에 이뤄지는 것이 아닙니다. 날마다 반복적으로 주기적으로 계속적으로 하다 보면 신뢰가 쌓이고 전도도 열매를 맺게 됩니다. 일단 찾아가십시오. 찾아가다 보면 노하우가 생깁니다. 자기만의 독특한 전도의 기술을 익히게 될 것입니다. 성령께서 지혜를 주실 것입니다. 기도하며 나아가는데 왜 성령께서 인도하시지 않겠습니까? 나가면 있고 안 나가면 없습니다. 일단 찾아가십시오. 부딪혀 보십시오. 길을 보여주실 것입니다. 감당하게 능력을 주실 것입니다. 용기를 내십시오.

3) 제자 전도법 – 모든 민족을 제자로 삼아

전도의 범위는 모든 민족이고, 전도의 목표는 제자를 삼는 것입니다. 전도는 남녀노소 빈부귀천을 막론하고 어디든지 찾아가야 합니다. 모든 민족에게 찾아가야 합니다. 예루살렘과 온 유대와 사마리아와 땅 끝까지 찾아가야 합니다. 그리고 그들을 전도해서 제자 삼는 것을 목표로 해야 합니다. 전도만 하고 끝나는 것이 아니라 제자로 삼아 그들도 다시 전도할 수 있는 일꾼으로 세우는 것입니다.

교회에는 네 종류의 사람이 있습니다. 교인과 신자와 성도와 제자가 있습니다. 먼저 교인은 불신자가 단순히 교회에 나오는 것을 말합니다. 믿음은 없지만 단지 종교인으로서 교회에 다니는 사람들입니다. 예를 들어, 교회에는 부인 치맛자락 붙들고 천국 가려고 하는 사람도 있습니다. 장사 때문에 교회 나오는 사람도 있습니다. 병 고치려고 교회에 나오는 사람도 있습니다. 마음의 평화를 얻으려고 교회에 나오는 사람도 있습니다. 연애하려고 교회에 나오는 사람도 있습니다. 가족이 다 다니니까 나도 따라서 교회에 나오는 사람도 있습니다. 이렇게 오늘날 한국교회에는 믿음이 없으면서도 교회에 나오는 교인들이 생각보다 많습니다.

둘째는 신자입니다. 신자는 예수님을 믿는 사람입니다. 믿음을 고백하고 하나님의 자녀가 된 사람입니다. 그런데 신자는 어린아이 신앙으로 신앙이 자라지 않고 믿음이 그대로 있는 사람입니다. 한국교회에는 이런 신자도 상당히 많습니다. 믿음은 있지만 기도도 하지 않고, 봉사도 하지 않고, 삶에 신자의 모습이 별로 없습니다. 겉으로 보기에는 세상 사람들과 똑같습니다. 교회에서는 은혜 받은 것 같은데 세상에 나가서는 그리스도인다운 삶의 모습이 전혀 없습니다. 세속적인 장로, 세속적인 권사, 세속적인 집사의 신앙생활을 하는 사람들입니다. 경건의 모양은 있지만 경건의 능력이 없습니다. 삶에 살아 계신 하나님의 구체적인 체험을 하지 못하는 사람들입니다. 이런 신자들은 신앙이 자라나야 합니다. 변화되어야 합니다. 하나님의 은혜를 받아야 합니다. 그래서 성장하고 성숙되어야 하는 것입니다.

셋째는 성도가 있습니다. 신자가 신앙이 자라 성도가 되는 것입니다. 믿음을 가졌다고 끝나는 것이 아닙니다. 믿음은 계속 성장해야 합니다. 성화되어야 합니다. 어린아이 신앙에서, 행함이 없는 믿음에서, 경건의 모양만 갖춘 신앙생활에서 장성한 신앙으로, 행함이 있는 믿음으로, 경건의 능력을 갖춘 신앙생활로 성장해야 합니다. 성도는 코람데오, 하나님 앞에서 신앙으로 어디로 가든지, 무엇을 하든지, 먹든지 마시든지 하나님의 영광을 위해 사는 사람입니다. 내가 그리스도와 함께 십자가에 못 박혔나니 그런즉 이제는 내가 사는 것이 아니라 예수 그리스도가 사는 삶의 모습이 나타나는 것입니다. 성도는 경건생활이 흔들리지 않고 뿌리 깊은 영성을 가진 사람을 말합니다.

넷째는 제자가 있습니다. 성도는 개인의 영성이 튼튼한 사람이라고 한다면, 제자는 그러한 개인의 영성을 가지고 하늘의 사명자로 살아가는 사람입니다. 예수님께서는 제자들을 부르시고 사람을 낚는 어부로 만드셨습니다. 제자는 부르심에 순종하여 사람을 살리고 세우고 재생산, 번식하게 하는 사람입니다. 제자는 십자가만을 자랑하는 사람입니다. 예수의 도를 전하는 사람입니다. 기도와 말씀으로 사람을 양육하는 사람입니다. 땅 끝까지 복음을 전하는 사람입니다. 제자는 어떤 고난도 각오한 사람입니다. 사명을 위해 닥치는 어떤 환난과 핍박과 어려움 속에서도 복음을 전하며 하나님의 나라와 의를 구현해 나가는 사람입니다. 오직 예수, 오직 은혜로 살아가는 사람입니다. 신자의 목표는 목사든 장로든 평신도든 내 몫의 십자가를 내가 지는 제자의 삶을 사는 것입니다. 목사는 목사답게 자기 십자가를 지고 제자의 삶을 살아야 합니다. 장로는 장로답게 자기 십자가를 지고 제자의 삶을 살아야 합니다. 평신도는 평신도답게 자기 십자가를 지고 제자의 삶을 살아야 합니다.

(1) 세례 전도법 - 세례를 베풀고

예수님은 제자 삼는 방법의 첫 번째로 그들에게 세례를 주라고 말씀하십니다. 다시 말해, 전도하여 복음을 받아들인 사람에게 아버지와 아들과 성령의 이름으로 세례를 주라고 말씀하십니다. 세례는 내가 죽고 예수로 사는 영적인 예식입니다. 옛사람이 죽고 새사람이 태어나는 축제와 기쁨과 환희의 순간입니다. 그래서 기독교에서 세례는 가장 중요한 예식이 되는 것입니다. 예수님께서도 공생애 사역을 시작하실 때 세례를 받는 것으로 출발하셨습니다. 그때 성령이 비둘기같이 임하며 "이는 내 사랑하는 아들이요 내 기뻐하는 자라!" 말씀하셨던 것입니다.

세례는 구원 확신의 증거입니다. 내가 그리스도인임을 만천하에 드러내는 거룩한 고백의 예식입니다. 이제는 예수로 살고 예수로 죽는 사람이 되겠다는 진실한 고백인 것입니다. 그래서 성만찬은 세례를 받은 사람만이 행하는 주님의 축복의 만찬입니다. 내가 세례를 받음으로 그리스도인임을 증명받고 주님의 살과 피를 먹고 마시는 영적 임재의 축복을 누리게 되는 것입니다. 따라서 세례와 성찬은 주님의 제자가 되는 첫 번째 관문이라고 할 수 있습니다.

(2) 교사 전도법 - 가르쳐 지키게 하라

제자 삼는 두 번째 방법입니다. 그것은 가르쳐 지키게 하는 것입니다. 예수님께서도 12제자들을 가르쳐 지키게 하셨습니다. 여러 사역들 가운데 가르치는 사역을 가장 중요하게 생각하셨습니다. 예수님의 공생애 사역은 주로 가르치고 전파하고 고치는 사역이었습니다. 그중에서도 첫 번째가 가르치는 사역이었습니다. 가르쳐 지키게 해야 전도하고 전파하는 사역의 열매가 나타나기 때문입니다. 그래서 예수님께서는 3년 6개월 동안 가르쳐 지키게 하는 사역을 가장 중점적으로 하셨던 것입니다. 일마다 시마다 때마다, 가정에서, 산에서, 들에서, 회당에서, 시장에서 어디로 가든지 가르쳐 지키게 하는 사역을 죽을 때까지 하셨습니다.

그러므로 제자 전도법은 세례 전도법과 교사 전도법을 잘 지켜 나가는 것입니다. 제자는 교인이 세례를 받고 잘 배워 지키게 하는 것입니다. 성경도 배우고, 기도도 배우고, 전도도 배우고, 봉사도 배우고, 예배도 배우고, 인격도 배우고, 먼저 배우는 훈련을 잘하게 하는 것입니다. 잘 배우지 못하면 지킬 수도 없습니다. 그래서 제자 전도법은 먼저 잘 배우게 하는 것입니다. 엄한 부모 밑에 효자 난다고 하지 않습니까? 제대로 꼼꼼하게 잘 배워야 훌륭한 제자가 될 수 있습니다. 대충 배워 자격증만 따겠다고 하는 사람은 나중에 보면 실전에서 문제만 일으키고 갈등의 주역이 됩니다. 실패하는 사람이 됩니다. 한계를 만나면 주저앉고 불평과 원망만 합니다. 왜냐하면 잘 배워서 지키는 훈련이 부족했기 때문입니다. 그래서 제자 삼는 가장 중요한 방법은 잘 가르쳐 지키게 하는 것입니다.

4) 임마누엘 전도법 – 항상 함께 있으리라

예수님은 마지막으로 제자들에게 "볼지어다 내가 세상 끝 날까지 너희와 항상 함께 있으리라" 말씀하셨습니다. 임마누엘 전도법입니다. 전도자가 전도할 때는 주님이 나와 항상 함께하신다는 믿음으로 전도해야 합니다. 어디로 가든지, 무엇을 하든지 전도하는 그 현장에 늘 주님이 함께하십니다. 주님은 졸지도 않으시고 주무시지도 않으시며, 언제나 항상 전도자와 함께하십니다. 지금은 주님이 눈에 보이지 않지만 성령으로 우리 안에 임재하십니다. 그분은 어제나 오늘이나 영원토록 동일하시며, 나의 가는 걸음마다 동행하시는 분입니다. 주님은 항상 내 편이십니다. 나의 힘이 되시며, 나의 위로가 되시고, 나의 산성이 되십니다. 내가 어디로 가든지, 무엇을 하든지 나를 지키고 보호하시며 든든한 버팀목이 되어 주시는 전지전능하신 하나님입니다.

그런데 문제는 내가 하나님 편에 서지 않는다는 것입니다. 내 믿음이 부족해서 하나님의 임마누엘의 신앙을 확신하지 못하고 환경 때문에, 사람 때문에, 세상 때문에 넘어지고 쓰러지고 자빠지는 신앙행위가 많다는 것입니다. 그것은 임마누엘의 신앙을 확신하지 못하기 때문입니다. 주님은 감당치 못할 시험을 주시지 않고, 시험 당할 즈음에 피할 길을 주시는 분입니다. 그런데 우리는 임마누엘의 신앙을 확신하지 못하고 자꾸 사람을 의지하고, 환경을 의지하고, 물질을 의지하다가 실패하고 좌절하고 방황합니다. 그래서 전도자들에게 가장 중요한 신앙의 확신은 주님이 언제나 나와 함께하신다는 임마누엘의 신앙을 갖는 것입니다. 전도할 때 어떤 어려움이 있어도 주님이 지켜 주신다는 믿음입니다. 그러므로 이 시간 저와 여러분도 우리 안에 계시는 임마누엘의 신앙을 확신하고 굳건한 믿음으로 전도하는 영광스러운 주님의 제자가 되기를 바랍니다.

사도행전 1장에 나타난 전도법

예수님께서 전도에 대해서 마지막으로 유언적인 말씀을 하신 것이 감람산에서 승천하실 때였습니다. "오직 성령이 너희에게 임하시면 너희가 권능을 받고 예루살렘과 온 유대와 사마리아와 땅 끝까지 이르러 내 증인이 되리라" 말씀하셨습니다. 이것은 예수님이 마지막까지 전도의 말씀을 하시고 하늘로 올라가셨다는 것입니다. 그만큼 전도가 지상 대명령이라는 것을 알 수 있습니다. 그런데 예수님이 하신 말씀을 보면 전도의 중요한 원리가 담겨 있습니다. 이것을 소위 성령 전도법이라고 합니다.

1) 성령 전도법 - 오직 성령이 임하시면

전도하는 데에는 오직 성령이 임하시는 역사가 있어야 합니다. 성령 받아야 권능 받고 전도할 수 있습니다. 만약 성령을 받지 못하고 전도하면 백전백패합니다. 열매도 없고 전도하는 사람도 껍데기뿐인 전도자가 될 것입니다. 아니, 내가 구원의 체험이 없는데 전도하면 그 사람이 무슨 구원의 열매를 맺겠습니까? 나도 성령 받지 못했는

데 어떻게 성령을 받고 예수 믿으라고 전할 수 있겠습니까? 그래서 전도자는 오직 성령을 받아야 하는 것입니다. 다른 방법이 없습니다. 오직 성령이 임하셔야 합니다. 성령이 임해야 전도자가 될 수 있습니다. 따라서 전도자는 성령 받고 충만히 받고 더 받고 풍성히 받아야 땅 끝까지 이르러 증인이 되는 사명을 감당하는 것입니다.

(1) 기도 전도법

첫째로 성령 전도법은 기도 전도법입니다. 성령은 기도 가운데 역사하십니다. 기도할 때 성령의 권능이 나타납니다. 그래서 전도자는 전도하기 전에 반드시 기도해야 하는 것입니다. 그러면 전도의 현장에서 흑암의 권세가 물러가고 성령의 역사가 임합니다. 전도자는 최소한 30분은 기도하고 나가야 하고, 보통 1시간은 기도하고 나가야 성령의 권능이 임합니다. 기도하지 않고 전도현장에 나가는 것은 전쟁터에 총을 들지 않고 나가는 것과 같습니다. 그래서 전도하기 전에 꼭 기도해야 하고, 전도할 때도 기도하면서 해야 합니다.

① 중보기도팀

특별히 전도할 때는 반드시 중보기도팀을 꾸려야 합니다. 중보기도팀은 전도대원들을 위해 기도하는 사람들입니다. 마치 모세가 높은 산에서 기도할 때 전방에 여호수아의 군대가 아말렉을 이긴 것처럼, 중보기도팀이 기도하면 알지 못하는 신비로운 힘으로 승리하는 것입니다. 우리 교회는 중보기도팀이 20~30명가량 모입니다. 주로 나이 많은 권사님들이 모여 기도하십니다. 정말 뜨겁게 기도하십니다. 간절히 기도하십니다. 그 모습들은 정말로 감동적입니다. 우리 교회는 여기서 기도의 응답이 제일 많이 일어나고, 전도의 역사들도 많이 나타나고 있습니다.

만약 전도팀을 내보내고 중보기도팀의 여건이 안 되면 담임목사나 사모가 직접 기도꾼이 되면 됩니다. 저는 전도대원들이 현장에 나가 전도할 때 교회 옥상으로 올라가 두 손을 들고 주변 아파트를 위해 기도합니다. 주변의 흑암의 권세를 물리치고 전도의 문을 활짝 열어 달라고 기도합니다. 아파트 이름을 불러가며 기도합니다. 그리고 내려와서는 교회 본당 안을 수없이 돌면서 기도합니다. 이곳에 들어오는 자, 이곳을 밟는 자, 이곳에서 기도하는 자들에게 은혜가 넘치게 하시고 하나님의 능력과 치유를 경험케 해달라고 기도합니다. 우리 교회 부교역자들도 아침에 출근하면 회의 대신 제일 먼저 본당에 와서 기도하게 합니다. 뜨겁게 기도합니다. 간절히 기도합니다. 회의하는 것보다 오히려 기도하는 것이 더 은혜가 넘칩니다. 기도가 만사를 변화시키는 열쇠이기 때문입니다.

② 둘씩 짝짓기 기도전도

또한 전도대원들이 전도현장에서 기도하면서 전도해야 합니다. 특별히 예수님께서는 전도할 때 둘씩 짝을 지어 나가라고 하셨습니다. 그것은 한 사람이 전도하면 다른 한 사람은 기도하라는 의미입니다. 혹 같은 시간에 같이 전도한다 하더라도 늘 기도하면서 전도해야 한다는 것입니다. 그래서 전도현장에서도 기도가 필수적입니다. 예수님께서도 "전도할 때 성령이 너희 할 말을 가르쳐 주리라" 말씀하셨습니다. 기도와 함께 전도하면 사람들에게 할 말도 지혜롭게, 그때마

충만함을 받아야 합니다. 그러면 그에게 은사적인 권능이 폭발적으로 나타나 그것 가지고 전도를 효과적으로 할 수 있게 됩니다.

③ 성령의 열매

마지막으로 성령의 권능은 성령의 열매로 나타납니다. 성령의 열매는 사랑과 희락과 화평과 오래 참음과 자비와 양선과 충성과 온유와 절제니 이 같은 것을 금지할 법이 없다고 성경은 말합니다(갈 5:22-23). 그러므로 전도대원들은 성령 충만함을 받아 이런 성령의 열매를 갖고 전도하러 나가야 합니다. 예를 들어 전도는 사랑으로 하는 것입니다. 전도는 인내로 하는 것입니다. 전도는 온유함으로 하는 것입니다. 전도는 충성함으로 하는 것입니다. 이렇게 성령의 열매가 맺어지는 전도는 보다 더 효과적이고 능률적인 전도를 할 수 있게 됩니다.

(3) **예루살렘 전도법**

셋째로 성령 전도법은 예루살렘 전도법입니다. 예수님께서도 "오직 성령이 너희에게 임하시면 너희가 권능을 받고 예루살렘과 온 유대와 사마리아와 땅 끝까지 이르러 내 증인이 되리라"고 하셨습니다. 성령 받으면 예루살렘부터 전도하는 것입니다. 12제자와 70문도들을 전도하러 보낼 때도 먼저 이스라엘에게 가라고 말씀하셨습니다. 가장 가까운 곳에서부터 시작하라는 것입니다. 안에서부터 밖으로, 가까운 곳에서부터 멀리, 가정에서부터 불신 이웃에게로, 쉬운 것에서부터 어려운 곳으로, 단순한 곳에서 복잡한 곳으로 등 점진적으로 전도전략을 세워 나가라는 것입니다.

예루살렘은 오늘날로 말하면 지역복음화입니다. 가장 가까이는 가족, 친지, 지인 등에서부터 시작하는 것이고, 멀리는 교회 주변에서 옆 동네들까지 확장시켜 나가는 것입니다. 가정에서는 불신 남편, 불신 아내, 불신 자녀들로부터 전도하는 작전을 세웁니다. 교회의 위치적 입장에서 보면 교회 주변의 상가, 아파트, 빌라, 개인 주택, 학교, 병원, 공장 등을 점진적으로 점령해 나갑니다. 마치 지역 지도를 그려가지고 가정에서부터 시작해서 교회 주변의 모든 영역을 점차적으로 훑어 나가는 것입니다. 그래서 전도대원은 예루살렘 전도를 할 때 노트와 지역 그림을 반드시 그려서 하나씩 점검하며 훑어 내려가야 합니다.

* 예루살렘 전도법 – 3.5전략

예루살렘 전도법에는 세 가지 큰 틀의 원칙이 있습니다. 그것은 '만나고-나눠 주고-전도하는' 것입니다. 일단 나가서 만나야 합니다. 나가면 있고, 안 나가면 없습니다. 사람을 만나야 합니다. 그다음에는 나눠 주는 것입니다. 전도지도 주고, 먹을 것도 주고, 아기도 봐주고, 상담도 해주고, 많이많이 투자해야 합니다. 투자한 만큼 전도가 원활하게 됩니다. 그렇게 하고 난 다음 전도를 하면 아주 효과적입니다. 예비신자에게 나눠 주고 함께하면 마음문이 열리고, 그때 기회를 잡아 복음을 전하며 교회로 초청하는 것입니다.

이것을 실천하기 위해 다섯 가지 구체적인 방법이 있습니다. '전도카드 만들기-짝 정하고 기도하기-관계 맺기-초청하기-정착하기'입니다. 먼저, 예비신자 작성 단계는 우선적으로 교회와 셀(구역)에서 전도 대상자를 적고 '전도 카드'를 만드는 것입니다. 그리고 다음 단계는 잘 맞는 '2명의 전도 짝꿍'을 만들고 예비신자를 위해 매일 30분씩 기도하는 것입니다. 또한 셀 모임 때마다 기도하는 것입니다. 이때 기도한 것과 안 한 것은 엄청난 차이가 있음을 알아야 합니다. 또 전도자는 그렇게 믿고 기도부터 훈련하는 습관을 가져야 합니다.

그다음 세 번째 단계가 '관계 맺기'입니다. 369법칙이 있습니다. 3번은 만나야 그 사람을 기억하게 되고, 6번은 만나야 마음의 문이 열리며, 9번을 만나야 그 사람과 친근감이 생긴다고 합니다. 그러니까 관계 맺기는 최소한 9번은 꾸준하게 만남과 연락을 지속해야 한다는 것입니다. 이것은 두 명이 각각 개별적으로 만나기도 하고, 또 같이 만나도 좋습니다. 주로 함께 시간을 보내는 것입니다. 함께 놀기, 함께 먹기, 함께 웃기, 함께 대화하기, 함께 여행하기, 함께 영화 보기, 함께 아기 봐주기, 함께 청소하기, 함께 드라이브하기 등 최소한 9번 정도는 함께 관계를 맺는 시간을 가집니다.

또 관계 맺기에 248법칙도 있습니다. 다른 사람에게 2개를 받고 싶다면 4개를 주고, 4개를 받고 싶다면 8개를 주라는 법칙입니다. 인간관계는 합리적으로 100% 1개씩 주고받는 좋은 관계는 없다고 합니다. 그렇게 생각하면 내가 먼저 상처 받고, 또 받을 것에 대한 기대감 때문에 오히려 인간관계가 깨지기 쉽습니다. 그래서 좋은 인간관계를 맺는 사람은 내가 먼저 그 사람이 하는 것보다 두 배를 더 투자합니다. 그러면 나중에 그것보다 훨씬 더 관계의 호전과 더 많은 것들을 얻게 되는 시너지 효과가 나타납니다. 전도할 때도 함께

하는 시간 동안에 상대방보다 2배 이상으로 나눠 주고 사랑하고 축복하며 희생하는 마음으로 하면 좋은 결과를 얻게 될 것입니다.

그다음 네 번째는 '초대하기'입니다. 초대할 때는 먼저 짝 전도팀이 금식하고 기도하며 준비해야 합니다. 그리고 초대할 때는 최고의 이벤트를 준비하고 먼저 셀(구역) 모임으로 초대하고, 다음에 교회 예배로 초대하면 좋습니다. 그러나 예비신자의 형편에 따라 교회에 먼저 초대하는 것도 전혀 나쁘지 않습니다. 교회에 먼저 와서 은혜 받고 다음에 셀로 초대하는 것도 좋은 방법입니다. 중요한 것은 초대할 때 이벤트를 활용하십시오. 그 사람을 위해 감동적인 분위기나 선물 또는 함께 기뻐할 수 있는 대화가 필수적입니다. 교회로 왔을 때는 자리를 잘 배치하고 함께 앉고 친절하게 안내합니다. 예배의 영적 분위기가 흐트러지지 않도록 편안하게 배려해야 합니다. 불신자는 예배 전후 10분 동안에 이 교회에 정착할 것인지에 대해서 결정한다고 합니다. 그만큼 첫인상과 첫 분위기는 매우 중요합니다. 그래서 축제예배의 환희를 경험하도록 각별히 신경을 쓰고 기도하며 준비해야 할 것입니다.

마지막으로 다섯 번째는 '정착하기'입니다. 교회에 초대했으면 그다음은 등록하게 하고, 정착하게 하는 것이 가장 중요한 전도의 사역입니다. 아무리 초대를 많이 한다 해도 정착을 못하면 결국 교회에 뿌리를 내리지 못하는 것입니다. 특별히 교회에 처음 나온 초신자들에게는 48시간 이내에 연락이나 전화 또는 심방이 반드시 이뤄져야 합니다. 그렇지 않으면 전도 대상자가 정착할 확률은 매우 적습니다.

또한 초신자는 대부분 전도한 사람의 신앙을 따라가게 되어 있습니다. 누가 전도했느냐에 따라 새신자의 신앙 수준도 달라집니다. 만약 전도자가 새벽기도도 하고, 십일조 생활도 잘하고, 기도와 말씀에 바로 서 있고, 봉사도 잘하는 사람이라면 전도받은 새신자도 그렇게 자라갑니다. 그러나 전도자가 소위 왔다 갔다 하는 신자라면 전도받은 사람도 왔다 갔다 하는 신앙생활을 하게 될 것입니다. 그러므로 전도자는 새신자가 정착할 때까지 끝까지 양육을 책임지는 모범을 보여야 합니다.

더욱이 등록신자가 정착하기 위해서는 '멘토 사역'이 필요합니다. 4주 동안 멘토가 등록신자를 책임지는 것입니다. 교회도 둘러보고, 담임목사, 장로, 일꾼들도 소개하고, 식사도 같이 하며 교회 분위기에 익숙하도록 돕는 것입니다. 동시에 '새가족반'에 편입되어 제자훈련을 받게 합니다. 새가족반은 교회에 처음 오신 분들을 위한 안내와 기본적인 복음 제시 공부를 합니다. 보통 새가족반의 교육을 받은 사람이 안 한 사람보다 정착률이 확실히 높습니다. 그들은 꾸준하게 신앙이 성장하며 교회에서도 일꾼화되는 것을 봅니다. 그런 다음 새신자를 '셀(구역)'로 편입시킵니다. 이제는 셀(구역)에서 관리하고 그곳에서 신앙 공동체를 이루며 교회생활을 즐겁게 하도록 지도합니다. 그다음에는 제자훈련 기초반, 중급반, 고급반, 지도자반 등으로 올라가며 믿음 성장과 성숙을 이루며 그들도 전도자가 되도록 재생산 작업을 하는 것입니다. 이렇게 교회가 정착하기 교육을 잘하면 교회도 든든해지고 전도도 폭발적으로 나타나는 부흥의 역사가 있게 됩니다.

예수님께서는 전도할 때 예루살렘에서부터 시작해서 온 유대와 사마리아와 땅 끝까지 복음의 증인이 되라고 하셨습니다. 예루살렘은 지역복음화입니다. 온 유대는 대한민국의 복음화입니다. 사마리아는 북한의 복음화입니다. 땅 끝은 세계선교화입니다. 이렇게 전도자는 작은 데서부터 큰 데로, 가까운 곳에서부터 먼 곳으로, 안에서부터 밖으로, 쉬운 곳에서부터 어려운 곳으로, 열린 비신자에게서부터 닫힌 비신자에게로, 아는 사람에게서부터 모르는 사람에게로, 내가 속한 중심 영역에서 변두리 영역으로, 복음을 점진적으로 전파해 나가는 것입니다.

(4) 증인 전도법

넷째로 '증인 전도법'이 있습니다. 그리스도인은 오직 성령이 임하시면 권능을 받고 예루살렘과 온 유대와 사마리아와 땅 끝까지 이르러 증인이 되는 사람입니다. 이런 복음의 증인이 되는 사람은 전도 대상자들에게 최소한 네 가지 원칙을 가지고 전도해야 합니다.

첫째, '예수님 자랑'입니다. 예수님의 증거가 가장 핵심적인 내용입니다. 오직 예수로 구원을 받으며, 천하에 예수 이름 외에 구원을 주신 일이 없습니다. 따라서 복음의 증인은 가장 먼저 예수님 자랑으로 시작해야 합니다. 내가 예수 믿기 전과 예수 믿은 후 달라진 것을 간증하며 전도하는 것입니다. 예수님 때문에 행복하고, 예수님 때문에 축복받았고, 예수님 때문에 능력 받았고, 예수님 때문에 변화되었다고 간증하는 것입니다.

둘째, '교회 자랑'입니다. 우리 교회가 정말 좋은 교회라는 것을 전해 주어야 불신자도 교회로 오고 싶지 않겠습니까? 따라서 교회로 인도하려면 먼저 예수의 피 값으로 세워진 교회를 지혜롭게 잘 자랑해야 합니다. 다시 말해, 불신자가 우리 교회에 오고 싶도록 교회의 장점을 마음껏 이야기해 주어야 한다는 것입니다. "우리 교회는 사랑이 넘칩니다, 우리 교회는 예배가 은혜롭습니다, 우리 교회는 말씀이 참 좋습니다, 우리 교회는 구제와 섬김을 잘합니다, 우리 교회는 편안하고 행복합니다, 우리 교회는 대한민국에서 제일 좋은 교회입니다." 소속감의 확신과 교회 자랑을 하면 상대방도 자연스럽게 끌리며 교회 나오고 싶은 마음이 생기는 것입니다.

셋째, '목사님 자랑'입니다. 교회에서는 주의 종, 목사님의 목양을 받습니다. 교회에 나가면 목사님의 설교를 듣고, 목사님의 목회방침을 따라갑니다. 그래서 교회는 어떤 목사님이 담임하시느냐에 따라 신앙의 성장이 달라지고 은혜의 강도가 달라지는 것입니다. 불신자들도 교회에 나가면 어떤 목사님이 목회를 하시는지 가장 궁금해하고, 목사님의 설교에 따라 등록 여부가 정해진다고 합니다. 교회 등록의 가장 큰 이유가 목사님의 설교라고 하지 않습니까? 따라서 전도자는 우리 교회, 우리 목사님의 자랑을 적절하게 잘해야 효과적인 전도가 이뤄질 수 있습니다.

넷째, '성도들 자랑'입니다. 성도가 교회입니다. 그리스도인이 교회입니다. 예비신자들은 내가 이 교회에 등록하면 어떤 성도들과 신앙생활을 할 것인지에 대해 고민할 것입니다. '내가 과연 적응할 수 있을지? 사회랑 똑같이 차별이 있다면 어떻게 하지? 생활수준이 안 맞는다면 어떻게 하지?' 등등을 생각하며 교회와 성도들의 상태를 궁금해할 것입니다. 따라서 전도자는 교회뿐만 아니라 함께 신앙생활 하는 성도들도 적절하게 자랑하는 것이 좋습니다. "우리 교회 성도들은 사랑이 많습니다, 기도를 잘 해줍니다, 예배와 찬양이 살아 있습니다, 웃음이 넘칩니다, 참 친절합니다, 얼굴 표정도 언제나 밝습니다, 성격들이 좋습니다, 화기애애합니다, 갈등이 없습니다, 참 편안합니다, 누구든지 편안하게 잘 대합니다." 이런 자랑을 통해 예비신자들의 마음을 여는 것입니다.

03
전도현장의 실제전략

> "또 내가 네게 이르노니 너는 베드로라 내가 이 반석 위에 내 교회를 세우리니 음부의 권세가 이기지 못하리라 내가 천국 열쇠를 네게 주리니 네가 땅에서 무엇이든지 매면 하늘에서도 매일 것이요 네가 땅에서 무엇이든지 풀면 하늘에서도 풀리리라"(마 16:18-19).

전도는 방법도 중요하다

지상 최고의 명령인 전도는 해도 되고 안 해도 되는 것이 아닙니다. 조건 없이 무조건 뛰어들어야 합니다. 나가면 있고, 안 나가면 없습니다. 말하면 있고, 말 안 하면 없습니다. 무조건 전도는 현장에 직접 나가야 열매를 맺는 것입니다. 그럼에도 불구하고 전도할 때 전략 없이 무조건 나간다면 그것은 군인이 총칼도 없이 전쟁터에 나가는 것과 마찬가지입니다. 따라서 전쟁에도 전술과 전략이 필요하듯이 전도에도 이론과 전술이 절대적으로 필요합니다. 예수님께서도 12제자를 보내면서 "보라 내가 너희를 보냄이 양을 이리 가운데로 보냄과 같도다 그러므로 너희는 뱀같이 지혜롭고 비둘기같이 순결하라"(마 10:16)고 말씀하셨습니다. 이것은 그리스도인이 전도할 때도 뱀같이 지혜롭게 미리 전략을 잘 짜고 경영을 해야 효과적으로 능률을 올릴 수 있다는 것입니다.

전도자 수칙

전도자는 복장 및 전도하는 자세, 전도할 때 대화 방법 등 전도에 필요한 사전준비를 잘 갖추어야 하고, 전도 수칙을 미리 인지함으로써 불신자와의 만남을 보다 더 편안하게 만들어 효과적으로 전도할 수 있게 해야 합니다.

첫째, 전도자는 사람을 만날 때 예의를 갖추어야 합니다. 인사를 깍듯이 하고 내가 누구인지 신분을 밝혀 주어야 합니다. "저는 어디 교회 아무개입니다" 하고 자기를 소개하고 다음 말을 시작해야 합니다. 만약 다른 손님이 있을 때는 "다음에 또 오겠습니다" 하고 친절하게 예의를 갖추어야 합니다.

둘째, 전도자는 외모도 단정해야 합니다. 사치한 옷은 삼가고 단정한 옷을 입고 편안한 복장을 취해야 합니다. 얼굴은 항상 웃는 모습을 하고, 이야기할 때 입에서 냄새가 나지 않도록 주의해야 합니다. 그래서 미리 껌이나 커피 등으로 냄새를 없애고 대화를 하는 것이 좋습니다. 더욱이 머리에 비듬이 없도록 미리 손질하는 것도 좋습니다.

셋째, 집 안에 들어갈 때는 약 1분 동안 밖에서 기다렸다가 들어가면 좋습니다. 그리고 방 안에 들어갈 때는 반드시 신호를 하고 들어가야 합니다. 들어가서 만나는 사람에게는 항상 웃으며 인사해야 합니다. 그리고 맨 먼저 그 가정을 위해 축복하며 기도하는 것입니다.

넷째, 전도 대상자를 만나면 우선적으로 약간의 칭찬을 하는 것이 좋습니다. 집안이 깨끗하다든지, 꽃이 예쁘다든지, 정돈이 잘되었다든지, 그 집안과 주인의 장점을 파악하고 꼭 한마디씩은 칭찬하십시오. 그리고 상대의 이름을 묻고 이야기할 때 그 이름을 다정하게 불러주는 것도 좋은 방법입니다. 또 앞으로 예수 믿으면 좋은 신자가 되겠다고 미리 말해 주는 것도 좋습니다. 단지 이야기할 때 전도 대상자의 약점은 절대로 건드리지 마십시오. 그리고 칭찬한다고 속이 보이도록 과하게 하면 오히려 부작용이 날 수 있습니다.

다섯째, 전도 대상자와 대화할 때는 항상 기도하며 해야 합니다. 처음 들어가기 전에도 기도하고, 들어가서도 기도하는 것입니다. 복음을 제시할 때도 기도하고 전하는 것입니다. 다시 말해, 한 사람은 말하고 한 사람은 기도하며 측면에서 돕는 것입니다. 전도는 성령의 역사를 의지하며 기도할 때 열매가 나타납니다.

여섯째, 상대방의 말을 가로막지 않도록 조심해야 합니다. 어떤 경우는 전도 대상자의 그 많은 말들을 다 들어주어야 합니다. 그래서 전도자는 항상 대화할 때 다 듣고 말하는 것이 좋습니다. 이야기할 때도 될 수 있으면 말을 적게 하고 듣는 것이 마음의 문을 여는 데 효과적입니다.

일곱째, 전도 대상자가 반대 의견을 표현할 때는 놀라지 말고 슬기롭게 대처해야 합니다. 혹 전도 대상자가 몰라서 묻는 질문은 간단히 대답하면 됩니다. 질문을 위한 질문을 할 때는 절대 논쟁하면 안 됩니다. 반대 의견은 정면으로 받지 말고 슬그머니 비켜가야 합니다. "그 질문은 아주 좋은 질문인데, 조금 있으면 알게 됩니다" 하며 각을 달리하면 됩니다. 만약 반대 의견에 답변이 필요하다면 그것은 성경적으로 하는 것이 바람직합니다. 더욱이 반대의견의 사례를 모으고 미리 공부하는 것이 많은 도움이 됩니다.

여덟째, 집을 방문할 때는 두 명 이상 하는 것이 좋습니다. 왜냐하면 두 명이 하면 두려움이 반감됩니다. 분위기를 좋게 합니다. 한 사람은 전도하고 한 사람은 기도하며 돕습니다. 만약 전도자가 말이 막힐 경우에는 옆사람이 보충으로 설명하며 도울 수 있습니다. 불시에 생길 수 있는 오해도 미리 방지할 수 있습니다.

고구마 전도법 – 일단 찔러 보라!

전도의 실제적인 방법 중의 하나는 고구마 전도법입니다. 고구마를 소재로 만든 전도법입니다. 소개하면 이렇습니다. "나가면 있고, 안 나가면 없다!", "말하면 있고, 말 안 하면 없다!", "생고구마 걱정 말고, 노는 입에 찔러 보자!"는 구호로 만든 전도법입니다.

① 첫 번째 젓가락 찌르기: "예수 믿으십니까?"

그런데 "예수 믿으십니까?" 질문하기 전에 먼저 칭찬과 호감을 표현합니다. "참 친절하시네요. 그런데 혹시 예수 믿으십니까?", "참 멋지네요. 그런데 혹시 예수 믿으십니까?", "참 아름다우시네요. 그런데 예수 믿으십니까?", "참 부드러워 보이시네요. 그런데 예수 믿으십니까?", "참 호감이 가는 얼굴이시네요. 그런데 예수 믿으십니까?" 이렇게 대화를 시작하는 것입니다.

② 첫 번째 젓가락 확실히 찌르기: "그래도 믿어야 합니다."

만약 "예수 믿으십니까?" 하고 말했더니 그 사람이 생고구마입니다. 아무리 찔러도 들어가지 않고 거부하며 딴소리를 합니다. 오히려 교회에 대해서 부정적이고 비판적인 말만 늘어놓습니다. 그러나 그때조차도 논쟁을 하거나 변명하려고 하면 안 됩니다. 대신 "그래도 예수 믿어야 합니다. 예수 믿으면 너~무 좋습니다" 하고 말해 주는 것입니다.

③ 두 번째 젓가락 찌르기: "기도하고 있습니다."

다음에도 한 번 이상 거부했던 생고구마 불신자를 만났습니다. 그럴 때마다 "제가 기도하고 있습니다" 하고 수시로 말해 주어야 합니다. 그것이 알게 모르게 전도 대상자에게는 각인이 됩니다. 그리고 "기도하고 있습니다!" 하고 말할 때 그 반응을 보면 어느 정도 익었는지 알 수가 있습니다. 마치 고구마를 계속 젓가락으로 찔러 보면 어느 정도 익었는지 알 수 있는 것과 마찬가지입니다.

④ 세 번째 젓가락 찌르기: 매일 30분씩 기도하기

전도자는 "하나님, 오늘 찔린 고구마가 잘 익게 해주시옵소서" 하고 매일 30분 이상씩 기도해야 합니다. 기도는 사람을 변화시킵니다. 기도는 환경을 변화시킵니다. 기도는 만사를 변화시키는 결정적인 역할을 합니다. 따라서 전도자는 매일 전도 대상자를 위해 기도하는 습관을 길러야 합니다.

⑤ 익은 고구마 거두기: 복음 제시와 교회로 인도하기

전도자가 이런 방법으로 불신자 생고구마를 익을 때까지 찔러서 결국 익은 고구마가 되면 복음을 제시하고 교회로 인도하는 것입니다. 익은 고구마는 마음이 어느 정도 열려 있기 때문에 복음을 제시하면 웬만하면 받아들입니다. 그러나 복음 제시에 자신이 없으면 교역자의 도움을 받는 것도 좋습니다. 그렇게 해서 전도 대상자를 교회로 인도하는 것입니다.

진돗개 전도법 – 한 번 물면 안 놓아준다

① 대상자 선정하기

- 우연히 만나는 사람도 대상자입니다.
- 가까운 사람, 자주 만나는 사람도 대상자입니다.
- 성령이 생각나게 하는 사람도 대상자입니다.
- 대상자를 많이 적을수록 좋습니다.

② 집중적으로 기도하기: "기도 없이는 전도도 없다."

- 매일 1시간씩 기도합니다.
- 현장에서도 기도하면서 전도합니다.
- 기도도 금식, 작정, 철야, 새벽 등 적극적으로 합니다.

③ 집중적으로 찾아가기: "백 번 찍어 안 넘어가는 나무 없다."

- 최소한 9~10번은 계속 찾아갑니다.
- 될 때까지, 끝까지 찾아갑니다.
- 한 번 물면 절대 놓지 않습니다.
- 감동받을 때까지 찾아갑니다.

④ 집중적으로 선물 주기: "선물은 사람의 마음을 녹인다."

- 한 번으로 끝나는 것이 아니라 계속합니다.
- 필요한 것, 놀랄 만한 것을 선물합니다.
- 관심과 사랑으로 선물도 적극적으로 합니다.

⑤ 집중적으로 복음 제시하기: "그리스도인임을 나타내라!"
- 한 번 들으면 거부할 수 있습니다.
- 실망하지 않고 지속적으로 말합니다.
- 만나면 교회, 신앙 이야기가 자연스럽게 되게 합니다.
- 분위기를 놓치지 말고 기회를 붙잡습니다.

⑥ 총동원주일에 한 번만 나오게 한다: "일단 교회 나오는 게 급선무다."
- 나올 때 인상이 깊도록 준비합니다.
- 시간 약속, 기다리거나 전화, 미리 만납니다.
- 자리 배치, 예배 후 목사님 면담 등을 준비합니다.

⑦ 계속 교회에 나오도록 유도한다.
- 한 번 나오면 계속 나올 가능성이 많습니다.
- 계속 찾아가며 나오도록 전략을 세웁니다.
- 정착할 때까지 절대로 놓치지 않습니다.

빌립 전도법 – 일곱 집사의 전도 조직

사도행전 최초 일곱 집사들의 전도 조직이 시발점이 되어 전도의 부흥이 일어났던 것처럼 오늘날도 일곱 집사와 같은 전도팀이 운영되는 것을 필요로 해서 '빌립 전도법'이라 하였습니다. 이것은 조직적이고 체계적인 방법으로 전도하는 전략을 말합니다.

첫째, 전도 전에 준비 기도부터 합니다. 빌립 집사는 기도를 많이 하는 집사였습니다. 모든 일에 기도보다 앞서지 않았던 집사였습니다. 그래서 사도행전에서도 기도할 때 성령께서 전도의 문을 여시고 전도할 사람을 붙여 주셨던 것입니다. 예수님께서도 전도하기 전에 금식기도 하신 것을 보면 전도 전에 기도는 반드시 해야 하는 필수 조건입니다(마 4:17-19).

둘째, 전도 조직을 만듭니다. 초대교회 일곱 집사들은 교회행정만 담당했던 것이 아니라 전도 조직을 만들었던 것을 볼 수 있습니다. 그들은 매일 나름대로 전도 일정에 따라 그 직무를 충실히 감당했습니다. 사도행전을 보면 스데반, 빌립 집사가 전도하는 장면은 초대교회 최고의 감동을 주는 이야기입니다. 이처럼 전도할 때는 초대교회 일곱 집사의 전도 조직처럼 전도팀을 만드는 것이 보다 더 효과적입니다.

전도대의 1차 조직은 기본적으로 2명씩 짝을 만들어 주는 것입니다. 이때 짝은 같은 셀(구역)이거나 기관, 친한 관계로 맺어진 사명자이면 좋습니다. 그래서 2명이 짝이 되어 한 팀을 이루는 것입니다.

전도대의 2차 조직은 2명이 짝이 되어 한 팀을 이루고, 그 두 팀이 합하여 한 조를 이루는 것입니다. 그래서 한 조는 4명으로 구성합니다.

전도대의 3차 조직은 두 팀이 한 조가 된 각조마다 이름을 붙여 조별 단합이 이뤄지도록 구호를 만들게 합니다. 그래서 전도할 때마다 4명으로 구성된 각 조별로 구호를 외치고 전도하러 나갑니다.

전도대의 4차 조직은 각 조에서 조장을 자유롭게 뽑고 조장은 리더가 됩니다. 그래서 전도할 때 전반사항에 대해 총괄하며 지도하고 섬기며 전도대를 앞에서 이끌어 갑니다.

셋째, 전도 조직이 끝나면 담임목사 또는 전도 교역자가 각 조별로 지역을 할당해 줍니다. 지역 할당은 조별의 선택과 지역을 골고루 분포받을 수 있도록 조율하는 과정을 거칩니다.

넷째, 각 조별로 전도목표를 스스로 결정하게 합니다. 그러면 4명으로 구성된 각 조는 서로 의논하여 일주일 목표, 한 달 목표, 상하반기 목표, 일 년 목표 등을 정해서 보고합니다.

다섯째, 교회에서 전도위원회를 구성하여 전도 조직을 체계화합니다. 먼저 전도대장을 담임목사가 임명합니다. 전도대장은 전도교역자이거나 아니면 실질적으로 전도활동을 직접 할 수 있는 중직자여야 합니다. 그다음에 전도위원회 임원들도 구성합니다. 총무, 회계, 서기를 두어 행정적인 일을 관장할 수 있게 합니다. 회의는 매월 1회로 모이고, 모임은 회계보고와 전도실적 등을 보고합니다. 그리고 다음 달 전도계획도 준비해서 발표합니다. 예산은 교회재정 지원, 전도헌금, 전도위원회 헌신예배, 남녀선교회, 각 기관별 지원 등에서 후원을 받아 충당합니다.

여섯째, 전도모임을 최소한 매주 한 번 정기적으로 갖습니다. 대체적으로 전도를 많이 하는 교회는 화·수·목에 모여 전도합니다. 금요일에는 셀(구역)이 모여 전도하고, 토요일에는 개인별 또는 팀별로 주일에 등록할 전도 대상자를 찾아다니며 전도합니다. 전도모임을 가질 때는 먼저 기도하고 간단한 이론교육을 받은 후 전도현장으로 투입됩니다. 그리고 전도 후에는 조별로 자체적인 보고회를 갖습니다.

일곱째, 전도방법을 하나만 고집할 것이 아니라 전도대원들이 지루하지 않도록 다양한 방법을 도입해서 적합한 전도전략을 세워 나가야 합니다. 지역과 계층, 아파트와 상가, 학교와 빌라 등의 특수성을 고려하여 거기에 맞는 전도방법을 연구하여 다양하게 시도하는 것이 좋습니다.

여덟째, 전도현장에 직접 나갈 수 없는 자들은 중보기도회를 조직하여 기도로 후원하게 합니다. 주로 연로하신 권사님이나 아기 엄마들, 다리가 아파 나갈 수 없지만 전도의 가슴을 가진 자들로 구성하면 전도에 훨씬 더 효과적인 역사가 일어납니다.

아홉째, 전 교인이 전도의 동기유발을 가지도록 전도 발표회를 갖습니다. 매 주일 전 교인이 모이는 오후 예배 시간에 전도 간증이 있도록 하여 전 교인이 전도에 대한 동기를 부여받도록 합니다. 전도 간증 또는 전도 발표회는 사전에 준비하여 횡설수설하지 않도록 은혜롭게 진행되게 해야 합니다.

열째, 전도대원 모집은 상·하반기에 걸쳐서 추가모집을 합니다. 전도위원회 추가모집은 예수님이 70인 전도대를 만드신 것처럼 70명의 전도인을 목표로 삼습니다. 대형교회일 경우는 2명씩 한 팀을 구성하여 6팀이 한 조를 이루는 것이 좋습니다. 다시 말해, 12명씩 한 조를 구성하여 운영하는 것이 효율적입니다.

아파트 전도법

아파트 전도법은 오늘날 현대인들이 가장 많이 거주하는 곳이 아파트이기 때문에 아파트 주민들을 효과적으로 전도하기 위해 붙여진 이름의 전도법입니다. 즉 아파트를 집중공략해서 전도의 열매를 맺는 체계적인 전도법입니다.

첫째, 아파트 입주 전의 전도단계입니다. 먼저 전도위원회를 구성하고 실질적인 전도훈련을 해놓아야 합니다. 또 잠이 없으신 권사님들을 중심으로 중보기도회를 결성하여 기도부대를 운영하는 것입니다. 더욱이 예산을 편성, 운영될 수 있도록 물질 후원자, 식사 대접, 특별헌금 등의 찬조를 받습니다. 특히 전도인들은 미리 전도 개인 조끼, 선물(생수, 부채, 휴지, 건빵 등), 전도지, 플래카드, 아파트 이사 날짜, 동, 호수 등을 확인해 놓습니다.

둘째, 아파트 입주 중의 전도단계입니다. 먼저 교회 차 한 대가 계속 아파트를 돌며 이사한 집, 또는 전도 가능 대상자를 파악하고 전도대장 또는 조장에게 보고를 합니다. 그리고 그들은 신속히 이사한 집이나 전도 가능 대상자를 찾아가서 확인한 후 담임목사를 초청해 과일 한 박스와 함께 선물을 주며 심방대원들과 기도한 후 등록카드를 작성하게 하고, 교패를 붙여 그 주에 교회에 나오도록 합니다.

또한 차량은 매일 스타렉스 2대, 15인승과 25인승을 5분 간격으로 계속 운행하며 아파트를 지나가는 사람들의 관심을 유도합니다. 주일에는 차량 5대가 3분 간격으로 주요 장소를 돕니다. 그때 교회를 못 찾아 서성대는 분들이 그 차량을 보고 교회로 올 확률이 높습니다.

모든 전도대원들은 1부 예배를 드리고 예배 한 시간 전에 예비신자, 전도 가능 대상자를 찾아갑니다. 항상 관리소장이나 경비 아저씨에게는 선물을 주어 좋은 관계를 유지해야 합니다. 특별히 경비 아저씨에게 선물을 주어 인적사항 등의 자료를 제공받을 수 있게 합니다. 더욱이 전도대원들은 매일 각 동에 최소한 3~10집 가량은 언제든지 찾아가 커피 한 잔을 마실 수 있는 관계를 만들어 놓아야 합니다. 그리고 전도를 마친 후에는 전도상황을 꼭 보고하고, 저녁에도 나와 기도로 양을 채웁니다. 교회 홍보는 아파트 엘리베이터 거울에 교회 이름을 붙여 홍보하게 합니다. 토요일에는 떡볶이를 만들어 아파트 내에서 어린이와 노인 전도를 집중적으로 하게 합니다.

셋째, 아파트 입주 후의 전도단계입니다. 아파트 전도는 입주 중에 열심히 뛴 교회가 많이 거두게 되어 있습니다. 입주 후에는 다양한 이벤트와 관계전도를 통해서 수확을 풍성히 해야 합니다. 먼저 아파트의 배경과 성향, 계층, 고향, 학교, 직장 등 연고지를 조사합니다. 그리고 거기에 맞는 전도전략을 세웁니다. 또 입주자 또는 전도 가능 대상자에게 주는 선물도 지혜롭게 선택을 합니다. 주로 예배상, 성구액자, 달력, 화분, 휴지, 성경책 등을 준비합니다.

더욱이 그들에게 이슬비 전도편지 등을 매주일 한 번씩 지속적으로 전달해 마음의 문을 열게 합니다. 또한 교회는 문화센터, 운동기구, 소그룹 성경공부 등을 준비하여 지역주민을 위한 편의를 제공합니다. 그리고 수시로 유명 초청강사, 인기 탤런트, 복음가수 등을 초청하여 특별간증집회를 통해 교회잔치를 베풀고 불신자들의 관심을 유도합니다. 부활절, 추수감사주일에는 지역주민에게 계란과 떡을 돌려 사랑을 함께 나눕니다. 무엇보다 중요한 것은 지속적인 사랑의 관계전도를 통해 지역주민들의 마음을 계속 여는 것입니다.

마지막으로, 교회 등록자에 대한 관리입니다. 새신자는 친절하게 왕 대접을 합니다. 새신자석을 따로 만들어 앉게 하고 전도자도 함께 앉습니다. 안내위원은 예쁜 유니폼을 입고 친절하게 안내합니다. 등록하신 분에게는 장미 한 송이와 목사님 설교집을 선물합니다. 등록을 마친 후에는 새가족반에 참석하여 교회 적응을 잘하도록 돕습니다. 전도대원은 1부 예배를 드리며, 주일예배 결석자는 예배 후에 즉시 전화하고, 그 주간에 반드시 심방해야 합니다. 만약 48시간 이내에 전화 또는 심방을 하지 않으면 시험 들 확률이 높습니다. 따라서 결석자는 반드시 그 주간에 연락을 해서 상황을 파악하는 것이 좋습니다.

셀(구역) 전도법 - 오이코스 전도법

셀(구역) 전도법은 오이코스 전도법으로 관계전도를 말합니다. 즉 셀(구역)에서 관계되는 사람을 팀을 이루어 지속적으로 만남으로 교회까지 인도하는 전도법입니다.

첫째, '전도카드 작성하기'입니다. 셀 모임에서 자신의 주변 사람들 중에 예비신자를 선정하여 전도 대상자 카드(VIP카드)를 먼저 만듭니다. 전도 대상자는 주로 불신 가족, 친한 친구, 지인, 직장 동료, 이웃집, 알고 지내는 사람 등등으로 이미 일면식이 있는 사람으로 적습니다. 그러나 일면식이 없어도 전도 가능한 사람으로 영감이 떠오르면 적는 것도 괜찮습니다. 1% 가능성만 있어도 그 가운데 역사하시는 분은 하나님이시기 때문입니다.

둘째, 전도카드 대상자를 놓고 '매일 30분씩 기도하기'입니다. 기도할 때는 매일 30분씩 최소 한 달 이상은 해야 합니다. 기도하고 안 하고의 차이는 엄청난 결과를 낳습니다. 기도한 예비신자는 대부분 6개월 이내에 결실을 맺는 것을 볼 수 있습니다.

셋째, 예비신자에게 '행복편지 쓰기'입니다. 최소한 4~7주 과정으로 매주 한 번씩 행복편지를 씁니다. 기독교 엽서나 예쁜 카드에 손수 편지를 써서 우편으로 전달합니다. 편지 쓸 때는 기도와 함께 쓰고, 전달할 때도 기도와 함께 전달하는 것입니다.

넷째, 예비신자의 집 '방문하기'입니다. 예비신자를 방문할 때는 그냥 가지 말고 꽃이나 선물을 가지고 가면 좋습니다. 혼자 가기보다는 두세 명이 동행하는 것이 좋습니다. 가서는 논쟁이나 강요를 해서는 안 됩니다. 그냥 만남이 좋아야 합니다. 화기애애한 분위기와 칭찬과 덕담을 통해 마음의 문을 열게 하는 것이 우선입니다.

다섯째, 예비신자 '접대하기'입니다. 한 번 방문한 것으로 끝나는 것이 아니고 함께 식사를 하거나 영화, 문화, 스포츠 운동 등을 함께하며 함께 먹고, 함께 웃고, 함께 놀기를 합니다. 최소한 3번은 만나야 이름을 기억하고, 6번은 만나야 마음의 문이 열리며, 9번을 만나야 친밀감이 느껴진다고 합니다.

여섯째, 셀(구역)로 '초청하기'입니다. 내가 친밀한 관계를 가졌다고 생각할 때 먼저 셀(구역)에 초청하면 좋습니다. 더욱이 셀(구역)의 첫 모임에 인상적인 축하파티를 하면 교회로 초청하는 데 더욱 효과적입니다. 거기에서 마음을 열면 그다음에 교회로 초청하는 것입니다. 그런데 이미 관계하며 접대할 때 마음의 문이 열렸으면 직접 교회로 초청하는 것도 나쁘지 않습니다. 오히려 직접 교회로 초청해서 교회에서 마음이 열리면 더욱 효과적일 수 있습니다.

일곱째, 교회로 '인도하기'입니다. 셀(구역) 모임이 성공적일 때 자연스럽게 교회로 인도하는 것입니다. 셀(구역) 모임이 잘되면 전도 대상자도 부담을 느끼지 않고 자연스럽게 교회로 인도받게 될 것입니다. 교회로 인도했을 때는 예배 첫인상이 매우 중요합니다. 새신자는 교회에 들어오는 순간 이미 10분 이내에 교회 분위기를 파악한다고 합니다. 따라서 미리 선물 준비하기, 안내위원의 친절한 인사, 착석 자리 준비, 옆 성도의 돌봄, 따뜻한 분위기, 끝나고 사랑의 돌봄 등을 잘 준비해야 합니다.

여덟째, 교회에 '정착하기'입니다. 먼저 등록을 했으면 새가족양육반에 들어가게 합니다. 거기서 적응을 하며 친구도 사귑니다. 또한 멘토를 선정하여 두세 명의 친구를 소개하며 관계 맺기를 합니다. 그렇게 매 주일 교회에 나오면 아는 사람이 한 사람씩 늘어납니다. 그리고 자연스럽게 셀 모임에 참석하게 하여 교회 정착을 이끌어 가는 것입니다.

셀(구역) 부흥의 공통된 11가지 DNA 유전자 정보

① 리더가 전도의 모델이 되었다.
② 전도자를 세우는 리더십이 있었다.
③ 정기적인 셀 모임이 있었다.
④ 인격적인 나눔과 돌봄이 있었다.
⑤ 제한된 인원의 셀 모임이 있었다.
⑥ 3~5개의 리더들을 관리하는 코치의 역할이 있었다.
⑦ 보통 6~9개월 동안에 한 번 번식하는 주기가 있었다.
⑧ 다음 세대를 준비하는 리더십이 있었다.
⑨ 셀의 모든 사람들이 기도하였다.

⑩ 모든 신자들이 불신자와 관계 세우는 일을 중요시했다.
⑪ 모든 멤버들은 리더로 성장하고자 하는 목표를 가졌다.

Come and Go 전도법

Come and Go 전도법은 크게 두 개의 축으로 전도하는 방법을 말합니다. 첫째는 초청하기 전도법이고, 둘째는 파송하기 전도법입니다.

1) 초청하기 전도법

초청하기 전도법은 총동원전도축제나 이웃초청간증집회, 열린음악회, 노인대학, 청년문학의 밤, 어린이공부방, 어머니교실, 아버지학교, 문화교실, 소그룹성경공부 등을 통해 지역주민들을 교회로 불러오는 전도법을 말합니다.

첫째, '토양 만들기'입니다. 교회는 전도를 위해 토양작업을 먼저 해야 합니다. 교회에서 먼저 영적 토양을 만들어 놓고 불신자를 초청해야 영적 고지를 점령할 수 있습니다. 그래서 작정전도기도, 세이레특별새벽기도, 기관별 기도, 저녁기도 등 기도로 먼저 토양작업을 해야 합니다. 그리고 실질적인 토양작업으로 전도책자, 전단지, 전도동영상, 전도구호, 전도로고송, 전도발표회, 전도목표, 초청선물, 초대장 등을 준비하며 차근차근 진행해 나갑니다.

특별히 초청하기 전도축제를 기획할 때는 행사를 지혜롭게 운영해야 합니다. 먼저 전도의 핵심 일꾼들을 만들고 작게 시작하는 것입니다. 어디를 가나 11%의 적극적인 사람이 있습니다. 이들부터 잘 무장시켜 제대로 가동되게 하는 것입니다. 그리고 반드시 성공에 대한 열매를 보여주어야 합니다. 그러면 그것을 보고 대다수 80%의 교인들이 따라오게 됩니다. 그러나 11%의 전도 핵심 그룹이 제대로 하지 못하면 영적 분위기가 와해될 것입니다. 그러므로 먼저 시작한 11% 핵심 그룹이 어떻게 하느냐에 따라 전도행사의 승패가 달라지는 것입니다. 또한 어느 그룹이든지 간에 저항하는 사람이 있습니다. 그 사람들은 대충 9% 정도를 차지합니다. 그들은 내버려두어야 합니다. 그들에게 초점을 맞추면 일도 안 될 뿐더러 오히려 분열과 갈등을 일으키게 됩니다. 그러므로 저항주의자들은 내버려두고 적극주의자들과 힘을 모아 성공적인 열매를 거두어야 할 것입니다.

둘째, '초대하기'입니다. 교회는 더 많은 사람을 초대하기 위해 여러 이벤트를 기획합니다. 예를 들어 유명강사초청집회, 열린음악회, 노인초청잔치, 청년문학의 밤, 어린이공부방, 주민문화교실, 사랑의 바자회, 셀 구역 초청의 날, 전도부흥회, 경품추첨잔치 등을 개최합니다. 그래서 불신자들이 이러한 이벤트들을 보고 교회에 나오도록 흥미와 관심을 유발하는 것입니다.

특별히 초청하기 전도축제를 성공적으로 이끌기 위해서는 세 가지가 필수적입니다. '광고와 선물과 은혜로운 말씀'입니다. 전단지를 뿌리든, 사람이 나가서 홍보를 하든, 광고를 얼마만큼 하느냐에 따라 초대의 숫자가 정해집니다. 두 번째는 초대받아 온 사람들에게 호감이 가는 필요한 선물과 식사를 어떻게 준비하느냐에 따라 다음 초대하기에도 영향을 미칩니다. 셋째는 무엇보다도 예배시간의 좋은 말씀이 초청자에게 가장 큰 영향을 미칠 것입니다. 따라서 초청하기 전도축제는 이 세 가지가 잘 어우러질 때 성공적으로 효과를 거두게 됩니다.

2) 파송하기 전도법

파송하기 전도법은 교회의 파송을 받아 전도인이 직접 전도 대상자와 관계를 맺고 복음을 전하여 교회로 전도하는 것입니다. 이것은 초청하기 전도법보다 훨씬 더 적극적이고 실질적으로 전도의 열매를 효과적으로 맺을 수 있는 좋은 방법의 전도법입니다.

첫째, 파송하기 전도에는 '축호전도'가 있습니다. 가가호호 집집마다 방문하여 전도 대상자를 찾는 것입니다. 아파트 또는 빌라 전도를 할 때는 매일 1시간씩 2~4라인 이상을 집집마다 두드립니다. 그렇게 해서 동과 호수 상태를 파악하고 그림을 그려서 그 집 종교, 이름, 배경 등을 조사해 나가는 것입니다. 그러면 그중에서 반드시 전도열매가 맺히는 역사가 있게 됩니다. 축호전도는 용기와 담대한 믿음만 있으면 폭발적인 증거가 나타나는 좋은 전도법입니다.

특별히 아파트 전도할 때 일주일에 한 번 뻥튀기를 전도지와 함께 문에 걸어 놓아 보십시오. 또는 두부나 강냉이 등 물품을 전도지와 함께 문에 걸어 놓아 보십시오. 한 달만 하면 분명히 반응이 올 것입니다. 그러면 거기에서 전도 가능 대상자가 걸러지며 관계하기가 쉬워지는 것입니다. 또한 1명의 전도 가능 대상자를 만들려면 보통 10명은 만나야 된다고 합니다. 그러면 하루에 10명을 만나려면 몇 시간을 투자해야 할까요? 하루에 1시간은 투자해야 합니다. 그렇게 하면 6개월이면 60명, 1년이면 120명을 전도할 수 있다고 합니다. 전도왕들은 대부분 하루에 10명을 만나는 방식으로 효과적인 전도의 열매를 맺는다고 합니다.

둘째, 파송하기 전도에는 '차 전도'가 있습니다. 차 전도도 사람 만나는 전도의 양식으로 해야 합니다. 보통 전도하는 교회들을 보면 차 또는 부침개, 호떡, 사탕, 건빵 등을 전도지와 함께 돌리는 것으로 끝납니다. 그렇게 전도하고는 '아, 오늘 전도 잘했다' 하고 만족감을 느낄 뿐 그 이후가 없습니다. 그러나 그렇게 하면 전도의 열매를 맺을 수 없습니다. 진정한 차 전도는 사람을 만나는 전도입니다. 차 전도를 통해서 사람을 만나고, 이야기를 하며 이름과 주소를 받아 기도하고 그 사람과 지속적인 관계를 맺어야 합니다. 그러니까 차 전도는 차를 돌리는 것으로만 끝나면 안 됩니다. 차 전도를 통해 사람과 접촉점을 찾고 차 전도 이후에도 계속 기도하고 전화, 문자 또는 방문을 통해 전도의 끈을 이어가야 합니다. 그렇게 할 때 반드시 좋은 전도의 열매를 맺게 되는 것입니다.

셋째, 파송하기 전도에는 '상가 전도'가 있습니다. 상가 전도는 교회 주변 상가 일대를 규칙적으로 돌아보는 것입니다. 이것은 많은 시간을 요하지 않습니다. 전도지와 주보, 간단한 선물 등을 돌리며 "저는 그리스도인입니다. 이 옆에 어느 교회에서 나왔습니다" 하고 소개만 해도 됩니다. 그렇게 규칙적으로 상가를 돌며 전도하면 그 중에서도 변화되는 신자가 나옵니다. 실제로 어느 목사님이 상가를 돌며 "나는 어느 교회 목사입니다" 하고 주보와 전도지를 돌렸는데, 한 달 만에 두세 명의 등록신자가 생겼다고 간증했습니다. 그러므로 전도자들은 최소한 1년에 두 번은 교회 주변 상가와 아파트를 돈다는 목표를 삼고 열심히 찾아다녀야 합니다.

넷째, 파송하기 전도에는 '셀 전도'가 있습니다. 셀에서 인맥을 동원해 각자 불신자 1~3명을 적습니다. 그것을 차례로 셀원 2~3명이 불신자 1명을 찾아가 전도하는 것입니다. 이것을 6주 동안 방문하며 함께 놀아 주기를 하고 7주째에 셀과 교회로 초대하는 것입니다.

이것을 역으로 하는 방법도 있습니다. 셀원 3명이 각각 불신자 1명씩 지정된 셀원의 집으로 초대하는 것입니다. 그렇게 6명이 모이면 각자 집을 돌아가며 6주간 함께 놀기 친목 모임을 갖습니다. 그리고 마지막 7주째는 6명이 또 각각 1명씩 더 초대합니다. 그렇게 12명이 모이면 셀원 3명은 멋진 파티와 이벤트를 준비해 12명이 아주 친밀한 관계를 형성케 합니다. 그리고 그중에서 교회 관심자를 셀과 교회로 초청하는 것입니다.

다섯째, 파송하기 전도에는 '재능 전도'가 있습니다. 이것은 아파트나 이웃집 중에서 관심 분야에 재능기부하는 형식입니다. 예를 들어, 아파트 현관에 광고를 붙여서 피아노, 오카리나, 미술치료, 독서치료, 심리치료, 아기 엄마 차 모임, 수다 모임 등으로 모집합니다. 또는 전도 대상자 중에서 원하는 사람이 있으면 찾아가 모집을 합니다. 그렇게 해서 모집이 되면 개인적으로 찾아가 6~12주 과정의 재능기부를 합니다. 그런데 그때 1명만 받는 것이 아니라 여러 명이 들어오면 모두 받고 돌아가면서 모임을 갖습니다. 그렇게 재능기부를 한 후 마지막 주에는 전체 파티를 개최합니다. 이때 2~3명의 셀원들이나 전도팀이 함께 참석을 합니다. 그리고 그중에서 관심자들을 셀과 교회로 초청하는 것입니다.

여섯째, 파송하기 전도에는 '맞춤형 전도'가 있습니다. 사람을 찾아갈 때는 대상과 환경, 배경 등을 파악하고 거기에 맞게 전도하면 효과적입니다. 예를 들어, 장례식 때에는 죽음을 자연스럽게 대하기 때문에 장례 전도대를 운영하면 아주 효과적입니다. 교회도 장례식 때는 더욱 신경을 써서 장례를 잘 집례하면 유족들의 마음이 자연스럽게 열리는 것입니다. 사실 유족들도 장례식 때만큼은 싫든 좋든 설교를 들어야 하기 때문에 복음을 전하는 아주 중요한 계기가 될 수 있습니다.

또한 집안에 이사, 결혼, 애경사, 각종 행사 잔치들이 생길 때는 절대 기회를 놓치지 말고 찾아가 전도의 적절한 타이밍으로 사용하는 것이 좋습니다. 그런 경우에는 교회가 사랑의 마음으로 함께하기 때문에 다음에 전도할 때도 아주 쉽게 마음을 열고 교회로 나오는 계기가 되는 것입니다. 그러므로 전도대원들은 주변에 이사를 했거나 지인의 애경사를 잘 챙기는 관심을 가져 전도의 활성화를 일으키는 역사가 있어야 하겠습니다.

또한 청년들을 전도 대상자로 삼는 전도는 청년들의 필요를 알고 채우는 관계전도를 지향해야 합니다. 요즈음 위기의 세대가 청년들입니다. 3포 시대, 5포 시대, 7포 시대 등 청년들이 방황하는 희망난민의 시대라고 합니다. 이들의 주된 관심이 직장 및 진로, 배우자의 문제, 행복한 생활이라고 합니다. 따라서 밖에 나가 전도할 때는 지하철, 카페, 캠퍼스, 호수공원, 헬스장, 문화 광장, 군대, 버스 정류장, 혼자 걷는 외로운 청년, 변화가 앞, 상가 앞 등을 찾아 청년들의 필요를 상담하는 콘텐츠를 가지고 전도하면 효과적인 방법이 될 것입니다.

또한 노인을 대상으로 하는 전도도 노인의 필요에 맞추는 것이 중요합니다. 오늘날 국가도 노인 장수시대를 맞아 복지에 심혈을 기울이고 있습니다. 교회도 마찬가지로 구제와 복지 사역으로 노인전도에 힘을 써야 합니다. 예를 들어 노인대학을 운영한다든지, 이동목욕센터를 운영한다든지, 노인정과 요양원 등의 섬김 사역, 홀몸노인과 노숙자, 생활보호자 등의 섬김 사역, 또 교회 노인초청잔치를 개설한다든지, 노인 영정사진을 찍어 주고 교회장례 편의를 제공하는 것 등을 통해 노인의 필요중심적인 전도를 하는 것이 효과적입니다.

또한 아이들 전도도 맞춤형으로 해야 합니다. 오늘날은 주일학교도 예전에 비해 많이 줄어들고 있는 실정입니다. 그것은 아이들의 필요를 교회가 따라주지 못하기 때문입니다. 옛날처럼 사탕 주고 장구 치는 전도방법은 끝났습니다. 이제 그 방법은 더 이상 통하지 않습니다. 집에 가면 더 좋은 것이 많기 때문입니다. 지금은 아이들 전도와 교육도 창조적인 방법으로 해야 변화가 일어납니다. 예를 들면 매주 짜장면 사주기, 반별초대 여행 가기, 피자토크, 독서마라톤, 공부방전도, 피시방전도, 파티초청전도, 학교 밖 전도, 달란트 전도 등 다양한 콘텐츠를 개발하여 전도해야 하는 시점입니다.

또한 전도할 때 현대사회의 시대적 문화흐름을 읽으면 좋습니다. 왜냐하면 현대인들이 어떤 교회의 모습을 좋아하는지를 알면 전도하기가 훨씬 용이하기 때문입니다. 먼저 현대인들은 소리치고 과격하게 전도하는 것을 싫어합니다. 인격적이고 예의 바른 방법으로 전도받는 것을 좋아합니다. 또한 교회가 싸우거나 다투는 소문이 있는 교회를 싫어합니다. 화기애애하고 사랑이 많은 교회를 선호합니다. 더욱이 헌금을 강요하거나 부담스러운 봉사를 조장하는 것을 싫어합니다. 자발적인 봉사와 헌신이 자연스럽게 묻어나는 교회를 선호합니다. 그래서 전도할 때도 이런 사회적 문화성향을 잘 읽으면 어떻게 불신자를 대해야 할지 잘 알 수 있는 것입니다.

일곱째, 파송하기 전도는 '기질전도'가 있습니다. 사람에게는 누구나 다 기질이 있습니다. 관계를 맺다 보면 잘 맞는 기질이 있고 안 맞는 기질도 있는 것을 발견합니다. 따라서 전도할 때도 상대의 기질을 알면 거기에 맞게 보다 더 효과적으로 전도할 수가 있습니다.

먼저 주도형을 가진 D형의 불신자를 파송 전도할 때는 돌려서 전도하면 답답해합니다. 본론보다 결론을 먼저 말하는 것이 좋습니다. 따라서 주도형의 기질을 가진 불신자는 직선적이고 솔직하게 전도를 해야 오히려 잘 먹힐 수 있습니다.

또한 사교적인 I형의 불신자를 전도할 때는 논리적이거나 직선적인 전도를 하면 안 됩니다. 딱딱하게 전도하면 아주 싫어합니다. 이런 분은 재미있고 화기애애한 분위기를 띄우며 복음과 교회의 유익을 강조하면 자연스럽게 전도의 분위기에 들어오게 됩니다.

더욱이 변화를 싫어하는 안정형인 S형의 불신자를 전도할 때는 한번으로 끝내려면 안 됩니다. 그들은 마음을 쉽게 열어 주지 않습니다. 조금씩 두고보며 간을 먼저 봅니다. 그래서 이들에게는 꾸준하게 신뢰를 쌓으며 전도해야 합니다. 그러나 일단 진심이 통하여 한 번 마음이 바뀌면 그들은 놀라운 신자가 되는 것입니다.

마지막으로 논리적이고 분석적인 C형의 불신자를 전도할 때는 비판적인 말에도 성경적으로 잘 대답하며 이성적이고 합리적인 방법으로 설득을 시켜야 합니다. 성경적 근거와 신앙적 데이터를 가지고 논리적으로 설명할 수 있어야 합니다. 그렇게 해서 일단 수긍이 되면 이런 분들도 놀라운 변화를 일으키는 것을 볼 수 있습니다. 이처럼 전도할 때도 그 사람의 기질에 따라 반응을 하면 보다 효과적인 전도의 열매가 맺히게 될 것입니다.

은혜 전도법

우리 교회 전도법입니다. 일명 '은혜 전도법'이라고 합니다. 이것은 성령 받고 은혜 받으면 전도하지 말라고 해도 전도하는 전도법입니다. 은혜를 받으면 자연히 성령의 인도함으로 전도한다는 것입니다.

먼저, 은혜 전도법은 구체적인 '전도 사명 선언문'을 작성합니다. 나는 하나님의 은혜를 따라 하루에 10명씩 만나고, 1시간씩 전도하겠다는 결심을 합니다. 또 평생 100명의 전도 목표를 정하고 거기에 따라 등록수를 늘려가는 전도를 결단합니다. 교회 주변은 최소한 1년에 2번은 방문하는 계획을 잡습니다. 1명을 전도하기 위해 최소한 10번 이상은 접촉하기를 결단합니다. 전도 대상자를 위해서는 하루에 30분 이상씩 기도하기로 다짐합니다. 내가 전도한 사람은 끝까지 책임지기로 서약합니다. 나는 전도할 때 예수님 자랑, 교회 자랑, 목사님 자랑, 성도 자랑을 자연스럽게 하기로 결단합니다. 그리고 내가 예수 믿기 전과 후를 잘 정리해서 변화된 내 모습을 명백하게 전하기로 결단합니다.

둘째, 은혜 전도법은 생명 살리는 '전도헌금'을 자원하는 것입니다. 셀별, 기관별, 전도팀별, 개인별로 전도헌금을 다 작정하고 내가 직접 못하면 기도로, 헌금으로 전도의 헌신을 다합니다. 여기저기서 수많은 찬조금이 들어오기도 합니다. 이것은 은혜를 받으니까 가능한 것입니다. 은혜가 떨어지면 하라고 해도 못합니다. 그런데 은혜 받으니까 헌금도 풍성해집니다. 그래서 전도축제 준비를 위해 강사료, 식사뷔페, 전단지, 전도지, 현수막, 전도선물, 개인초청선물, 경품 추첨 등을 풍성하게 준비할 수 있습니다.

셋째, 은혜 전도법은 '만나고 나누고 전하는' 삼박자 전도법입니다. 은혜 받으니까 나가서 외치는 것입니다. 보이는 사람마다 만나는 것입니다. 어쨌든 하루에 열 사람 만나는 것을 목표로 합니다. 1명 전도를 위해 열 번은 만나는 헌신을 합니다. 만나면 그다음은 무조건 나눕니다. 축복하고 칭찬하고 격려하고 선물도 마음도 나누는 것입니다. 함께 놀고, 함께 웃고, 함께 사랑하는 관계를 계속하는 것입니다. 그리고 마지막으로 예수 자랑, 교회 자랑, 목사님 자랑, 성도 자랑으로 복음을 전하고 셀(구역)과 교회로 초청합니다.

넷째, 은혜 전도법은 전도한 사람을 '끝까지 책임'지는 것입니다. 전도한 것으로 끝나지 아니하고 살리고, 세우고, 전하는 단계까지 훈련을 시킵니다. 이것이 가장 큰 보람이고 상급입니다. 은혜 전도법은 전도 대상자를 믿음으로 성장시켜 나와 같이 재생산이 이뤄지도록 번식하게 하는 것입니다. 교회도 신자를 기도와 말씀으로 잘 양육하여 셀 리더 세우기, 전도자 세우기, 전도왕 키우기, 전도 중보기도자 세우기, 전도연구소 설립 등을 통해 재생산과 번식을 이루도록 하는 것입니다. 이것이 건강한 교회, 은혜 받은 성도의 참모습입니다.

* **우리 교회 전도대 조직표**
  ① 대회장 - 담임목사 / 준비위원장 - 장로 또는 전도대장
  ② 홍보부 - 전단지, 플래카드, 기념품 선정 등

③ 예산부 - 행사를 위한 재정 동원과 관리
④ 전도부 - 축호전도, 셀 전도 등 실제적인 전도 담당
⑤ 기도부 - 전교인 릴레이 기도, 세 이레 새벽기도 등 기도회 일정 담당
⑥ 식당봉사부 - 예배 후에 식사, 음식 준비, 테이블 선정 및 서빙 담당
⑦ 예배봉사부 - 사진 촬영, 찬양 준비, 방송시설 및 꽃과 기념품 준비
⑧ 안내부 - 안내 위치 선정, 새신자 좌석 배치, 선물 지급, 카드 접수 등을 담당
⑨ 차량부 - 전도하는 날과 당일 차량에 관한 일체 담당
⑩ 양육부 - 새신자 양육 및 후속관리 담당

* **한 주간 전도 전략 - 전 교인이 한 가지 이상씩 동참하기**
① 새벽전도 - 인력시장, 일산 재래시장, 중산공원 등(월)
② 출근전도 - 정류장, 교통안전 보조요원 등 커피전도(월)
③ 축호전도 - 아파트전도, 맨투맨전도 등 방문전도(화)
④ 편지전도 - 예비신자들을 대상으로 편지하는 전도(화)
⑤ 노인전도 - 노인정, 홀몸노인, 복지관 방문전도(수)
⑥ 문화전도 - 문화센터 교제를 통한 전도(화~목)
⑦ 체육전도 - 등산 및 축구 등과 같은 스포츠 전도(월, 토)
⑧ 환자전도 - 병원 및 장기 환자 방문전도(토)
⑨ 소외자전도 - 경찰서, 교도소, 소년소녀가장, 홀몸노인 방문전도(토)

⑩ 청소년전도 - 학교 앞 전도, 짜장면 전도, 청년상담, 결혼예비학교(토)

⑪ 어린이전도 - 학교 앞 전도, 공부방, 악기독서교실, 어머니학교(토)

⑫ 무료 상담 - 가정, 자녀, 진로, 코칭상담, 법률상담 등(화, 목, 주일)

* 전도자의 전도방법 유형들
① 선포형 전도 - 노방 전도형, 거리 선포형(세례 요한)
② 설득형 전도 - 논리 정연한 전도(사도 바울)
③ 간증형 전도 - 체험을 근거로 한 전도(바디매오, 혈루증 여인)
④ 인간관계형 전도 - 관계 지속 전도(삭개오, 나사로)
⑤ 초청형 전도 - 와 보라 전도(안드레, 빌립, 수가 성 여인)
⑥ 봉사형 전도 - 구제, 봉사로 전도하는 유형(다비다)

Chapter 5

교회 부흥의 패러다임

"하나님의 말씀이 점점 왕성하여 예루살렘에 있는 제자의 수가 더 심히 많아지고 허다한 제사장의 무리도 이 도에 복종하니라"(행 6:7).

01
교회 부흥의 인식 전환

시대가 많이 달라졌습니다. 옛날보다 문화도, 유행도, 언어도 빨라졌습니다. 하루가 멀다 하고 달라집니다. 교회도 시대적 변화에 발을 맞추어야 합니다. 사회가 원하는 것이 무엇인지 알아야 합니다. 교회가 사회를 위해 어떻게 해야 하는지도 알아야 합니다. 바꿀 것은 바꾸어야 합니다. 교회의 갱신과 변화도 일어나야 합니다. 이제는 교회 부흥의 인식 전환이 필요한 때입니다.

사역 안목의 변화

'시대가 영웅을 만드는가? 영웅이 시대를 만드는가?' 둘 다 맞는 말입니다. 그런데 엄밀히 말하면 시대가 먼저 영웅을 만들고, 그다음에 영웅이 시대를 움직여 갔습니다. 나폴레옹, 히틀러, 박정희 등 모두 시대를 타고 영웅이 되었으며, 그다음에 또한 그 영웅들이 시대를 움직였던 것입니다.

우리나라 대기업들도 1960~70년대 시대의 흐름을 타고 급성장했습니다. 정주영, 이병철 등과 같은 영웅이 탄생했습니다. 또한 그들이 시대를 움직여 갔습니다. 한국교회도 마찬가지였습니다. 그 시대의 흐름을 꿰뚫어 본 교회들은 거의가 성장을 거듭했습니다. 대표적인 목사가 조용기, 옥한흠 목사와 같은 사람이었습니다. 그 시대의 흐름인 삼박자 축복과 신유를 들고 여의도순복음교회와 조용기 목사는 한 시대를 풍미했습니다. 그 이후에 말씀과 제자훈련을 대변한 사랑의교회와 옥한흠 목사도 한국교회의 역사에 중요한 큰 획을 그었습니다.

이처럼 지도자는 앞을 바로 보는 시대정신을 가지고 있어야 성공할 수 있습니다. 새 술은 새 부대에 담아야 합니다. 더욱이 오늘날같이 빠르게 변하는 시대에 지도자는 더더욱 시대를 대변하는 문화를 볼 줄 아는 통찰력을 가져야 복음을 효과적으로 전할 수 있습니다. 그렇다면 오늘날 21세기는 어떤 시대적 문화특성을 가지고 있습니까?

1) 사람 중심의 시대

첫 번째로 '사람 중심의 시대'입니다. 포스트모더니즘과 다원주의 사상이 중심인 이 시대는 사람이 중심이고, 사람이 자산입니다. 즉 모든 활동을 사람 위주로 하는 휴머니즘 사상이 주류를 이루고 있는 시대입니다. 그래서 21세기는 개인주의, 인간주의, 인본주의, 자기실현, 자유와 평등 등 인간다움을 존중하는 인간성이 중심이 되어 나타나고 있는 시대입니다.

그런데 기독교는 하나님 중심의 사상을 가지고 있습니다. 구원받은 성도는 하나님의 영광을 위해서 살고, 하나님의 나라와 의를 위해 사는 사람입니다. 궁극적으로 보면 사람 중심의 시대와는 안 맞는 구조적 한계가 있습니다. 그럼에도 불구하고 교회도 사람을 살리고 세우고 번식하게 하는 사람교육을 통해 하나님께 영광을 돌리는 것은 이치에 맞는 것 같습니다. 그래서 교회의 사역 안목도 일은 놓친다 해도 사람은 놓치지 말고, 사람을 살리고 세우는 사람 중심의 사역이어야 합니다. 그러면 그 사람이 변하고, 변한 그 사람이 또한 하나님께 영광 돌리는 일을 할 것입니다.

2) 여성의 대중화 시대

두 번째로 '여성의 대중화 시대'입니다. 오늘날은 여성 파워의 시대입니다. 여성의 발언권이 세지고, 여성의 사회적 진출도 늘어가며, 여성의 활동영역도 대중화되었습니다. 이제는 무엇을 하든지 여성이 돕지 않으면 일 자체가 안 되는 구조까지 되어 버렸습니다.

예를 들어, 아파트 운영 결정은 부녀회가 하는데, 부녀회 회장이 누구입니까? 여성입니다. 집안의 돈은 누가 관리합니까? 여성이 합니다. 물건 구매 결정을 누가 합니까? 여성이 합니다. 카드 사용 점유율, 누가 많습니까? 여성입니다. 집 매매 누가 합니까? 아내가 합니다. 차 매매를 누가 합니까? 남자가 조사해 놓으면 최종 매매 결정은 아내가 합니다. 옷 결정 누가 합니까? 여성이 합니다. 정치도 선거 때가 되면 아줌마 부대를 놓치면 낙선하게 됩니다. 여론 향배의 가장 중요한 역할을 하기 때문입니다. 사업을 시작하시는 분도 제일 먼저 생각하는 고객층이 누구입니까? 여성입니다. 여성을 놓치면 망하기 때문입니다.

이처럼 모든 분야에 여성이 대중화되는 시대가 되었습니다. 교회도 마찬가지입니다. 한국교회의 부흥에는 여성도들의 헌신이 큰 몫을 담당했습니다. 그들의 아름다운 눈물과 피와 땀과 수고를 아끼지 아니한 헌신이 있었기에 지금의 교회가 폭발적인 부흥의 역사를 이룰 수가 있었습니다. 그런데 지금은 여성도들의 영육의 수준이 더 올라갔습니다. 옛날과는 전혀 다른 지성과 감성의 필요가 있습니다. 복잡한 사회적 구조에 여성들의 스트레스는 더 커졌습니다. 이것은 교회 안에서도 마찬가지입니다. 여성들이 담당하는 각종 직분과 역할, 사명과 헌신은 더 커졌고, 거기에 따른 믿음의 역량도 더 커져야만 했습니다. 여성의 리더십도 한층 더 복잡해졌습니다. 따라서 여성도들을 위한 치유와 회복, 가정상담 개발, 제자양육 프로그램, 여성 리더십 등을 한층 더 심도 있게 개발해야 한국교회의 부흥은 더욱 진일보할 것입니다.

3) 편안함 선호의 시대

　세 번째로 '편안함 선호의 시대'입니다. 21세기는 감성(EQ)을 중심으로 하는 시대입니다. 불편하고 불안한 분위기보다는 편안하고 행복한 분위기를 좋아하는 시대입니다. 옳고 그름을 따지기보다는 좋고 싫고를 느끼는 세대들입니다. 감성주의, 편안한 문화, 편안함이 매력인 시대를 우리는 지나가고 있습니다. 유재석 씨가 왜 국민MC입니까? 진행이 편안하기 때문입니다. 그는 리액션을 참 편안하게 합니다. 칭찬도 디테일하게 해서 상대로 하여금 편안하게 이야기하도록 합니다. 그래서 유재석 씨 코너에 함께하면 스타가 된다는 이야기도 있습니다. 편안함이 무기입니다. 안성기 씨가 왜 국민배우입니까? 편안하기 때문입니다. 영화인의 길을 평생 걸어오며 편안한 이미지는 그의 최고의 매력이었습니다. 이금희 아나운서의 진행은 달랐다고 합니다. 리액션이 다르고 대화의 태도도 달랐다고 합니다. 이야기에는 스탠드 스피킹이 있고, 싯다운 스피킹이 있는데 이금희 아나운서는 항상 청중의 눈높이에 맞추는 싯다운 스피킹을 했다고 합니다.

　미국 타임스에서 정치·경제·사회·문화의 분야에서 성공한 사람들을 조사해 보았는데 그 이유가 편안함이었다고 합니다. 비즈니스를 편안하게 했다는 것입니다. 편안한 관계의 비즈니스야말로 성공의 지름길이라는 것입니다. 가구를 살 때도 보십시오. 어떤 가구가 비싼 가구입니까? 편안한 가구입니다. 안락하고 편안할수록 가격이 높습니다. 반면에 어떤 가구가 쌉니까? 불편한 가구입니다. 앉기도 불편하고 눕기도 불편하고 불편하면 싼 것입니다. 아파트도 마찬가지입니다. 편안한 아파트가 비싸고, 불편한 아파트가 싼 것입니다. 이처럼 우리는 편안하고, 내가 좋아야 하고, 행복해야 하는 것이 주류를 이루는 문화적 감성의 시대를 지나가고 있습니다.

물론 이것이 다 좋은 것은 아니지만 편하고 재미있는 분위기를 선호하는 시대적 흐름을 선용하는 지혜가 필요합니다. 그래서 오늘날 한국교회들도 편안함을 추구하려고 합니다. 의자도 편안하게 현대식 의자로 많이들 바꿉니다. 영상도 준비하고 스크린도 띄워 예배 진행을 편안하게 하려고 합니다. 물론 여기에는 단점도 있습니다. 너무 편안하다 보니 예배의 집중도가 떨어집니다. 영성의 질도 떨어지는 경향이 있습니다. 성경 찬송도 아예 가지고 오지 않고 편안한 마음만 가지려고 합니다. 이런 외부적 편안함이 초신자들에게는 좋을지 모르지만 기신자들에게는 신앙의 깊이를 떨어뜨리는 요소가 되기도 합니다.

이제 한국교회는 교회의 편안함을 외부적인 것으로만 치장할 것이 아니라 내면적 편안함으로 바꾸어 나가야 합니다. 예수님께서도 수고하고 무거운 짐을 내려놓고 주님 안에서 편안히 쉬라고 하셨습니다. 그것이 바로 내면적인 편안함입니다. 그러므로 교회는 예배의 편안함, 설교의 편안함, 찬송의 편안함을 밀도 높게 개발해야 합니다. 그것은 교회가 신앙의 내면적인 치유와 회복에 중점을 두고, 자유와 사랑과 희망을 강조하며, 평안과 기쁨과 감사가 넘치는 신앙생활을 유도하는 것입니다. 편안한 교회, 편안한 성도, 편안한 봉사가 있는 교회가 부흥합니다. 이것이 시대적인 흐름입니다.

4) 전문적 실력의 시대

네 번째로 '전문적 실력의 시대'입니다. 21세기는 4차산업의 시대를 열었습니다. 이 시대는 전문가의 시대이고, 질적 수준이 높은 시대이며, 제대로 실력을 갖춘 사람이 인정받는 시대가 되었습니다. 다시 말해, 무한경쟁의 시대에는 웬만한 이야기나 사건은 감동도 되지 않습니다. 관심도 없습니다. 배우려고 하지도 않습니다. 그래서 사람들은 무관심, 무감동, 무감각의 감정을 가지고 살아갑니다. 세상에는 좋은 것이 너무 많기 때문에 앞서가는 쇼킹한 사건이 없으면 눈길 한 번 주지 않는 감성문화입니다.

그래서 오늘날에는 제대로 실력 있는 인재 한 사람이 가정을 먹여 살리고, 직장을 먹여 살리고, 국가를 먹여 살리는 역할을 합니다. 허위공표, 뻥튀기 홍보, 내실 없는 조직, 실력 없는 학벌 등은 금방 표시가 납니다. 이제는 기본기가 제대로 갖춰지지 않으면 나중에 더 큰 손실과 피해를 입게 되는 것이 현실입니다. 무엇을 하든지 제대로 된 실력을 갖춘 자가 성공하고 인정을 받는 시대가 되었습니다.

이 시대는 기본기를 잘 갖춘 사람이 위기를 기회로 만듭니다. 제대로 된 실력을 갖추면 사람들이 알고, 가족들이 알고, 사회가 알고, 나도 압니다. 삼성전자가 세계 1위입니다. 미국, 영국, 중국이 무너뜨리려 해도 잘 되지 않습니다. 그들과 격차가 1년입니다. 왜 이렇게 앞서 가고 있습니까? 기본기가 튼튼하기 때문입니다. 탁월한 실력을 갖추고 있기 때문입니다. 삼성은 수입의 9조 4천억 원을 연구비와 기술개발비에 투자합니다. 연구원만 5만 명이 넘고, 매년 새로운 아이템을 위해 밤낮 노력하는 회사입니다. 한마디로 미래를 위해 더 큰 기본기를 키우는 회사이기 때문에 세계 최고의 회사가 된 것입니다.

운동선수들도 보십시오. 오랜 유명 선수들은 기본기가 튼튼한 사람들입니다. 반짝 스타가 아니라 계속 노력하며 피땀 흘리며 실력을 키운 사람이 성공합니다. 세계적인 피겨 스케이팅 선수였던 김연아 씨를 보십시오. 그녀가 한 번의 회전동작을 만드는 데 만 번의 연습을 한다고 합니다. 그리고 엉덩방아를 1,800번이나 꽈당 한다고 합니다. 그런 후에야 동작 하나를 완성한다는 것입니다. 기본기가 튼튼한 선수였습니다. 세계적인 발레리나 강수진 씨도 발가락이 다 터질 정도로 연습벌레였다고 합니다. 요즈음 아이돌 연예인들도 실력을 인정받기 위해 수많은 세월 동안 연습생으로 피눈물 나는 연마를 한다고 합니다. 이제는 수준이 높은 시대이기 때문에 제대로 된 실력을 갖추지 못한 사람은 금방 탄로가 나며 인정받지 못한다는 것입니다.

여러분, 스티븐 스필버그의 1시간 강의료가 얼마인지 아십니까? 2억 5천만 원이라고 합니다. 지식사회에서 그의 강의를 듣는 것이 초미의 관심사이며, 무언가 들을 만한 비법이 있기 때문에 그렇게 비싼 것입니다. 워런 버핏과 점심식사를 하는 것도 5천만 원 정도가 든다 하지 않습니까? 그만큼 그의 노하우와 뭔가 비법이 있기 때문에 그렇게 비싼 것입니다. 요즈음 창업을 할 때도 꿈과 자신감만 갖고 하면 100% 망한다고 합니다. 그전에 전문성을 길러야 합니다. 실력을 길러야 합니다. 기본기를 튼튼히 해야 합니다. 그렇게 전문성을 갖춰 놓고 창업을 하면 괜찮습니다. 성공할 확률이 높습니다. 음식점을 차려도 내가 전문가라면 주방장이 속을 썩여도 내가 할 수 있습니다. 컴퓨터도 내가 전문가라면 주변의 소문이 벌써 쫙 하고 퍼집니다. 일하는 데도 실력을 인정받기 때문에 금방 일어날 수 있다는 것입니다.

오늘날 교회도 마찬가지입니다. 1970~80년대까지만 해도 교회 깃발만 꽂아도 교회가 부흥했습니다. 시대적으로 영적 필요가 강했기 때문입니다. 그런데 지금은 아닙니다. 영육의 수준이 높아졌기 때문에 교회도 웬만큼 영적 실력이 높지 않으면 불신자들이 관심을 갖지 않습니다. 심지어 성도들도 더더욱 감동을 받지 않습니다. 그래서 교회도 실력을 키워야 합니다. 제대로 된 영성의 실력이 있어야 합니다. 기도의 능력이 있고, 말씀의 깊이가 있으며, 찬송의 은혜가 나타나야 합니다. 전도의 역사가 순환되어야 합니다. 생활의 변화가 수반되어야 합니다. 경건의 모양이 아니라 경건의 능력이 있는 교회가 되어야 합니다.

오늘날 부흥하는 교회는 세 가지가 탁월합니다. 첫째, 설교가 탁월합니다. 성도들이 교회를 정하는 첫 번째가 목사님의 설교라고 하지 않습니까? 그러므로 담임목사님은 설교 준비에 목숨을 걸고 자기 개발을 위해 끊임없이 몸부림치며 발전해야 합니다. 둘째, 봉사가 살아 있습니다. 부흥하는 교회는 봉사하는 성도들의 표정이 다릅니다. 자원하는 마음으로 기쁨이 넘칩니다. 관계가 좋습니다. 자부심으로 봉사합니다. 셋째, 전도가 순환됩니다. 고이면 썩습니다. 새신자가 계속 들어오는 교회는 부흥하지 않을 수 없습니다. 그래서 부흥하는 교회는 전도부가 활성화되어 있습니다. 그리고 전도 프로그램이 있고, 기도팀, 전도팀, 봉사팀이 매일 가동되어 교회 부흥의 초석을 만드는 것입니다. 교회는 최소한 이 세 가지 전문성을 갖추어 탁월한 실력을 준비해야 합니다.

5) 네트워크 시대

다섯 번째로 '네트워크 시대'입니다. 네트워크는 사람과 사람을 이어주고, 조직과 조직을 연계하며, 정보를 공유하고, 사람들을 연결시키는 관계의 묶음을 말합니다. 21세기는 혼자서 다 하는 독불장군의 시대가 아닙니다. 더불어 살아가며 서로 연결하여 융합과 통합을 이루고 더 평화로운 관계를 지향하는 시대입니다. 옛날에는 소수 엘리트들만 있으면 됐습니다. 그러나 이제는 화려한 싱글은 외롭습니다. 아무리 좋은 아이템이라도 혼자 하면 힘이 듭니다. 해야 할 많은 짐을 분담할 수 없습니다. 실패할 확률이 높습니다. 그러나 함께하면 시너지 효과가 있습니다. 더욱더 빛이 납니다. 연대의 효과가 두 배, 세 배로 증폭됩니다. 그래서 일도, 사람도, 꿈도, 비전도 네트워크를 이루며 연합하면 놀라운 역사를 발휘하는 것입니다.

성경에도 아론과 훌과 여호수아가 모세를 도와 아말렉과 싸울 때 엄청난 시너지 효과가 있었습니다. 기드온도 훈련된 용사 300명과 연대할 때 미디안의 20만 군사를 물리칠 수 있었습니다. 다윗도 아둘람 굴에서 400명의 동지들과 함께할 때 역사를 바꾸는 큰일을 할 수 있었습니다. 바울도 로마서 16장에 나오는 최소한 36명의 동역자들이 함께할 때 세상을 복음화시키는 놀라운 역사가 일어났던 것입니다. 모두가 네트워크의 사역을 했기 때문에 성공적인 결과를 가져올 수 있었습니다.

21세기는 네트워크 시대입니다. 얼마만큼 좋은 사람, 좋은 팀을 만드느냐에 따라 성공과 실패, 행복과 불행이 나뉘는 것입니다. 좋은 네트워크를 이루는 데는 세 가지의 중요한 전제조건이 있습니다. 첫째, '좋은 사람'을 만나는 것입니다. 대가를 만나는 것입니다. 바보 온달이 평강공주를 만났기 때문에 고구려의 훌륭한 장수가 될 수 있었습니다. 12제자들이 예수님을 만났기 때문에 세상을 변화시키는 주역이 될 수 있었습니다. 디모데가 바울을 만났기 때문에 훌륭한 목회자가 될 수 있었습니다. 따라서 좋은 네트워크를 이루기 위해서는 좋은 사람을 만나고, 좋은 인맥을 형성하는 것이 중요합니다.

둘째, '좋은 팀'에 들어가는 것입니다. 좋은 팀은 체계적인 시스템이 있습니다. 성공의 노하우를 가지고 있습니다. 성숙한 연대가 이뤄집니다. 팀에 대한 자부심이 넘칩니다. 같은 꿈과 비전을 나눕니다. 서로를 세워 주고 밀어 줍니다. 한국교회에 여의도순복음교회와 사랑의교회가 대표적인 좋은 팀입니다. 여의도순복음교회와 사랑의교회 출신들이 다 목회를 잘하는 것을 볼 수 있습니다. 그들이 좋은 팀을 형성했기 때문입니다. 다시 말해, 그들은 순복음교회의 성령운동과 사랑의교회 제자훈련 시스템을 목회에 잘 접목했기 때문에 성공했던 것입니다. 좋은 교회, 좋은 시스템, 좋은 체계를 만났기 때문입니다.

셋째, 좋은 사람, 좋은 팀을 만나지 못했다고 해도 '내가 좋은 사람이 되고, 내가 좋은 팀을 만드는 것'입니다. 우리는 남의 탓을 잘합니다. 그래서 실패하면 환경 탓, 사람 탓, 외부의 조건 탓으로 돌립니다. 물론 일정 부분 일리가 있습니다. 그러나 그런 말을 하는 사람은 실패합니다. 이미 패배의식과 열등의식에 사로잡혀 있기 때문입니다. 기회는 주어지는 것이 아니라 만들어 가는 것입니다. 준비된 사람이 성공합니다. 실력을 갖춘 사람이 기회를 붙잡습니다. 그러므로 내가 가치 있는 사람이 되면 됩니다. 내가 좋은 프로그램을 개발하면 됩니다. 내가 좋은 팀을 만들면 됩니다. 그러기 위해서는 끊임없는 자기 개발과 성장을 경험해야 합니다. 노력하지 않으면 아무것도 거두지 못합니다. 네트워크 사역에 세 번째가 제일 중요하며, 내가 그런 사람으로 성장하면 당연히 좋은 사람이 몰려 훌륭한 네트워크를 형성하게 되는 것입니다.

교회도 마찬가지입니다. 좋은 목사님, 좋은 장로님, 좋은 교회, 좋은 구역(셀)을 만나면 좋습니다. 그러나 그렇지 않다 할지라도 내가 좋은 성도, 좋은 셀(구역), 좋은 교회를 만들면 됩니다. 그러면 자연스럽게 좋은 셀, 좋은 교회가 되는 영향력을 미치게 됩니다. 그때에는 좋은 인재들도 몰려들고 아름다운 네트워크가 형성되는 축복을 누리게 되는 것입니다.

6) 국민 참여의 시대

여섯 번째로 '국민 참여의 시대'입니다. 오늘날 정치·경제·사회·문화의 흐름은 국민이 적극적으로 주도하는 시대가 되었습니다. 정치도 국민의 소리를 듣지 않으면 망합니다. 경제도 소비자의 성향을 모르면 실패합니다. 사회도 국민의 문화를 읽지 못하면 소비가 되지 않습니다. 이제는 위에서 아래로 내려가는 하향식 문화가 아니라 아래에서 위로 올라가는 상향식 문화가 주를 이루고 있습니다. 수직적 문화가 아니라 수평적 문화가 훨씬 더 공감대를 얻는 시대가 되었습니다.

옛날에는 경제도 생산자 중심이었습니다. 물건만 잘 만들면 잘 팔렸습니다. 그런데 이제는 물건만 잘 만든다고 되지 않습니다. 모양도 중요합니다. 디자인도 고려해야 합니다. 광고 효과도 무시할 수 없습니다. 광고도 매력적으로 어필해야 합니다. 소비자의 성향이 무엇인지 알고 있어야 판매량을 늘릴 수 있습니다. 한마디로 소비자 중심, 서비스 중심의 시대가 도래한 것입니다. 우리나라 최고의 기업인 삼성의 모토가 한때는 "마누라 빼고 다 바꿔" 아니었습니까? 그것은 소비자 중심에서 생각하고, 소비자가 원하는 것이면 무엇이든지 다 바꾸라는 의미였습니다.

이제 한국교회의 사역적인 문화도 달라져야 합니다. 평신도 사역의 목회가 중심이 되어야 합니다. 성도들의 필요와 아픔, 그들의 신앙적 욕구, 그들이 원하는 봉사와 교회관, 목회자상 등을 간파해야 합니다. 그리고 평신도들이 교회사역에 주도적으로 참여하고 이끌어 가도록 유도해야 합니다. 이제는 평신도들도 수준이 높아졌습니다. 강요하고 협박한다고 해도 듣는 사람이 없습니다. 오히려 자신의 신앙적 기준이 맞으면 이전보다 더 적극적으로 참여하고 헌신하는 경향이 많아졌습니다. 문제는 그들의 동기를 어떻게 끌어내느냐, 어떻게 설교하고, 어떻게 홍보하며, 어떻게 감동을 줄 수 있느냐, 또는 어떻게 그들의 마음을 사로잡을 수 있느냐입니다. 이제는 목회자의 권위적 리더십에서 평신도들의 적극적인 참여를 유도하는 수평적 리더십으로 바뀌어야 하는 시대가 되었습니다.

7) 바른 영성을 준비하는 시대

일곱 번째로 '바른 영성을 준비하는 시대'입니다. 21세기는 미래가 어디로 튈지 모르는 럭비공 시대입니다. 지금까지는 대부분 예측 가능했습니다. 과학도, 문화도, 지식도 그 시대의 엘리트들을 통해 미래를 예측할 수 있었습니다. 그러나 이제는 앞으로 어떻게 변화될지 아무도 상상할 수 없는 그런 시대가 되었습니다. 다시 말해 모호성, 상대성, 개인화, 개성화, 자유화의 물결이 급속도로 일어나며 기존의 형태를 완전히 뒤바꾸는 그런 시스템이 가동될 것입니다. 한마디로 더욱더 인간적인, 인간의, 인간을 위한 인간 중심의 시대가 도래할 것입니다.

그래서 21세기는 예측할 수 없는 미래를 더 철저히 준비하는 시대가 되었습니다. "이제 앞으로 인공지능의 시대가 옵니다. 경제통합의 시대가 옵니다. 우주통합의 시대가 옵니다" 등 예측을 하며 여러 가지 실험과 준비를 가동하고 있습니다. 한국교회도 마찬가지입니다. 지금까지의 부흥의 패러다임이 완전히 달라지는 새로운 패턴의 교회 모습을 볼지도 모릅니다. 신앙의 자유주의 물결이 한층 강화되며 동성애, 다원주의, 상황윤리신학, 낙태, 자살, 인권주의, 동물영혼사상, 외계인 예수사상 등으로 보수주의, 복음주의를 더욱더 위협하게 될 것입니다. 따라서 한국교회는 바른 신학과 바른 영성을 시대적 변화에 맞게 적용하고 개혁하는 작업이 필요하며, 어떻게 하면 복음의 본질을 훼손시키지 않고 건강하게 부흥 성장을 이룰 수 있을 것인지 끊임없이 연구 개발해야 합니다.

사역 유형의 변화

이제부터는 21세기 교회사역 유형의 변화에 대해서 말씀드리겠습니다. 사람마다 교회사역을 하는 스타일이 다 다릅니다. 지피지기면 백전백승이라, 자기를 알고 적을 알면 백 번 싸워 백 번 이긴다는 말입니다. 내가 일하는 사역의 스타일이 어떤 유형인지 알면 장단점을 수정 보완해서 더 훌륭한 사역자와 폭발적인 교회 부흥의 요소로 바꿀 수 있습니다.

1) 일 중심의 사역

첫 번째로 '일 중심의 사역'이 있습니다. 사도 바울과 같은 사역자입니다. 사역의 원칙을 세우고 중요한 일부터 우선순위로 하는 지도자입니다. 이들은 확신과 열정이 있습니다. 불도저와 같은 추진력이 있습니다. 그러나 타협은 없습니다. 잘못했을 때는 사정없이 질타합니다. 일이 되도록 합니다. 무조건 밀어붙입니다. 이들이 만약 정치를 했다면 독재자와 같은 스타일일 것입니다. 그러나 이들과 함께 일하면 상처도 많이 받을 것입니다. 많이 부딪혀야 하고 많이 노력해야 하며 많이 배우게 될 것입니다. 반면에 일 중심의 사역자는 많이 외롭고 고독합니다. 자신과의 싸움도 끊임없이 겪어야 합니다.

바울이 왜 많은 사람들에게 상처를 주었습니까? 일 중심의 사역을 했기 때문입니다. 오로지 복음의 목표를 위해 한 점 부끄럼 없이 사정없이 밀어붙이며 최선을 다했습니다. 그러다 보니 주변의 많은 사람들이 적이 되고 말았습니다. 그들은 바울을 사도가 아니라고 공격했습니다. 바울을 죽이고자 하는 특공대도 생겼습니다. 사도 바울은 이런 안팎의 많은 장애를 안고 승리했습니다. 그는 업적을 많이 남겼지만 상처뿐인 영광이 남게 되었던 것입니다.

일 중심의 사역은 일을 되게 합니다. 앞으로 나아가게 합니다. 그러나 일하는 과정에서 많은 상처를 낳을 수 있기 때문에 조금은 천천히 할 필요가 있습니다. 전후좌우를 보고 사람도 환경도 보면서 한 템포 정도 늦추면 훨씬 더 효과적일 수 있습니다. 너무 성급히 하다 보면 일이 되는 듯하나, 나중에 더 꼬이는 경우도 있습니다. 그래서 일을 시작하기 전에 먼저 그룹의 사람들을 설득하는 과정이 조금은 필요합니다. 또 일의 시기도 무작정 하기보다는 환경과 사람에 따라 적절하게 결정하는 융통성도 필요합니다.

2) 직분 중심의 사역

두 번째로 '직분 중심의 사역'이 있습니다. 교회가 직분을 따라 움직이는 유형입니다. 즉 교회가 직분을 주면 그 직분에 합당한 신앙생활을 유도하는 것입니다. 한국교회는 그동안 직분 중심의 신앙생활을 많이 했습니다. 교회에 6개월 이상 나오면 학습을 받고, 1년이 되면 세례를 받습니다. 또 2년 이상이 되면 집사, 안수집사, 권사, 장로가 됩니다. 물론 연조가 길다고 해서 다 장로까지 올라가는 경우는 아니지만 대체적으로 별 무리가 없으면 장로가 되는 경우도 많습니다. 또 직분에 합당한 헌금생활을 잘하면 장로가 되는 데는 무리가 없었습니다.

우리나라는 체면문화이고, 감투문화입니다. 인정받고 칭찬 듣고 감투를 씌워 주면 거기에 합당하게 잘하는 문화적 특성을 가지고 있습니다. 그래서 한국교회도 직분이 마치 감투인 것처럼 여겨져서 직분을 받으면 신이 나고 책임감도 생겨 잘하는 경우가 많습니다. 특히 권사 직분은 우리나라에만 있는 직분입니다. 그런데 여성도들이 권사의 직분을 받으면 교회에서 물심양면으로 헌신하는 경우들이 참 많습니다. 권사의 영광스러움과 존귀함이 묻어 있기 때문입니다. 이렇게 직분을 받으면 열심히 헌신하는 좋은 장점도 있습니다.

그러나 직분이 감투적인 의미로만 끝나면 문제가 생깁니다. 오늘날 한국교회에서 목사와 장로의 갈등이 잦은 이유가 무엇입니까? 감투적인 생각 때문입니다. 장로 직분이 권위가 있고 높은 지위의 직분이라는 생각이 앞서기 때문입니다. 우리의 직분이 섬김과 사랑과 나눔으로 나타나는 기능적인 소명감보다는 인정받고 대우받고, 지시적이고 권위적인 요소가 더 드러나다 보니 교회 갈등의 원인이 되기도 하는 것입니다. 그래서 장로 중에는 돈 장로와 백수 장로가 있다고 합니다. 돈 장로는 헌금 많이 하고 어깨에 힘을 주며 자기주장을 내세우는 사람을 말합니다. 백수 장로는 텃세 장로로 하는 일은 없으면서도 사사건건 참견하는 장로를 말합니다. 둘 다 문제가 있습니다.

이제 직분의식이 바뀌어야 합니다. 직분이 주는 좋은 장점은 살려야 하지만, 감투의식이나 권위의식의 거품은 빼야 합니다. 그러기 위해 구원의 확신과 사명의식이 분명한 분들을 먼저 직분자로 세워야 합니다. 또 직분교육도 매우 중요한 과제입니다. 직분자들은 직분의 사명을 매 순간 의식하고 겸손과 섬김의 자세를 갖도록 직분교육을 매년 상하반기로 해야 합니다. 교회는 직분자들이 살리는 것입니다. 철저히 직분자들이 깨어지고 바로 설 때 그 교회는 건강하고 부흥하는 교회로 각광을 받는 것입니다.

3) 제자훈련 중심의 사역

세 번째로 '제자훈련 중심의 사역'이 있습니다. 이것은 성경을 중심으로 체계적으로 제자훈련을 시켜 교회사역을 할 수 있도록 하는 것입니다. 그렇게 하면 우선 흔들리지 않는 믿음의 반석 위에 세워집니다. 개인 신앙의 확고한 영적 뿌리를 깊이 내릴 수 있습니다. 또 교회 구조적 차원에서도 체계적인 질서를 확립할 수 있습니다. 단계적으로 제자훈련을 거쳐야만 직분도 받고 사역도 할 수 있기 때문에 굳건한 질서를 세울 수 있습니다. 교회 조직을 세울 때도 직분 중심의 교회보다는 제자훈련 중심의 교회가 시간은 조금 더 걸려도 훨씬 더 견고한 교회의 모습을 가질 것입니다. 제자훈련 중심의 교회는 비록 서서히 가지만 쉽게 무너지지 않는다는 장점이 있습니다.

그러나 제자훈련 중심의 교회의 단점이 있습니다. 너무 성경공부 위주의 사역을 하다 보면 교인들 중 일부는 지성만족의 일꾼이 된다는 것입니다. 배우고 감동하고 토론하는 것은 잘하는데, 막상 현장에서 봉사하고 사랑하고 섬기는 일은 잘 못하는 경우도 있습니다. 더욱이 성경공부만 하다 보면 영적 고집이 생깁니다. 완고함이 있습니다. 지적인 교만함이 있습니다. 생활의 변화보다는 계속 지적 충족의 습관화로 전락하는 경우가 있습니다. 그래서 제자훈련 중심의 교회는 바리새인과 서기관이 되지 않기 위해서 내면의 변화를 일으키는 제자훈련을 해야 합니다. 생활의 변화를 일으키는 제자훈련을 해야 합니다. 기도훈련을 겸하는 제자훈련을 해야 합니다. 가르쳐 지키게 하는 제자훈련을 해야 합니다. 가정과 사회에서도 바르게 사는 제자훈련을 해야 하는 것입니다.

4) 사람 중심의 사역

네 번째로 '사람 중심의 사역'이 있습니다. 교회에서 이 사역이 가장 효율적이고 성경적인 사역의 방법입니다. 사람을 살리고 세우고 번식하는 사역입니다. 아이부터 어른까지 한 영혼을 소중하게 여기는 사역입니다. 일 중심의 사역이든, 직분 중심의 사역이든, 제자훈련 중심의 사역이든 사람을 제대로 세우지 않으면 아무 소용이 없는 사역이 됩니다. 그래서 사람 중심의 사역은 교회 전 영역에서 필요한 사역입니다.

사람 중심의 사역은 많은 사람을 성숙하게 합니다. 인격적인 변화를 낳습니다. 많은 영혼을 얻을 수 있습니다. 인생과 신앙을 성장시켜 줍니다. 영혼의 변화를 가져오게 합니다. 일도 열심히 하게 합니다. 능률도 오릅니다. 향상성이 있습니다. 온전케 하고 관계를 돈독하게 합니다. 그래서 교회사역이든지, 인생의 관계이든지 사람이 자산입니다. 사람을 잘 세워 놓으면 큰 유익이 있습니다. 엄청난 변화가 있습니다. 놀라운 축복의 역사가 펼쳐집니다.

그런데 한국교회는 사람 중심의 사역을 하지 않습니다. 일 중심의 사역을 많이 합니다. 그래서 교회를 화려하게 꾸미고, 이벤트 프로그램을 개편하거나, 연예인 초청과 유명인 초청 등 일 중심의 사역으로 교회를 대형화하려고 합니다. 영혼 사랑하는 마음보다 교회 숫자를 늘리는 쪽에 관심이 있습니다. 그래서 전도의 방향도 불신자를 전도하는 수직전도가 아니라, 기신자가 다른 교회로 옮기는 수평이동이 많은 실정입니다. 이제 한국교회는 일 중심의 사역에서 사람 중심의 사역으로 대전환을 이루어야 할 때가 되었습니다. 그때 비로소 진정한 변화와 양질의 부흥이 이루어질 것입니다.

그러나 사람 중심의 사역도 단점이 있습니다. 그것은 사람에게 끌려다니는 경우입니다. 사람을 양육하다 보면 별 사람이 다 있습니다. 그중에는 문제도 많고 골치 아픈 골칫덩어리들도 있습니다. 일부러 사역자를 골탕 먹이고 자기 생각대로 안 되면 이리저리 끌고 다니는 경우도 있습니다. 그러다 보면 결국 일도 안 되고 사람도 잃게 되는 것입니다. 그래서 사역자는 사람에게 끌려다니면 절대로 안 됩니다. 원칙 있는 훈련 프로그램을 가지고 꾸준한 관계로 변화의 주도권을 가지고 가야 합니다. 선명한 비전으로 점차적으로 변화의 틀을 만들어 가는 기획자가 되어야 합니다.

02
교회 부흥의 주요 특징들

　한국교회의 부흥은 지금까지 유교문화의 영향으로 전통적인 방법이었습니다. 다시 말해, 한국교회의 기도와 말씀, 예배와 전도 등의 시스템이 권위적이고 수직적이며 획일화된 전통적 방법의 패턴을 가지고 있었습니다. 그러나 이제는 교회의 사역문화도 다양하게 달라졌습니다. 여러 가지 영성의 유입과 개인주의가 맞물리면서 교회구조의 획일화도 무너졌습니다. 부흥의 패턴도 다양해졌습니다. 이제는 교회의 사역문화도 변화되지 않으면 복음을 효과적으로 전할 수 없게 되었습니다. 그러므로 이제는 전통적인 구조를 확 바꾸어야 합니다. 현재 진행되고 있는 다양한 문화와 영성의 스타일을 어떻게 교회에 접목할 것인지 끊임없이 몸부림치며 연구 개발해야 합니다. 그래야 한국교회의 새로운 부흥의 도약을 맞이할 수 있을 것입니다.

교회의 새로운 부흥을 위하여

1) 예배의 혁명

먼저 '예배의 혁명'입니다. 교회에 영적 회복의 본질 중에 예배가 가장 중요한 영역입니다. 신앙은 예배가 무너지면 다 무너집니다. 예배의 성공은 인생의 성공이고, 예배의 실패는 인생의 실패입니다. 한 번 예배를 잘 드림으로써 인생이 성공하기도 하고 실패하기도 합니다. 그만큼 예배는 성도들의 신앙생활에 가장 중요한 요소가 됩니다.

현대에는 예배의 형식도 다양하게 변화되고 있습니다. 예를 들어 아이들에게는 어른 예배의 형태를 강요하면 안 됩니다. 어린이들은 놀이문화를 통해 학습하는 시기입니다. 그런데 어른 방식의 주입식 예배만 강조하면 부작용을 낳고, 믿음도 성장하지 않을 것입니다. 청소년 예배도 마찬가지입니다. 거기에 맞는 열린예배를 드림으로 영적인 마음이 열리도록 해야 할 것입니다.

또 어떤 교회는 '편안한 예배 스타일'을 추구하기도 합니다. 지치고 힘든 영혼이 교회에 와서 참된 쉼과 안식을 얻으라는 것입니다. 전원교회 예배 스타일입니다. 이런 교회는 예배의 형식에 구애받지 않습니다. 자유롭게 찬양하고 기도하고 말씀을 듣습니다. 예배 후에는 자연탐방, 운동, 휴식, 또는 각종 문화행사 등을 하며 성도 간의 교제를 돈독히 합니다. 요즈음에는 이런 전원교회의 예배 스타일을 유지하는 교회도 많습니다. 치유적인 측면의 예배 스타일입니다.

또 어떤 교회는 '은사적인 예배 스타일'을 추구합니다. 이것은 뜨거운 영성의 필요를 채우는 예배입니다. 주일 오전예배에도 뜨거운 통성기도가 있습니다. 역동적인 찬양이 있습니다. 감동적인 말씀 선포와 치유기도가 있습니다. 성도들도 아멘 하며 크게 화답하고 기쁘게 은혜 받습니다. 이들도 각박한 세상에서 은사적인 예배를 통해 새 힘을 얻는 것입니다. 주로 오순절 계통의 교회들이 이런 예배 스타일을 좋아합니다.

또 어떤 교회는 예배의 경건함을 강조하는 '전통적인 예배 스타일'을 유지하기도 합니다. 이 예배는 분위기가 차분하고 거룩하며 경건합니다. 아이들도 이런 예배에는 깊은 경건을 느끼며 조용해집니다. 찬송도 고전적이고, 찬양대도 전통적입니다. 말씀도 깊이 있게 강해하며 생활 설교를 합니다. 이런 예배는 요즈음처럼 빨리 돌아가는 세상 문화에 반하여 내면의 깊이를 채워주는 예배의 형식입니다. 주로 지성적 갈구를 원하는 신자들이 좋아하는 스타일이라 할 수 있습니다.

또 어떤 교회는 '찬양 중심의 예배 스타일'을 좋아합니다. 요즈음 많은 교회들이 이런 찬양 중심으로 예배를 드리고 있습니다. 특별히 청년들과 젊은 세대가 있는 교회는 더욱더 그렇습니다. 찬양은 성령이 역사하시는 강력한 도구입니다. 마음의 문을 열게 하고 성령의 충만함을 받게 합니다. 그래서 찬양 중심의 교회는 주로 전반부는 찬양으로 예배를 인도합니다. 그리고 후반부는 기도와 말씀으로 마무리합니다. 이런 단순하면서도 은혜로운 예배 스타일이 현대 신자들에게는 역동적이고 영감 있는 예배로 다가가고 있습니다.

더욱이 현대 교인들은 예배의 형식이 빠른 템포(속도)의 찬양을 좋아합니다. 젊은층이 많은 교회에서는 더더욱 그렇습니다. 반면에 노인층이 많은 교회에서는 다소 느린 속도의 찬양예배가 안정적일 수 있습니다. 그럼에도 불구하고 어떤 형태의 교회든지 간에 빠른 템포(속도)의 찬양을 하는 예배가 역동적인 분위기를 주도하고, 부흥하는 교회의 특징이 되기도 합니다.

또한 오늘날은 예배시간이 길지 않은 것이 추세입니다. 사회의 모든 모임도 길게 늘어지는 것 자체를 싫어합니다. 교회 예배도 마찬가지입니다. 목사님 설교는 30분 이내, 예배는 한 시간 이내에 끝내는 것을 좋아합니다. 현대인들은 볼거리도 없고 내용도 없이 길게 늘어지면 시간낭비이고 손해 본다고 생각합니다. 교회에서야 그런 일은 없겠지만 마음문은 조금씩 닫힐 것입니다. 그래서 좋은 콘텐츠(내용)의 예배를 기획해야 합니다. 설교도 내용이 좋아야 합니다. 내용도 없고 길게 한다면 재미있기라도 해야 합니다. 이것도 저것도 아니라면 무조건 짧게 해야 그나마 인정받을 수 있습니다.

또한 예배순서의 대표기도는 3분을 넘으면 안 됩니다. 주로 장로님들이나 안수집사님들이 기도 인도를 담당하는데, 창세기부터 계시록까지 내용을 훑어 내려가는 경우가 있습니다. 어떤 경우는 개인 기도 하듯이 개인 한 사람 한 사람의 이름을 불러가며 기도할 때가 있습니다. 또 어떤 경우는 교회 행사 하나하나 다 짚어가며 기도합니다. 그리고 마지막에는 "아직 다 고하지 못한 것도 이뤄 주시옵소서" 하고 기도합니다. 이러면 안 됩니다. 이런 기도는 다 개인기도 때 하고, 대표기도는 하나님 아버지께 감사기도, 회개기도, 나라와 민족 기도, 교회 기도, 목사님 기도, 봉사 기도 등으로 간단하게 짚어가며 기도하고 마무리해야 합니다.

찬양 순서도 이제는 찬송가와 찬양복음송을 약간씩 섞어도 괜찮다고 생각합니다. 그러나 복음송이 너무 가볍거나 아직 검증되지 않은 최신의 노래를 마구잡이로 활용하는 것은 경계해야 한다고 생각합니다. 왜냐하면 예배의 거룩함을 훼손할 수 있기 때문입니다. 다만 하나님의 영감이 느껴지는 클래식과 모던의 찬양 조화는 환상적인 은혜를 창출할 수 있습니다. 그래서 좋은 찬양복음송의 선택은 예배를 더욱 은혜롭고 감동적으로 만들 것이라 생각합니다.

마지막으로, 예배의 혁명은 형식이 아니라 무엇보다 하나님의 임재에 있습니다. 예배의 형태는 다양할 수 있지만 그 속에 하나님의 임재가 없다면 그 예배는 실패한 예배입니다. 이것이 예배 혁명의 가장 중요한 본질입니다. 다시 말해, 예배의 형식은 다양하게 변화시킬 수 있지만, 중요한 것은 그 스타일의 예배를 통해 내가 변할 수 있는 예배의 내용이 있어야 한다는 것입니다. 그 예배가 얼마나 하나님의 임재와 능력이 함께하며 성령 충만한 색깔을 가지고 있느냐가 중요 관건입니다. 또 목회자와 평신도들의 영적 토양이 선정된 예배 스타일과 잘 맞을 때 그 예배는 더욱더 은혜롭고 감동적인 예배의 혁명이 될 것입니다.

2) 교육의 혁명

두 번째는 '교육의 혁명'입니다. 대한민국은 교육의 나라입니다. 우리나라처럼 교육열이 뜨거운 나라는 없을 것입니다. 한국 가정에서 가장 많이 지출되는 비용이 교육비입니다. 그만큼 자녀교육에 열정을 쏟습니다. 그런데 한국교회의 교육은 수준 미달입니다. 한국사회의 교육열과는 반비례하여 교회 교육은 후진국 수준입니다. 기독교 커리큘럼도 옛날 방식입니다. 몇십 년 전부터 해오던 주입식 교육을 그대로 답습하고 있습니다. 여기에 한국교회의 문제가 있는 것입니다.

교회 교육의 혁명은 교육 리더십의 문제입니다. 그것은 교사의 질적 향상과 교육 시스템을 전면적으로 개혁하는 것입니다. 예를 들어 교육 시스템은 주입식 교육에서 창의적 교육으로 바꾸어야 합니다. 수직적 교육에서 수평적 교육으로 바꾸어야 합니다. 문답식 교육에서 토론식의 교육으로 바꾸어야 합니다. 입으로만 가르치는 교육에서 오감각적 교육으로 바꾸어야 합니다.

교사의 질도 향상시켜야 합니다. 교사 인력 충원만이 대수는 아닙니다. 그것보다 오히려 창조적인 아이디어를 창출하는 것이 더 효과적입니다. 교사만 많다고 교육이 효과적인 것은 아닙니다. 탁월한 교사 몇 사람만 있어도 얼마든지 집중하며 좋은 교육을 할 수 있습니다. 따라서 질적인 교사를 키워내야 합니다. 창조적인 교사로 훈련시켜야 합니다. 기존의 주입식 교육에서 창조적인 패턴으로 바꾸는 교사의 리더십을 향상시켜야 합니다. 교사의 질을 높이는 것이 교육

혁명입니다.

또한 교육 프로그램도 다양하게 창조해야 합니다. 예를 들어, 아이들이 선택하는 분과별 반 편성도 좋은 대안입니다. 신앙별, 재능별, 남녀별, 나이별 등 성향이 같은 아이들을 묶는 것도 한 방법입니다. 주제별 토론, 셀 나눔, 큐티 나눔, 프레젠테이션 강의, 영어주일학교, 아이들 예배참여, 부모참여예배, 유머 모임, 레크리에이션 모임, 영화 모임, 연극 모임, 일일부흥회, 자연체험학습, 통합예배 등을 갖는 것도 좋은 프로그램이 될 수 있습니다. 또한 각종 영상과 미디어를 사용해서 교육하는 것도 아이들 호감을 끄는 데 많은 도움이 됩니다. 무엇보다 중요한 것은 교사들의 깊은 영성과 리더십을 배양하는 것입니다. 교사들이 안주하지 않고 사명감으로 계속 연구 개발하는 자세를 가지면 교육의 다양한 창의적인 해법이 나올 것입니다.

3) 사랑의 혁명

세 번째는 '사랑의 혁명'입니다. 한국교회는 지금 심각한 위기를 맞고 있습니다. 세상 사람들에게 희망을 주지 못하고 있습니다. 불신자들은 우리 그리스도인을 그냥 말쟁이라고만 합니다. 자기들끼리만 모이고, 건물만 크게 짓고, 기도 소리만 요란하다는 것입니다. 사회를 위한 행동은 아무것도 하지 않는다고 합니다. 물론 꼭 맞는 말은 아니지만 세상이 교회를 바라보는 시각이 이처럼 부정적이 되었습니다.

이제 한국교회는 사랑의 혁명이 일어나야 합니다. 바다는 2~3%의 소금물이 있어 건강한 모습을 띤다고 합니다. 한국은 성도의 비율이 25%에 육박하는데도 사회에 아무런 영향력을 끼치지 못합니다. 이것은 불신자들도 기독교의 사랑을 체감하지 못하고 있다는 증거입니다. 이제 교회는 지역사회로 눈을 돌려야 합니다. 섬김과 나눔과 사랑을 적극적으로 수행해야 합니다. 예를 들어 노인 노숙자 돕기, 소년소녀가장 돕기, 홀몸노인 돕기, 지역 장학생 돕기, 지역문화교실 운영, 지역사회 주민을 위한 쉼터 제공, 이웃돕기 바자회, 불우이웃과 근로자 돕기 등으로 지역사회와 함께하는 것을 보여주어야 합니다.

전도도 마찬가지입니다. 이제는 믿어라 하며 목소리만 높여서는 안 됩니다. 인격이 묻어나는 사랑의 전도를 해야 합니다. 즉 몸과 마음과 행동이 묻어나는 사랑의 전도를 하면 불신자들도 서서히 마음의 문을 열 것입니다. 우리는 전도의 방법에 대해서 관심이 많습니다. 축호전도냐, 초청전도냐, 관계전도냐, 이벤트 전도냐, 필요 중심적 전도냐, 다양한 전도방법이 있습니다. 그러나 전도의 가장 중요한 방법은 사랑의 전도입니다. 한 영혼을 뜨겁게 사랑하는 사랑의 마음이 전달되면 불신자는 감동을 받을 것입니다. 또한 선한 사마리아인처럼 사랑의 행동을 통해 구제하고 섬기고 돌봐 주면 불신자도 주님께로, 교회로 돌아오게 되는 역사가 빠르게 나타날 것입니다.

교회 내에서도 마찬가지입니다. 지금까지 한국교회는 진리라는 미명 아래 너무나 많은 분열과 갈등을 일으켰습니다. 교회 문제도 교회 내에서 정화되고 개혁돼야 하는데 조금만 문제가 불거지면 모두 다 세상법정으로 나와 시비를 가리는 우스꽝스러운 일을 벌였습니다. 그러다 보니 하나님의 영광도 가리게 되고, 교회도 덕을 세우지 못하며, 세상 사람들에게도 손가락질을 받는 현상이 나타나게 되었습니다. 이제 한국교회는 교회 내에서도 분열과 갈등을 멈추어야 합니다. 목사와 장로의 갈등, 성도와 성도의 갈등, 원로목사와 담임목사의 갈등, 기신자와 초신자의 갈등, 장년과 청년의 갈등, 기관의 갈등, 사역의 갈등 등 미성숙한 모습을 버리고 성숙한 사랑의 모습으로 하나 되는 본을 보여야 합니다. 우리는 더욱더 사랑으로 하나 되어야 합니다. 더욱더 사랑의 모습을 보여주어야 합니다. 그러므로 한국교회는 사랑의 운동이 다시 살아나야 구겨진 교회의 자존심도 회복할 수 있고, 무너진 전도도 회복할 수 있는 것입니다.

4) 전도와 선교의 혁명

네 번째로 '전도와 선교의 혁명'입니다. 한국교회는 수많은 선교사들의 눈물과 피와 땀과 수고를 통해 세워졌습니다. 그들은 척박한 땅 조선에 와서 이름도 없이 빛도 없이 한 줌 흙이 되어 대한민국을 아름다운 땅, 젖과 꿀이 흐르는 가나안 땅으로 변화시켜 놓았습니다. 우리는 그 은혜를 입고 한국교회의 부흥을 경험하고 있습니다.

이제 한국교회는 고이는 교회가 되면 안 됩니다. 계속 흐르는 물결의 교회가 되어야 합니다. 거저 받았으니 거저 주라는 예수님 말씀처럼 한국교회도 선교의 비전을 갖고 이제는 흘려보내는 사명을 감당해야 합니다. 이스라엘에는 두 개의 큰 강이 있습니다. 하나는 갈릴리 바다이고, 또 하나는 사해입니다. 갈릴리 바다는 헐몬 산으로부터 내려오는 이슬과 물을 받아 풍요로운 바다를 이루고 있습니다. 그리고 그 물을 다시 요단 강으로 내려보냅니다. 이렇게 갈릴리 바다는 받고 내보내는 순환의 통로가 됩니다. 반면에 사해는 요단 강에서 내려오는 물을 받지만 그다음에는 막혀 있습니다. 더 이상 내려가지 않습니다. 그래서 사해는 고여서 소금만 쌓이고 죽은 바다가 되었습니다. 거기는 물고기가 살지 못합니다.

교회도 마찬가지입니다. 한국교회는 주님의 풍성한 은혜를 받았습니다. 축복도 많이 받았습니다. 능력과 기적도 많이 체험했습니다. 그러면 이제는 이것을 움켜쥐고 있으면 안 됩니다. 이제는 내보내야 합니다. 흘러가게 해야 합니다. 전도해야 합니다. 선교해야 합니다. 나누고 베푸는 사역을 계속해야 합니다. 그것이 하나님의 법칙이며 자연의 이치입니다. 우리가 선교하고 전도하면 하나님이 책임져 주십니다. 우리의 살 길도, 교회의 살 길도, 이 나라와 민족의 살 길도 바로 전도하고 선교하는 데 있습니다. 이제 한국교회는 전도와 선교에 눈을 더 돌리고, 사랑의 손길을 온 누리에 뻗칠 준비를 해야 합니다. 하나님은 21세기에 전도하고 선교하는 교회를 쓰실 것입니다. 그런 교회를 축복의 통로로 사용하실 것입니다.

교회 부흥의 6요소

교회 부흥의 현실을 보면 여섯 가지 요소가 공통적으로 나타나는 특징이 있습니다. 첫째, '예배'입니다. 교회의 예배가 특별합니다. 예배가 살아 있습니다. 예배 형태는 다양하지만 그 속에 하나님의 임재가 각별합니다. 놀라운 은혜가 넘치며, 피부로 체감되는 성령의 역사가 있습니다. 부흥하는 교회는 영감 있는 예배, 살아 있는 예배의 은혜가 넘칩니다.

둘째, '전도'의 역사가 있습니다. 필요중심적인 전도를 합니다. 물론 전문적인 전도팀이 있습니다. 그 전도팀도 활력이 넘칩니다. 그보다 더 중요한 것은 모든 성도들이 교회에 대해 자부심을 느끼고, 전도에 적극적인 필요를 가지고 있다는 것입니다. 교회와 목회자의 소문도 좋습니다. 외부에서 자발적으로 교회를 찾는 사람도 넘칩니다. 부흥하는 교회는 초대교회처럼 날마다 구원받는 자의 수가 더하는 교회입니다.

셋째, '설교'가 살아 있습니다. 교회를 찾아 등록하는 사람을 보면 대부분 목사님의 설교를 보고 정한다고 합니다. 그만큼 예배에서 차지하는 설교의 비중이 크다는 것입니다. 따라서 설교자는 설교를 편하게 해야 합니다. 힘을 빼고 편안한 설교를 해야 합니다. 또한 내용에 깊이가 있어야 합니다. 말씀의 깊이와 높이와 너비와 길이가 적절해야 합니다. 내용이 없는 설교는 금방 지쳐 졸게 만듭니다. 더욱이 너무 길면 안 됩니다. 아무리 좋은 내용도 길면 이내 지치게 됩니다. 그래서 재미있는 설교가 좋습니다. 유머와 양념이 있는 설교면 참 좋습니다. 이중에서 가장 중요한 것은 성령의 역사가 넘치는 하나님의 말씀이 선포되어야 한다는 것입니다. 아무리 설교가 좋아도 인간적인 소리가 난무하면 그것은 더 이상 하나님의 말씀이 아닙니다. 인간적인 냄새가 나는 설교입니다. 그래서 가장 최고의 설교는 그 말씀이 하나님의 말씀임을 성도들이 느끼게 하는 것입니다. 말씀을 하나님의 말씀으로 느끼게 하는 자가 훌륭한 설교자입니다.

넷째, '정착률'이 높습니다. 부흥하는 교회는 들어오는 문은 넓고 나가는 문은 좁습니다. 이것은 들어오는 사람은 많은데 나가는 사람은 적다는 말입니다. 또한 들어온 새신자를 짜임새 있게 잘 관리한다는 말입니다. 거기에는 새가족반이 있고, 새가족 한 사람 한 사람에 대한 영적 멘토가 있습니다. 구역(셀)으로 영입하는 분위기도 은혜롭게 편성됩니다. 서로 맞는 사람들끼리 배치해 줍니다. 교회의 전체 영적 분위기도 성숙해 있고, 누구든지 잘 적응할 수 있는 문화가 형성되어 있습니다. 웃음과 나눔의 문화가 매우 자연스럽습니다. 이런 교회가 정착률이 높아 부흥하는 교회로 나아가는 것입니다.

다섯째, '일꾼'을 잘 세웁니다. 부흥하는 교회는 일꾼 양성이 탁월합니다. 한 사람을 소중히 여기며, 그 사람이 일꾼이 되기까지 잘 양육하는 교회 프로그램이 있습니다. 은사와 기능에 따라 일할 수 있는 터전을 만들어 줍니다. 겹치기 일꾼이 아니라 가능한 한 1인 1봉사가 이뤄지도록 집중력을 높입니다. 봉사가 지치지 않도록 계속적인 양육교육과 영성훈련도 주기적으로 합니다. 일꾼에 대한 상급의 체계도 잘 되어 있습니다. 일꾼들이 서로 격려하는 믿음의 공간도 잘 만들어져 있습니다. 내가 잠시 비울 때 그 자리를 채워 줄 동급의 일꾼이 있습니다. 서로 보완하고 이해하고 위로해 주는 그룹이 있습니다. 이렇게 자원하고 자발적인 성숙한 일꾼들이 많을 때 교회는 폭발적으로 부흥하는 것입니다.

여섯째, '재생산과 번식'이 있습니다. 교회는 고이면 썩습니다. 교회는 물 흐르듯이 흘러가야 합니다. 계속 일꾼이 양성되어야 하고, 계속 전도가 이뤄져야 하며, 계속 셀(구역)이 번식되어야 하고, 계속 새신자 교육이 이뤄져야 합니다. 부흥하는 교회는 다음 세대를 세우고, 다음 지도자를 세우는 리더십이 있습니다. 고정된 평신도 지도자만 있는 것이 아니라, 계속 새 물결이 흘러들어와 역동적인 리더십이 교환됩니다. 즉 교회 안에 일꾼, 봉사, 전도, 구역(셀) 등에 재생산과 번식이 충만하게 나타나 계속 순환되며 활력이 넘칩니다. 이런 교회가 부흥하는 교회가 됩니다.

03
교회 부흥의 새바람 일으키기

교회는 역사적으로 보면 그때마다 부흥을 일으키는 전환점이 있었습니다. 거기에는 시대에 맞는 새바람이 형성되어 있었고, 교회 부흥을 주도하는 콘텐츠가 있었던 것을 발견할 수 있습니다. 지금 이 장에서 한국교회 부흥을 일으키는 새바람이 무엇인지를 진단하면, 앞으로 나아갈 사역과 부흥의 방향을 구체적으로 알게 될 것입니다.

교회 부흥의 새바람

1) 감성 분위기의 새바람

첫 번째로 교회 부흥의 새바람은 '감성의 분위기'를 올리는 것입니다. 21세기는 감성지수의 시대입니다. 다시 말해, 어떤 이미지, 어떤 분위기를 창조하느냐에 따라 사람이 달라지고, 문화가 달라지고, 조직이 달라지며, 환경이 달라지는 것입니다. 그래서 21세기는 어떤 문화적 분위기를 시작 초기에 장악하느냐에 따라 성공과 실패로 달라지는 경우가 많습니다. 더욱이 그러한 감성을 잡기 위해 광고의 역할이 그 어느 때보다 중요한 시대가 되었습니다.

교회도 감성지수의 분위기가 중요합니다. 그런데 실제로 보면 교회 안에 있는 성도들은 그 분위기를 잘 모릅니다. 늘 보아 왔기 때문에 좋은지 안 좋은지 잘 모릅니다. 그러나 밖에서 들어온 성도들은 금방 이 교회의 감성 분위기를 파악할 수 있습니다. 이 교회가 행복한 구조를 갖고 있는지, 영적인 충만함을 갖고 있는지, 아니면 사랑이 많은 교회인지 적은 교회인지, 또 평안한 교회인지 싸움을 하고 갈등이 많은 분위기인지 들어가면 금방 인지할 수 있습니다. 따라서 교회는 부흥의 새바람을 일으키기 위해 새로운 감성지수 분위기로 전환할 필요가 있습니다. 그렇게 감성지수 분위기가 달라지면 사람도, 환경도, 관계도, 부흥도, 성장도 호전될 수 있습니다.

⑴ 편안한 분위기

첫째, '편안한 분위기'를 만드는 것이 중요합니다. 무엇이든지 불안하면 침체될 수 있습니다. 갈등의 틈이 생깁니다. 관계가 어그러질 가능성이 짙습니다. 그래서 조직이든 공동체든 기업이든 학교든 가정이든 편안한 분위기를 조성하는 것이 제일 중요합니다.

정치·경제·사회·문화도 보십시오. 편안한 리더십, 신뢰받는 리더십, 소통하는 리더십, 화합의 리더십, 부드러운 리더십, 굳건한 리더십 등은 모두 다 편안함을 선호하는 문화가 있기 때문에 생겨난 것입니다. 예를 들어, 국민MC 유재석 씨, 국민배우 안성기 씨, 개그우먼 이영자 씨 등도 모두가 편안한 이미지 때문에 인기를 구가하고 있는 것입니다. 이것은 사람뿐만 아니라 가구도, 제품도, 아파트도 마찬가지입니다. 편안하면 비용이 비싸도 애용합니다. 그러나 불편하면 저렴해도 찾지 않습니다. 가까이하지 않습니다. 그래서 현대의 트렌드는 편안함입니다.

교회도 부흥의 새바람을 일으키기 위해서는 편안한 교회 분위기가 되어야 합니다. 고 한경직 목사님은 "교회가 조용하면 저절로 부흥한다"라고 했습니다. 이것은 교회가 편안하면 점점 부흥하게 된다는 뜻으로 말한 것입니다. 목사님도 편안해야 하고, 설교도 편안하게 해야 하고, 목회도 편안하게 해야 합니다. 성도도 편안하게 관계를 가져야 하고, 봉사도 편안하게 해야 합니다. 예배도 편안한 것이 좋고, 찬양도 기도도 편안한 영적 분위기를 유지해야 합니다. 그러면 자연스럽게 교회가 부흥하는 열매를 맺게 됩니다.

(2) 단순화하는 분위기

둘째, '기능을 단순하게' 만드는 것입니다. 21세기는 화려한 무늬보다 심플한 색감을 선호하는 시대로 발전하고 있습니다. 너무 복잡하면 사람들이 싫어합니다. 보이는 것도 선명하게 들어오지 않습니다. 그래서 현대는 단순화하고 기능화해서 선택과 집중을 효과적으로 할 수 있게 합니다.

스티브 잡스가 자신이 설립한 애플사에서 쫓겨났다가 애플이 망해 갈 즈음에 다시 복귀했습니다. 그가 애플에 복귀한 뒤 맨 처음 시도한 것은 새로운 제품을 추가하는 것이 아니라 불필요한 제품을 제거하는 일이었습니다. 수십 개에 달하는 제품을 전문가용, 일반인용, 최고사양, 적정사양 네 가지 상품으로 단순화해 버렸습니다. 그렇게 불필요한 것을 제거한 결과 다 망해 가던 애플이 살아났고, 시가 총액 세계 1위의 기업이 되었으며, 혁신의 아이콘으로 통하는 기업이 되었습니다.

우리의 관계도 마찬가지입니다. 무조건 이익을 얻으려고만 하지 말고, 해가 되는 일을 안 하는 것이 좋으며, 좋은 아이템을 또 만들기보다는 먼저 나쁜 아이템을 없애는 것이 더 효과적인 일입니다. 또 보약을 먹기보다는 몸에 해로운 음식을 안 먹는 것이 좋고, 사랑하는 사람이 나의 소원을 들어주기를 바라기보다는 그 사람이 싫어하는 것을 안 하는 것이 더 좋습니다. 행복을 원한다면 욕망을 채우기보다는 욕심을 제거하는 것이 더 현명하고, 삶이 허전한 것은 채워지지 않기 때문이 아니고 여전히 비우지 못하고 있기 때문입니다.

교회도 마찬가지입니다. 너무 많은 일들로 분주하기보다는 사역과 봉사를 단순화하고 기능화하는 것이 더 중요합니다. 어쩔 수 없이 하는 봉사, 불필요한 사역들, 얽혀 있는 복잡한 관계, 되지도 않는 사역을 억지로 붙들고 있는 불편함 등등은 조금씩 구조조정을 하고, 사역을 단순화시킬 필요가 있습니다. 따라서 교회가 구조를 통합과 융합, 또는 줄이고 아예 없애는 과감한 혁신을 통해 교회 분위기를 반전하면, 그때부터 교회 부흥도 확연히 달라지는 결과를 낳게 될 것입니다.

(3) 웃음과 접대의 분위기

셋째, '웃음과 접대의 분위기'를 만드는 것입니다. 이것은 교회 안에 사랑의 관계를 형성하는 것입니다. 내가 먼저 이해하고, 내가 먼저 칭찬하고, 내가 먼저 베풀고, 내가 먼저 사랑하는 분위기를 조성하는 것입니다. 교회는 폐쇄적인 문화가 형성되면 주눅이 들고 권위적인 관계가 돼버립니다. 그래서 교회는 개방적인 문화가 이뤄져야 하며, 그 일환으로 웃음과 접대가 자연스럽게 나타나도록 해야 합니다.

먼저, 교회 안에 유머와 칭찬과 축복을 하면, 성도 간에 서로 존중하고 존중받는 분위기가 만들어질 것입니다. 그리고 부정적인 언어보다는 긍정적인 언어로, 미움의 언어보다는 사랑의 언어로, 시기와 질투의 언어보다는 화목과 평화의 언어로, 비판적인 언어보다는 건설적인 언어로, 저주하는 언어보다는 축복하는 언어로 바꾸어 나가면 교회의 분위기는 확연히 달라질 것입니다. 말은 힘이 되기도 하고, 독이 되기도 합니다. 교회 안에 문제를 일으키는 것은 대부분 말 때문에 나타나는 현상입니다. 따라서 교회 안에 웃음꽃이 만발하고 자존감을 세워 주는 언어로 분위기를 바꾸어 나가면 성도의 관계도, 교회의 분위기도 밝고 활력이 넘치는 역사가 있게 될 것입니다.

다음은 접대하는 분위기입니다. 먹는 문화가 형성되는 것입니다. 모이면 기도하고 흩어지면 전도하듯이, 모이면 먹고 베풀고 사랑하고 흩어지면 다음에 또 접대할 것을 기대하고 더 많은 것을 베푸는 마음들을 가지는 것입니다. 교회에서도 예배드리면 다시 모여 교회 밥을 먹는 것입니다. 먹고 이야기하고 사랑하고 간증하고 교제하는 것입니다. 셀(구역)에서도 예배 후에 차를 마시고 음식을 먹고 교제하고 간증하고 사랑하는 것입니다. 기관에서도 모이면 또 먹고 교제하고 나누는 것입니다. 이때에 접대하는 것이 부담되는 분위기가 아니라, 서로 접대하겠다는 사람이 많은 분위기라면 그 교회는 분명 사랑이 넉넉한 교회입니다. 그 셀(구역)은 틀림없이 사랑이 넘치는 셀입니다. 그 기관도 분명히 사랑이 넘치는 기관입니다. 그렇게 접대하는 분위기가 잘 형성되면 교회 분위기는 금방 활력을 얻게 됩니다.

(4) 공감과 감동의 분위기

넷째, '공감과 감동의 분위기'를 만드는 것입니다. 21세기는 무감동, 무관심, 무감각의 시대입니다. 삭막하고 이기적이며 냉정한 시대입니다. 그래서 사람들은 관심과 사랑에 목말라하고 있습니다. 그러다가 어느 순간 나도 모르게 밀려오는 감동이 들이닥치면 이내 마음이 열리고 터질 것 같은 적극적인 행동이 발산되기도 합니다. 예를 들어 노무현 대통령이 선거 캠페인을 할 때 TV에서 기타 들고 눈물 흘린 그 감동의 장면이 백만 명의 유권자 마음을 훔쳤다고 합니다. 그것은 이성적 설득보다 감동적 설득이 훨씬 더 흡인력이 있다는 것을 보여주는 실례였습니다.

교회도 공감과 감동의 분위기를 만들어야 합니다. 간증이 좋은 예입니다. 내가 예수를 믿게 된 간증, 내가 우리 교회에 오게 된 간증, 내가 직분을 은혜롭게 감당하는 간증 등은 살아 있는 공감과 감동의 시간이 될 것입니다. 그때 눈물과 웃음, 기쁨과 감격이 있다면 교회 전체는 카타르시스를 느끼며 은혜의 도가니 속으로 들어가게 됩니다. 설교도 공감과 감동의 분위기가 만들어지면 교회 전체의 헌신도가 달라집니다. 각 기관에서도 기관장의 감동적인 솔선수범과 헌신이 있다면 그 기관도 살아나며 교회도 살리는 주요한 역할을 하게 됩니다. 따라서 교회는 공감과 감동의 문화를 만들어야 합니다. 조직을 통해서, 사람을 통해서, 관계를 통해서, 봉사활동을 통해서, 인격적인 대화를 통해서, 솔선수범과 희생을 통해서 등등, 감동적인 사건이 많을 때 교회는 자연히 성장과 변화를 창조하는 것입니다.

2) 영적 체험의 새바람

두 번째로 교회 부흥의 새바람은 뭐니 뭐니 해도 '영적 체험'의 새바람입니다. 다시 말해, 교회에 영적 부흥이 일어나면 한마디로 모든 것이 다 끝나 버립니다. 즉 교회와 성도들 간에 영적인 체험의 새바람이 일어나면 사람에서 사람으로, 셀(구역)에서 셀로, 기관에서 기관으로, 장년에서 어린이로, 청년에서 장년으로, 예배시간마다 놀라운 변화의 물결이 파도치는 것입니다. 한 사람 한 사람이 신앙 체험에 감염되며 신앙 체험의 새바람이 불기 시작하면 태풍과 같은 성령의 바람이 휘몰아치며 교회 전체를 뜨겁게 달구고, 교회를 큰 은혜의 소용돌이로 몰아넣는 것입니다. 그래서 교회는 날마다 성도들 간에 영적 체험의 새바람이 불어야 합니다.

(1) 구원의 즐거움

첫째, '구원의 즐거움'을 체험하는 것입니다. 구원은 한 번 받는 것으로 끝나지 않습니다. 구원은 천국 가는 기차표 한 장 정도가 아닙니다. 구원은 지속적으로 이루어 가는 것입니다. 구원은 날마다 완성해 나가는 것입니다. 구원은 믿음으로 시작해서 끝까지 믿음으로 마무리해야 하는 것입니다. 중도에 믿음을 포기하거나 세상으로 나가면 구원은 표류하게 됩니다. 오히려 이전보다 더 피폐해져 예수님을 십자가에 현저히 못 박는 현상이 나타나기도 합니다. 성령 훼방죄에 걸릴 수도 있습니다. 그래서 구원은 계속적인 믿음의 행보입니다. 구원의 감사와 감격과 사랑을 날마다 지속적으로 내 안에서 창조해야 합니다. 예수님과 내 안에서 여전히 교제하며 함께하는 체험이 지속돼야 합니다. 그러면 분명 신앙생활도 달라지는 역사가 있게 됩니다. 교회 안에서도 구원의 즐거움이 시간마다 체험되면 교회의 영성에 놀라운 변화가 나타날 것입니다.

(2) 영감 있는 예배

둘째, '영감 있는 예배'를 체험하는 것입니다. 영적 체험의 새바람은 예배를 빼놓을 수 없습니다. 왜냐하면 성도들의 신앙은 예배생활을 통해서 변화가 일어나기 때문입니다. 예배의 성공은 인생의 성공이고, 예배의 실패는 인생의 실패입니다. 예배가 살면 성도들도 삽니다. 그러나 예배가 죽으면 성도들도 죽습니다. 예배는 신앙의 바로미터입니다. 그래서 교회는 예배에 목숨을 걸어야 합니다. 예배의 영성이 살아나면 교회는 피부로 느낄 정도로 성도들의 영성이 살며, 새로운 변화의 물결이 파도치는 것입니다.

(3) **영적 권능의 체험**

셋째, '영적 권능의 체험'입니다. 이것은 기도의 남다른 능력을 체험하는 것입니다. 말씀의 권능을 체험하는 것입니다. 각종 은사와 성령의 개인적인 나타남을 체험하는 것입니다. 찬양의 은혜와 감동을 몸소 깊이 체험하는 것입니다. 이런 영적 권능의 개인적인 체험이 나타나면 신앙이 역동적이 되고 교회 전체가 감염되며, 놀라운 영적 부흥의 변화가 일어나게 됩니다. 그곳에 성령의 임재와 능력이 함께하기 때문입니다. 따라서 교회는 능력 있는 기도의 장을 마련해야 합니다. 설교의 권능과 큐티 묵상의 시간도 꼭 필요합니다. 살아 있는 찬양과 성령 충만한 체험도 느낄 수 있어야 합니다. 각종 은사와 다양한 성령 체험을 하도록 교회가 영적인 분위기에 민감하게 열려 있어야 합니다.

(4) **모유 양육의 체험**

넷째, '모유 양육의 체험'입니다. 이것은 제자양육을 통해 새로운 변화의 역동성을 체험하는 것입니다. 다시 말해, 제자양육을 할 때 분유를 먹이는 것이 아니라 모유를 먹임으로 변화와 성장을 더욱 건강하게 만드는 방법입니다. 모유를 먹는 유아들은 엄마의 젖을 통해 사랑을 직접적으로 느끼기 때문에 더 정서적으로 안정되고, 더 사랑의 공감대를 형성한다고 합니다. 제자양육도 지식만 전하는 성경공부의 분유 양육이 아니라 몸과 인격과 가슴으로 가르치는 모유 양육이 되어야 한다는 것입니다.

하나님의 나라는 말에 있는 것이 아니라 능력에 있습니다. 아무리 말을 잘해도 변화가 일어나지 않습니다. 아무리 지식이 채워져도 사람이 바뀌지 않습니다. 아무리 좋은 프로그램이 있어도 사람의 마음까지는 바꿀 수 없습니다. 아무리 적극적으로 행동한다 해도 그 속에 사랑이 담겨 있지 않으면 진정성을 느낄 수가 없습니다. 따라서 가슴과 가슴으로 느껴지는 모유 양육, 인격적인 만남을 통해 성장과 변화를 경험하는 모유 양육, 사랑과 사랑으로 전달되는 모유 양육, 희생과 섬김과 나눔을 통한 모유 양육, 같이 기도하고 함께 말씀을 나누는 모유 양육 등을 통해 새로운 부흥의 모멘텀을 일구어 나가야 합니다.

(5) 교제의 체험

다섯째, '교제의 체험'입니다. 건강한 교제가 영적인 체험의 새바람을 일으킬 수 있습니다. 좋은 교제는 신앙의 성장과 변화를 자연스럽게 스며들게 합니다. 주변에 좋은 성도가 있다는 것은 참 아름다운 모습입니다. 교제의 수준은 그 신앙 공동체의 영적 수준입니다.

먼저 '식탁 교제'를 잘하는 교회여야 합니다. 서로 존중하며 잘 먹고, 잘 대화하고, 서로 사랑하는 관계를 갖는 것입니다. 둘째는 '성찬의 교제'입니다. 한 피 받아 한 몸 이룬 형제와 자매의 관계를 나누는 것입니다. 아름다운 교제의 모습입니다. 셋째는 '복음의 교제'입니다. 셀(구역)에서 말씀을 통해 서로 간증하고 은혜를 나누는 교제입니다. 생활 속에 믿음의 간증이 어떻게 나타났는지를 나누는 교제입니다. 이것도 아름다운 교제의 모습입니다. 넷째는 '봉사의 교제'입니다. 서로 봉사하며 하나 됨과 연합과 일치를 이루는 것입니다. 함께 봉사하며 교제하는 가운데 신앙도 성장하고 변화되는 체험을 하는 것입니다. 이것도 거룩한 교제의 모습입니다. 이런 아름다운 교제의 모습을 통해 교회의 새로운 영적 수준을 높이고 부흥의 역사를 만들어가게 됩니다.

(6) 전도의 체험

여섯째, '전도의 체험'입니다. 영적 체험의 새바람은 전도의 체험을 통해 가장 폭발적으로 나타납니다. 전도는 교회 부흥의 핵심 열쇠입니다. 전도하면 부흥되고, 전도 안 하면 부흥이 더뎌집니다. 영적 체험도 은혜가 넘칠수록 전도에 대한 열망이 있습니다. 영혼 사랑하는 마음이 불일 듯이 일어납니다. 전도는 주님의 지상 대명령이며, 그리스도인의 최고의 사명입니다. 전도를 해서 그 사람이 변화되고 축복받고 성장하는 모습을 보면 그것보다 더 기쁜 일이 없습니다. 그것은 하늘나라 최고의 상급이며, 영광스러운 직분입니다.

따라서 교회는 전도의 체험이 있는 사람이 많을수록 더 크고 더 놀라운 부흥과 성장을 경험하는 것입니다. 전도는 그리스도인의 최고의 사명입니다. 교회의 최고의 사명도 전도입니다. 더욱이 교회 부흥의 새바람은 전도를 통해서 일시에 불어오는 것입니다. 문제가 없는 교회는 없습니다. 자세히 들여다보면 하나같이 불완전한 모습입니다. 그러나 전도하는 교회는 그 문제가 수면 밑으로 내려갑니다. 오히려 밀려오는 영혼들에 대한 관심으로 더욱 에너지를 모으는 단합된 힘을 얻게 됩니다. 그래서 전도는 교회 부흥의 새바람이며, 사명자의 보이는 열정의 증거라 할 수 있습니다. 이 시간 여러분도 매년 '나도 한 사람 전도'하는 일에 힘쓰시기를 소망합니다.

(7) 천국의 체험

일곱째, '천국의 체험'입니다. 천국을 사모하며 확신하는 사람은 신앙생활이 다릅니다. 이 땅의 썩어질 것을 위해 살지 않고 하늘의 영원한 상급을 위해 삽니다. 내가 지금 죽는다 해도 천국 간다는 확신이 있는 사람은 이 땅에서도 천국의 법과 질서를 지키며 삽니다. 우리는 대한민국 사람이면서 동시에 천국의 시민입니다. 그러므로 그리스도인은 대한민국 법도 잘 지켜야 하지만, 믿음의 사람으로 천국의 법과 질서도 잘 지켜야 합니다.

천국의 원리가 무엇입니까? 성경의 원리입니다. 성경말씀을 하나님의 말씀으로 믿고 그대로 지키는 것입니다. 항상 기뻐하라, 쉬지 말고 기도하라, 범사에 감사하라, 그대로 지키는 것입니다. 예배하라, 전도하라, 기도하라, 봉사하라, 순종하라, 그대로 지키는 것입니다. 높아지지 말고 겸손하며 섬겨라, 미워하지 말고 사랑하라, 그대로 지키는 것입니다. 세상의 성공원리가 아니라 성경의 축복원리를 좇아가는 것입니다. 이것이 천국을 체험하는 사람들의 특징입니다. 교회 부흥의 새바람은 천국을 확신하고 체험하는 사람에게 나타납니다.

3) 봉사 일꾼의 새바람

세 번째로 교회 부흥의 새바람은 '봉사하는 사람'이 얼마나 있느냐에 따라 달라집니다. 다시 말해, 교회현장에서 일하는 일꾼이 없다면 어떻게 교회를 성장시킬 수 있겠습니까? 무슨 수로 교회가 발전하고 도약할 수 있겠습니까? 없습니다. 교회 부흥은 뭐니 뭐니 해도 사람이 있어야 합니다. 일할 수 있는 일꾼이 있어야 합니다. 사명감이 넘치는 일꾼이 확보되어야 합니다. 그렇지 않으면 교회 부흥은 말장난에 불과합니다. 허공을 치는 소리에 불과합니다.

(1) 몸으로 헌신하는 일꾼

첫째로 교회에는 '몸으로 헌신하는 일꾼'이 확보되어야 합니다. 예배에도 몸으로 헌신하고, 각종 봉사에도 몸으로 헌신하며, 어떤 상황에도 참석률이 높은 사람이 있습니다. 귀한 봉사자입니다. 비록 헌금 부분은 약하다 해도 몸을 사리지 않고 최선을 다하는 사람입니다. 예수님도 몸과 마음을 다하여 하나님을 사랑하라고 하셨습니다. 그래서 몸을 드리는 행위도 귀한 헌신입니다. 어떤 교회는 헌금은 안 하면서 몸만 헌신한다고 면박을 주는 경우가 있는데, 아닙니다. 몸으로 헌신하는 일꾼도 귀한 분들입니다. 한국 초대교회 때는 헌금을 못 하는 아낙네들이 몸으로 나와 전도한 것을 일명 '몸 연보'라고 했다고 합니다. 얼마나 아름다운 봉사입니까? 그러므로 몸으로 하는 헌신도 귀한 것이며, 그런 일꾼이 있는 교회는 복된 교회입니다.

(2) 물질로 헌신하는 일꾼

둘째로 '물질로 헌신하는 일꾼'입니다. 교회도 물질이 있어야 운영되고, 부흥의 사역들을 효과적으로 할 수 있습니다. 물질은 자체가 나쁜 것이 아닙니다. 어떤 용도로 쓰느냐에 따라 달라지는 것이지, 하나님의 나라를 위해서도 풍성한 물질의 사용은 좋은 것입니다. 하나님께서도 물질을 통해서 충분히 영광을 받으시기 때문입니다. 그러므로 물질로 헌신하는 일꾼이 많을수록 교회는 더 크게 부흥하고 하나님께 영광을 돌리는 것입니다.

교회도 물질을 많이 투자해야 사람을 얻을 수 있습니다. 영혼을 위해서도 과감히 투자해야 전도도 많이 할 수 있습니다. 예배를 위해서도 물질을 투자해야 질 높은 예배를 드릴 수 있습니다. 제자훈련도 물질을 투자해야 더 체계적인 교육을 받을 수 있습니다. 교육부서도 물질을 투자해야 다음 세대가 활성화되며 부흥의 전환기를 맞이할 수 있습니다. 그러므로 교회 안에는 헌금하는 일꾼이 많으면 많을수록 교회 사역을 풍성히 할 수 있고, 교회 부흥에도 초석이 될 수 있는 발판을 마련하는 것입니다.

오늘날 많은 한국교회 장로님들이 물질로 헌신하여 교회를 아름답게 세우셨습니다. 많은 기독교 실업인들이 주께서 쓰시겠다고 하면 이름도 없이 빛도 없이 헌금했습니다. 있는 자들이 더 헌금하기 힘들다고 합니다. 그만큼 물질을 드리기가 쉽지 않다는 것입니다. 그러나 하나님의 영광과 교회 직분의 사명감이 넘치는 일꾼들을 통하여 교회는 폭발적인 부흥의 역사를 계속 일구어 왔습니다. 지금도 이런 물질의 사명감이 넘치는 일꾼이 계속 나와야 합니다. 교회는 물질의 헌신자들을 통해 보다 더 큰 부흥의 역사를 이루며 하나님의 나라가 편만하게 이뤄지는 것입니다.

(3) 은사로 헌신하는 일꾼

셋째로 '은사로 헌신하는 일꾼'입니다. 성경에 성도들의 은사는 천차만별이라고 합니다. 마치 인간의 신체구조처럼 은사도 서로 다르다는 것입니다. 우리나라 직업이 2만 가지라고 합니다. 미국은 5만 가지라고 합니다. 그만큼 일자리 창출이 잘됐다는 것입니다. 교회도 마찬가지입니다. 하나님의 일을 하려면 수많은 종류의 일자리가 있을 것입니다. 그것을 구분하여 잘 배치하는 교회가 건강한 교회요, 부흥하는 교회입니다.

그러므로 교회는 은사로 헌신하는 일꾼이 많아야 합니다. 많은 일자리들이 생기고, 그 일에 맞는 은사자들이 확보되어 교회가 누수 없이 착착 일을 잘해 나가는 것이 부흥의 지름길입니다. 성경을 보면 최소한 은사가 50여 개 이상이 나옵니다. 이것은 교회 일자리가 50개 이상은 창출된다는 것입니다. 그런데 사실 교회 현장에 가보면 50개보다도 훨씬 더 많은 사역들이 기다리고 있습니다. 일꾼이 없어서 그렇지, 일할 곳은 마음만 먹으면 얼마든지 있습니다. 그러므로 은사에 따라 봉사를 잘하는 사람이 많으면 많을수록 그 교회는 아주 훌륭하고 건강한 교회의 모습을 띠게 되는 것입니다.

그런데 일자리가 아무리 많아도 인기 많은 일자리에만 집중되고 허드렛일은 안 한다면 그 국가와 조직은 구멍이 뚫려 많은 실업자를 배출할 것입니다. 오늘날 대한민국의 문제도 여기에 있습니다. 인기 있는 직업에만 매달리고 취업을 하지 않습니다. 실업자로 몇 년을 기다리며 시험을 준비합니다. 그러다가 경쟁에 밀려 떨어지면 포기하고 아무것도 하지 않는 청년들이 허다합니다. 반면에 비인기 직업은 마음만 먹으면 할 일이 많습니다. 그런데 하지 않습니다. 그곳은 제3국의 근로자들이 와서 일하기 때문에 일자리의 불균형이 이뤄지는 것입니다.

교회도 마찬가지입니다. 일꾼이 부족하다 보니까 한 사람이 중요한 사역들을 겹치기로 봉사하고 허드렛일은 잘 하지 않습니다. 교회에서도 누구든지 허드렛일은 잘 뛰어들지 않습니다. 또 겹치기 사역을 하다 보면 지쳐서 시험에 들 때도 많습니다. 이런 경우가 악순환처럼 반복되면 교회는 침체의 기로에 들어서게 되는 것입니다. 그러므로 교회는 일자리를 은사에 따라 잘 배치하고, 성도들도 은사에 따라 어느 부서에서든지 일할 수 있는 헌신의 마음을 가져야 합니다. 그 기준은 내가 잘하는 것, 내가 할 수 있는 것, 가능한 것, 가까이 있는 것, 내가 좋아하는 것, 교회가 나에게 필요로 하는 것 등을 고려해서 결정하면 아름다운 봉사가 될 것입니다.

(4) 예수의 심장으로 일하는 일꾼

마지막으로 '예수의 심장으로 일하는 일꾼'입니다. 예수님의 사역은 우리의 모델입니다. 우리도 예수님이 걸어가신 길을 걸어가면 올바른 봉사의 사역을 할 수 있습니다. 따라서 사도 바울이 고백한 것처럼 우리도 예수의 심장으로 일하는 일꾼이 되어야 합니다.

첫째, 예수의 심장은 '거룩한 심장'입니다. 순수하고 깨끗한 심장입니다. "내가 거룩하니 너희도 거룩하라"고 말씀하신 것처럼 우리도 주의 사역을 거룩하고 투명하게 해야 합니다. 하나님은 깨끗한 그릇을 사용하십니다. 돈 많고 실력 있고 능력 있는 사람을 사용하시는 것이 아닙니다. 깨끗하고 거룩한 사람을 사용하십니다. 따라서 주의 일꾼들은 일하는 수단과 방법도 거룩하고 온전해야 하며, 그 과정도 아름답게 해나가야 합니다. 무조건 결과만 좋으면 된다는 식으로 수단과 방법을 가리지 않고 인간적인 방법으로 일하는 것은 결코 주님의 방법이 아니며, 참된 기독교인의 자세가 아닙니다. 그리스도인은 수단과 방법도, 결과도 거룩해야 합니다.

둘째, 예수의 심장은 '사랑의 심장'입니다. 요한복음 13장 1절의 말씀처럼 예수님은 한 번 사랑하면 아가페의 사랑으로 끝까지 사랑한다고 말씀하십니다. 이것이 일하는 동력입니다. 사람도, 봉사도, 찬양도, 전도도, 설교도 사랑의 심장으로 해야 합니다. 그렇지 않으면 변화가 없습니다. 형식적이고 종교적인 행위가 됩니다. 외식적이고 교만한 마음으로 대하기 때문에 오히려 상대에게 상처만 줄 수 있습니다. 그래서 교회 일꾼들은 모든 일에 있어서 반드시 주님의 사랑의 동력으로 감당해 나가야 합니다.

셋째, 예수의 심장은 '선한 목자의 심장'입니다. 삯꾼 목자는 자기 배를 채우기 위해 일하고 어려우면 슬그머니 도망치지만, 선한 목자는 양을 지키기 위해 죽음도 불사하며 최선을 다합니다. 아무리 어려운 상황이 닥쳐도 이리와 늑대를 막고 양들을 푸른 초장과 잔잔한 물가로 인도합니다. 마찬가지로 주의 일꾼들이 봉사할 때 자기중심에서 대가를 바라고 일하면 안 됩니다. 자기만족을 위해 일하면 안 됩니다. 칭찬을 바라보고 일하면 안 됩니다. 고난이 있고 어렵다고 해서 나 몰라라 도망치면 안 됩니다. 변명하거나 핑계대면 안 됩니다. 이런 태도는 모두 다 삯꾼 목자의 자세입니다. 그러므로 주의 일꾼들은 선한 목자의 심정으로 자기중심에서 교회와 양 중심으로 이동하며 목숨을 다해 충성, 헌신, 봉사하는 일꾼이 되어야 합니다.

넷째, 예수의 심장은 '오직 하나님의 영광의 심장'이었습니다. 공생애 사역을 하실 때도 자기의 의를 드러내지 않고 오직 그의 나라와 의를 위해서 일하셨으며, 십자가에 달려 돌아가실 때도 오직 아버지의 뜻대로 달리셨습니다. 오직 하나님의 영광을 나타내는 삶을 사셨습니다. 이처럼 주의 사역을 감당하는 일꾼들도 봉사할 때는 오직 하나님의 뜻과 영광을 위해 충성하는 성도가 되어야 할 것입니다. 그렇게 할 때 그 사역과 봉사도 아름답고 가치가 있으며, 하나님의 풍성한 열매도 맺힐 것입니다. 그러므로 여러분도 먹든지 마시든지 무엇을 하든지 오직 하나님의 영광을 위해서 봉사하는 일꾼들이 다 되시기를 축복합니다. 할렐루야, 오직 하나님께 영광!

나가는 말

　이번 책은 너무 바쁘고 시간과 상황이 참 어려운 가운데서 써 내려갔습니다. 마음고생도 심했고, 책을 쓸 여유도 없었습니다. 그런데도 이 책을 꼭 쓰고 싶은 마음과 사명감으로 그런 열악한 상황들을 다 극복하며 원고 마감까지 올 수 있었던 것이 너무나도 감사합니다. 또한 시간마다 성령의 영감과 지혜를 주셔서 현장에서 체험한 것을 진솔하게 써 내려갈 수 있었던 것도 감사를 드립니다. 지나고 나니까 모든 것이 다 하나님의 은혜였습니다.

　더욱이 감사한 것은 새벽기도 끝나면 목양실에 와서 이 책의 원고를 쓰는데, 그때마다 놀라운 집중력과 영감을 주셔서 시간 가는 줄 모르고 책을 써 내려간 기억도 눈에 선합니다. 이것도 참으로 감사한 일입니다. 사실 이 책은 이론으로 쓴 책이 아닙니다. 제가 목회 현장에서 체험한 것을 가슴에 담아 쓴 것이기 때문에 해산의 수고로 낳은 책이라 할 수 있습니다. 그래서 더욱 이 책이 애착이 가고 사랑스럽기만 합니다.

모쪼록 이 귀한 책이 교회현장에서 낙심하고 좌절한 목회자와 평신도들에게 새로운 희망을 전달하며, 한국교회를 살리는 불쏘시개와 같은 복된 역할을 할 수 있기를 간절히 소망합니다. 끝으로 모든 것을 은혜롭게 잘 마무리할 수 있게 해주신 하나님께 영광을 돌리며, 마음을 시원케 하시는 성령 하나님께 다시 한 번 감사를 드립니다.

일산 은혜로운교회 목양실에서
옥수영 목사

한국교회 10% 부흥성장 프로젝트
건강한 교회 세우기

1판 1쇄 인쇄 _ 2020년 2월 10일
1판 1쇄 발행 _ 2020년 2월 15일

지은이 _ 옥수영
펴낸이 _ 이형규
펴낸곳 _ 쿰란출판사

주소 _ 서울특별시 종로구 이화장길 6
편집부 _ 745-1007, 745-1301~2, 747-1212, 743-1300
영업부 _ 747-1004, FAX 745-8490
본사평생전화번호 _ 0502-756-1004
홈페이지 _ http://www.qumran.co.kr
E-mail _ qrbooks@gmail.com / qrbooks@daum.net
한글인터넷주소 _ 쿰란, 쿰란출판사
페이스북 _ www.facebook.com/qumranpeople
인스타그램 _ www.instagram.com/qrbooks
등록 _ 제1-670호(1988.2.27)
책임교열 _ 김영미・송은주

ⓒ 옥수영 2020   ISBN 979-11-6143-333-2 93230

책값은 뒤표지에 있습니다.
이 출판물은 저작권법에 의해 보호를 받는 저작물이므로 무단 복제할 수 없습니다.
파본(破本)은 구입처에서 교환해 드립니다.